高等院校新闻传播学系列教材
COLLEGE JOURNALISM & COMMUNICATION SERIES

当代新闻编辑学教程

CONTEMPORARY NEWS EDITING

肖 伟 罗映纯 邬心云 编著

暨南大学出版社
JINAN UNIVERSITY PRESS
中国·广州

图书在版编目（CIP）数据

当代新闻编辑学教程/肖伟，罗映纯，邬心云编著．—广州：暨南大学出版社，2008.3（2010.7 重印）
（高等院校新闻传播学系列教材）
ISBN 978-7-81079-964-5

Ⅰ．当…　Ⅱ．①肖…　②罗…　③邬…　Ⅲ．新闻编辑—高等学校—教材
Ⅳ．G213

中国版本图书馆 CIP 数据核字（2008）第 004058 号

出版发行：暨南大学出版社

地　址：中国广州暨南大学
电　话：总编室（8620）85221601
　　　　营销部（8620）85225284　85228291　85220693（邮购）
传　真：（8620）85221583（办公室）　85223774（营销部）
邮　编：510630
网　址：http：//www.jnupress.com　http：//press.jnu.edu.cn

排　版：暨南大学出版社照排中心
印　刷：暨南大学印刷厂

开　本：787mm×1092mm　1/16
印　张：16.5
字　数：333 千
版　次：2008 年 3 月第 1 版
印　次：2010 年 7 月第 2 次
印　数：3001—5000 册

定　价：28.00 元

序

董天策

从业务上说，新闻工作包括采访、写作、编辑、评论、摄影等诸多环节与方面，对这些环节与方面的习惯简称是“采编”或“编采”。在现代新闻业中，采编区分为两种角色，即记者和编辑。正是记者和编辑构成了新闻队伍的核心。在新闻生产过程中，或强调以记者为中心，或强调以编辑为中心；或主张采编分离，或主张采编合一。这些差异，实乃因应时代发展与媒体差异而有所侧重，各有道理，不必轩轾。当然，就新闻传播过程而言，记者采写的新闻稿件必须经过编辑的加工处理，才能与读者见面。在此意义上，说“新闻编辑是新闻传播活动的主导者和把关者，新闻编辑工作是新闻出版部门的中心环节”，的确是道出了新闻编辑在新闻工作中的重要地位。

唯其如此，新闻编辑也就成为新闻教育与新闻研究中的一个分支学科，即“新闻编辑学”。随着新时期特别是新世纪以来我国新闻事业与新闻教育的蓬勃发展，新闻编辑学的著作与教材纷纷问世。究其原因，一方面是由于随着传播科技的发展与新闻业的变革，新闻编辑的角色与业务发生了很大变化，有许多新问题、新经验、新规律需要不断探讨；另一方面是由于当今的新闻教育日趋多元，不同院校的新闻教育具有不同的定位与特色，出版各有千秋的专业教材，才能更好地满足教学的需要。

肖伟、罗映纯、邬心云这三位曾先后在暨南大学新闻与传播学院求学，如今在母校及广州其他高校新闻传播院系任教的青年教师，结合近年来教学研究的心得，合作编写了《当代新闻编辑学教程》，即将由暨南大学出版社出版。作者请我作序，不便推辞。初读书稿，以为这本教材有自己的探索，有一定的特色，概括地说，主要体现在以下三个方面：

其一，在知识架构上，宏观与微观并重。传统上，新闻编辑学教材主要是对微观层面的编辑工作进行论述，像组稿、选稿、改稿、标题、版面设计等内容通常占三分之二以上的篇幅。2000 年前后，蔡雯教授提出重构新闻编辑学的体系，加强对媒介产品在定位和总体设计、报道策划与组织调度等宏观层面编辑工作的论述，以至于吴飞教授明确提出“新闻编辑已不再是编辑 + 排版，而是编辑 + 策划”。这自然是新闻编辑学研究的一大进步。然而，一些论著在重视宏观策划之余，也多少产生了另一种偏向，轻视微观层面的编辑工作，对选稿、改稿、标题等编辑环节减少篇幅，简化论述，这同样不利于新闻编辑学的教学与研究。《当代新闻编辑学教程》对新闻编辑的微观层面与宏观层面兼容并包，既吸纳了新闻编辑学研究的新成果，又继承了新闻编辑学研究的传统，不以一种倾向掩盖另一种倾向，颇为辩证。

其二，在学理阐述上，注重案例经验。应当承认，新闻的采、写、编、评、摄，实践上的艺术性远远胜过理论上的学理性。不过，国人编写新闻业务方面的教科书，每每喜好将其名之曰“……学”。一本由三位美国学者合著的教材 *The Art of Editing*，在台湾翻译出版时，学者就将书名译为《现代新闻编辑学》，由此可见一般风习。当然，随着研究的深入，新闻编辑研究的确需要提升学理性，这是学科发展的必然要求与规律；也只有这样，“新闻编辑学”才名副其实。但是，重视新闻编辑学的学理性，并不意味着忽视新闻编辑的艺术性。问题在于，像任何一门“技艺”一样，新闻编辑的艺术是古人所谓“运用之妙，存乎一心”的东西，往往难以言传。借用英国思想家波兰尼（Polanyi）1958 年在《人的研究》一书首次提出的概念，它是一种“缄默知识”（Tacit Knowledge）。缄默知识源自个人的亲身体验，难以进行系统的概括与明确的传播。如何将新闻编辑的艺术，或者说缄默知识体现出来？我以为选用典型的案例穿插在教材的论述之中，不失为一种有效的途径。《当代新闻编辑学教程》的一个特点就是提供了不少新颖的案例与图例，让有关的学理阐述能够与案例结合起来，得到生动活泼的诠释，对读者产生潜移默化的效果。

其三，在学术见解上，也有一些新的体认。《当代新闻编辑学教程》站在信息时代、网络社会的视点上，集中论述报业的新闻编辑。本书不仅梳理了新闻编辑学已有的知识和理论，还尝试对新的实践经验加以总结。比如，对于“新闻编辑的知识结构”，书中并没有简单地采用共识多年的“通材”观，提出“复合型知识结构更符合当前编辑工作的需求”。对于编辑运作体制中的采编分离和采编合一，按照不同历史时期对两种体制的特点进行了比较清楚的分析。“稿件编辑”一章增加了对稿件可读性的分析，并努力将其与传播学的理论相结合。“版面设计”一章以版面功能及其实现途径为论述框架，贴切地反映出当前报纸视觉传播的层次性特征。这些观点和见解，使本书在理论阐释上具有某种程度的新意。

我一向认为，编写一本优秀的教材，殊为不易。如果编写者对教材所阐述学科的研究不够精深，如果编写者对教材的编写缺乏科学而且先进的指导思想，如果编写者论述有关学科知识与理论的文笔不够练达，要编写出一本好教材就是不可能的。《当代新闻编辑学教程》的三位作者知难而进，其探索的精神与创新的勇气可喜可贺。当然，平心而论，限于种种条件，这本教材尚未到达成熟的境地。好在作者都很年轻——任何时候，尤其是在这个日新月异的信息时代，年轻就是最大的财富。我相信：几位作者只要不断钻研、不断进取，随着阅历的增长、研究的深入、学养的丰厚、表达的老练，一定能够奉献出更好的修订本或更新更完善的新闻编辑学教材。

2008 年 2 月 8 日于暨南大学新闻与传播学院

目录

第一章
新闻编辑工作概述

本章重点

□新闻编辑工作和媒介形态变化
□新闻编辑工作的内容和流程
□新闻编辑的运作体制
□新闻编辑工作的特性

第一节　变化的媒体与编辑

一、新闻编辑工作和媒介形态变化

“编”和“辑”最初是毫无关联的两个单音节词。“编”原意是串联龟板或竹简的绳索；“辑”与“集”同，含有收集的意思。“编辑”二字接合使用，最早见于《魏书·李琰之传》，其中有言“修撰国史，前后再居史职，无所编辑”，意指对史实资料的整理。其后，初唐贞观年间史学家李延寿所撰《南史·刘苞传》中有言“少好学，能属文，家有旧书，例皆残蠹，手自编辑，筐箧盈满”，亦指文章、资料的收集和整理。

近代图书出版业、报刊业出现后，新闻与出版的决策、组织、选择、加工、设计等方面工作的专业性逐渐形成，出现了“编辑”这一指代专业性工作和专业性人员的概念。随着信息技术的飞跃、媒介形态的变化更替，现代新闻传播业发生着波澜壮阔的变化，新闻编辑工作也随之不断地丰富、发展和变革。

1. 报纸

报纸是以刊载新闻和时事评论为主的定期连续向公众发行的散页出版物。从最初的语言传播、文字传播发展到报纸媒介的传播，印刷术在其中起到了至关重要的作用。中国是世界上最早发明印刷术的国家。中国的印刷术，是千百位先贤智慧的结晶，是数千年经验的积累，到综合演进发展的集体创造。东汉蔡伦改进造纸术，北宋毕昇发明活版印刷术，皆为人类文明史中的丰碑。公元 15 世纪，活字印刷术传到西方，德国人约翰·谷登堡在总结前人经验的基础上，发明了金属活字印刷技术。从 16 世纪开始，印刷机速度大幅提高。在资本主义萌芽的欧洲，报纸开始出现，“快速印刷技术和报纸的基本概念相结合，形成了第一种真正的大众传播媒介”①。世界上最早印刷出版的周报是 1609 年德国的《报道或新闻报》，最早的日报是 1663 年德国的《莱比锡新闻》，最早出现并有影响的售价低廉的大众化报纸是 1833 年美国的《纽约太阳报》。中国近代中文报纸的发端是 1815 年创办的《察世俗每月统记传》。中国境内的第一份中文近代报刊是

① 肖伟．报刊电子编辑教程．广州：暨南大学出版社，2006.5

《东西洋考每月统纪传》，1833 年由普鲁士传教士郭士立创办于广州（图 1 – 1）。

报纸媒介的基本特点在于以纸张为介质，以静止的视觉符号（文字、图片、线条、色彩）实现传播。近代报纸出现后，在相当长的时间内是编采合一，从业者既是编辑，又是记者。如《察世俗每月统记传》由英国传教士马礼逊创办，整个编辑部只有三个人，既管采访，又管编辑和发行。当时的编辑工作比较简单，只是把收到的新闻作简单的归纳，稍作修改，再按条排列，好像记账一样。辛亥革命后报业发展分工变细，借鉴日本和欧美的报社制度，设置主笔、访员、编辑等职，确立了编辑的名义和地位。此后一百多年间，报纸的编辑工作不断发展，内容从单一到广泛，方法由简单到复杂，速度由迟缓到快速，手段由手工到现代化。

图 1 – 1 《东西洋考每月统纪传》

2. 广播

广播是通过无线电波或导线向广大地区或一定区域播送声音节目的大众传播方式。有线声音广播出现于 1893 年的匈牙利，西奥多 · 普斯卡将布达佩斯市的 700 多条电话线连接起来进行新闻广播；20 世纪 20 年代，前苏联和德国分别开始建立有线广播网。无线声音广播发明于 1906 年，在美国，意大利科学家李 · 德福雷斯特和加拿大科学家雷金纳德 · 奥布里 · 费森登分别取得了用无线电传播声音的成功。1920 年 11 月 2 日，美国匹兹堡 KDKA 广播电台正式播音并领有执照，成为第一家广播电台。中国人自办的第一座广播电台是 1926 年的哈尔滨广播无线电台。20 世纪 40 年代，美国贝尔实验室的三位科学家成功研制出晶体管，在收音机生产中取代了电子管。体积小、价格低、携带方便的晶体管收音机开始走进千家万户，无线电广播进入普及阶段。调频技术、立体声技术的发明，使得广播品质不断提高，影响日益扩大，抢走了报纸的大量广告客户。

广播媒介与其他媒介的区别在于只用声音符号，靠听觉实现传播，这也决定了它传播的方式和特点。它是一种非实体的线性传播；可以远距离传送，覆盖面广；传播迅速，可以直播；口语传播，感染力强；受众不受文化水平限制，构成广泛；比阅读报纸更加方便简单、经济实惠。其主要弱点在于转瞬即逝，接收的选择性差。广播新闻编辑必须遵循听觉和听觉艺术的特殊规律及其要求来修改稿件、编排节目和审听节目。

3. 电视

电视是传送图像或传送声像的一种广播、通讯方式。它是应用电子技术对人、物、景的影像进行光电转换，然后将电信号传送出去，使别处或远方的电视接收机即时重现影像，同时可播送伴音。从电视发明的历史来看，它是几代人艰苦努力的结果。1926 年，英国科学家贝尔德利用自己发明的设备，配合德国科学家尼普考的扫描图盘，实验传输图像并取得了成功。20 世纪 30 年代，美国、日本、法国、德国、英国、前苏联等国先后进行电视实验研究。1936 年，英国广播公司（BBC）建成了世界第一座电视发射台。一般认为，这是世界电视事业的正式开端。1958 年，我国第一座电视台北京电视台成立，这就是中央电视台的前身。伴随着彩色电视、有线电视、卫星电视的先后兴起，电视成为受众最多、影响最大的传播媒介，也对报纸和广播构成了巨大的威胁，迫使它们变革应对。

电视媒介与其他媒介的不同在于它使用声音和图像符号，同时作用于听觉和视觉实现传播。它除了具有广播的大部分优点外，还有更强大的功能：它以线性传播方式，用有声语言音响、活动图像、文字、静止图像与受众“交谈”。电视新闻编辑必须将声音与画面作良好的结合。当前的电视新闻编辑纵贯报道前期选题、中期拍摄和后期制作三大环节，对保证电视新闻节目的质量有至关重要的作用。

4. 互联网

互联网是计算机网络中的一种。计算机网络是指若干台地理位置不同，且具有独立功能的计算机，通过通讯设备和线路相互连接起来，以实现信息传输和资源共享的一种计算机系统。互联网是目前世界上最大的国际互联网络，它是一个网上网，把大大小小几万个网络连接起来。[①] 互联网起源于冷战期间。1968 年，美国国防部高级研究计划署（ARPA）把几个用于军事及研究的计算机主机连接起来，称为阿帕网（ARPA net），于 1969 年投入使用，这就是互联网的雏形。1989 年阿帕网中的民用部分改名为互联网（Internet），1993 年开始对公众开放，并逐步形成了国际互联网。1987 年美国《圣何塞信使报》首先将报纸通过互联网发布，成为世界上第一家电子报纸。我国第一家上网的报纸是 1995 年上网的

---

① 彭兰．网络传播概论．北京：中国人民大学出版社，2001．3～7

《中国贸易报》。随着网络技术的发展进步，互联网已经席卷全世界，给人类的社会生活带来全新的图景，也使传统媒体发生了深刻的变化。

互联网传播的信息种类包括文字、图片、动画、声音、影像等，成为令人耳目一新的多媒体介质。网络新闻不同于传统媒体的特点包括：①海量的信息整合；②多媒体传播方式的综合应用；③强烈的互动特征；④即时性；⑤独特的超文本链接方式；⑥突出的商业性；⑦新的受众群。网络新闻编辑选择和整合新闻的强度和难度加大，新闻编辑业务与采集业务也呈现出一体化的趋势，编辑与受众（网民）的关系更是前所未有的“面对面”。①

总而言之，从报纸诞生到网络媒介问世，伴随着新闻载体的形态变化，新闻编辑业务的变革与发展从未停止过。

二、网络时代新闻编辑工作的意义

现代人生活在充斥着各种媒介的环境里，人们依赖大众媒介来完成日常生活所需的信息吸收，传播媒介成为现代人生活的重要组成部分。目前一个不争的事实是，传统的大众传播媒介——报纸、广播、电视等正在受到网络等新兴媒体的巨大冲击。

以报纸为例，2006 年伊始，中国两大著名报纸的老总分别撰文，认为 2006 年是中国报业的冬天：传统报纸停下了持续多年的上升脚步，将进入一个抛物线般的下滑轨道。美国北卡罗莱纳州立大学教授菲利普·迈尔，在他的著作《正在消失的报纸：在信息时代拯救记者》中提出：“如果现在报纸读者的发展趋势持续不明朗，到 2044 年，确切地说是 2044 年 10 月，最后一位日报读者将结账走人。”中国学者刘建明也认为：“在 30 年后，报纸将无药可救。”一项针对 2 600位网络使用者进行的媒体消费行为调查显示，60.9% 的受访者表示他们比起前一年花在网络上的时间更多了，而减少看报纸的人有 30.3%。北京综合性报纸读者的平均年龄超过 41 岁，到 2004 年，35 岁以下的年轻读者已经有 11.6% 的人由过去的经常阅读报纸转变为现在的几乎不读报纸。②

与此同时，以网络为代表的新兴媒体则呈现出爆炸式的增长，广告份额和网民数量都取得了长足进步。Web 2.0 概念的兴起更加强了这种趋势。Web 2.0 是相对于 Web 1.0 的新一类互联网应用的统称。Web 1.0 的主要特点在于用户通过浏览器获取信息，而 Web 2.0 则更注重用户的交互作用，用户既是网站内容的消费者（浏览者），也是网站内容的制造者。普遍认为，Web 2.0 的核心理念之

① 韩松，黄燕．当代报刊编辑艺术．上海：复旦大学出版社，2006. 280 ~ 281
② 石磊．媒介融合，报业发展新支点——从报纸消亡论说起．新闻与传播，2006（11）

一是“个人媒体”，它摒弃了传统互联网“网络—人”的信息交流模式，按照“人—人”对话的模式，使网民从客体变为主体，从被动的受众成为主动的受众，从内容的消费者变为内容的创造者。核心理念之二是“去中心化”。在Web 2.0的结构中，中心的意义被大大弱化甚至完全消解。其表现之一就是个体主导信息的获取渠道和方式，并规定信息的来源路径，传播系统内个体的主体地位被前所未有地提升。表现之二是对信息控制的弱化。传统门户网站可以通过对信息源的掌控，对传播内容进行取舍和编辑，而通过Web 2.0的技术，用户可以获得更加全面和真实的信息。[①] 在一个名为“O'Reilly的朋友”（Friend of O'Reilly，FOO）的研讨会上，人们描绘出从Web 2.0核心理念中衍生出的许多概念（图1－2）[②]。这些理念和特征都对传统的编辑工作带来了冲击。

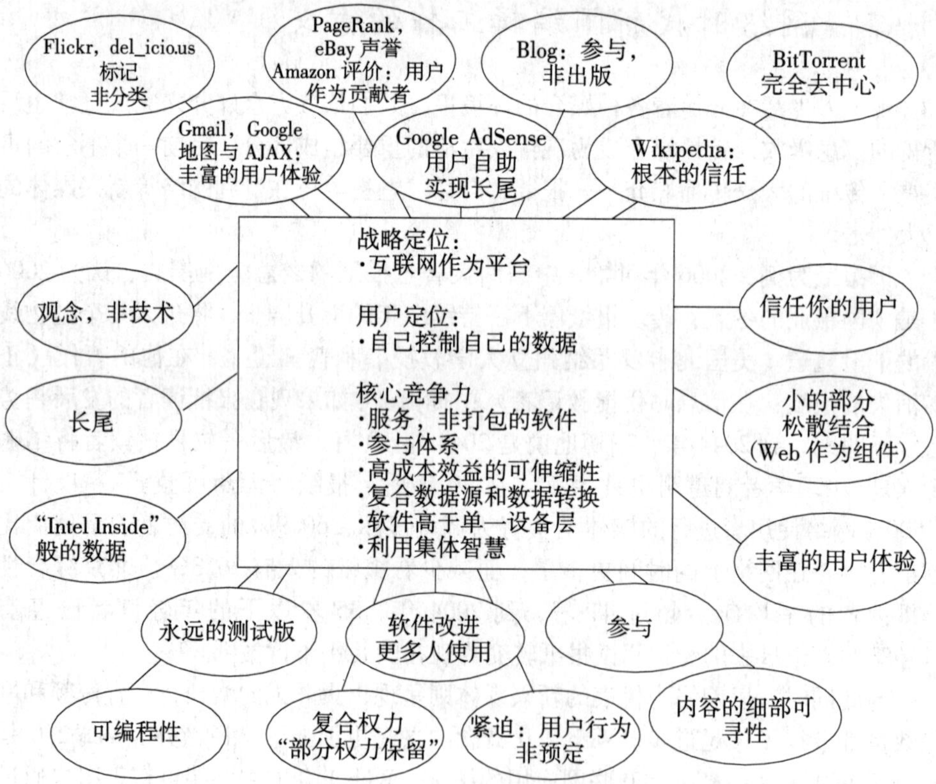

图1－2　Web 2.0 概念模拟图

① 陈力丹，汪露．2006年我国新闻传播学研究综述．国际新闻界，2007（1）
② 喻国明．关注Web 2.0：新传播时代的实践图景．新闻与写作，2007（1）

传统媒体会消亡吗？传统的编辑理念还有价值吗？未来的新闻编辑会怎样？这些问题促使我们思考：网络时代新闻编辑工作的意义何在？我们的回答是：新闻编辑理念是在传承中得到发展的；未来的新闻编辑工作只会比现在有着更重要的地位。

一方面，传播媒介只是信息的载体或工具，信息本身才是传播活动的主体和灵魂。不管在哪一种媒介形态之下，新闻学的基础仍然相同——用最公正、最诚实和最负责任的方式来收集和传播新闻，向公众提供背景信息和平衡的事实。这一准则在网络时代仍然要继续遵循，不能违反。由训练有素的专业新闻编辑对信息进行采集、加工、整合，发布准确而具有权威性的信息，在网络时代只会越来越重要。

另一方面，“新媒介绝不会自发地和孤立地出现——它们都是在旧媒介的变化中逐渐脱胎出来的。当比较新的形式出现时，比较旧的形式就会去适应并且继续进化而不是死亡”。① 传统媒介和互联网相互包容，彼此共存于人类的传媒生活圈中，各有各的空间。就编辑工作而言，媒介形态变化与传播手段和方式演进分不开，正因为有广播、电视和网络这些后起之秀的一轮轮冲击，报纸的新闻编辑业务才得以不断改进，最终使这一历史悠久的媒介的特点更鲜明，使其潜在优势更充分地发挥出来。同时，报纸编辑本身又为新媒介的编辑业务奠定了基础，新媒介的编辑特点总是在汲取传统媒介的编辑经验中衍生出来的，而且这种特点还会反过来影响传统媒介的编辑改革。② 不管是传统媒介还是新媒介，新闻编辑都应积极适应时代变化，用新的方式来思考和表达新闻。

基于不同形态媒介的编辑手法有所差异，本书的论述主要集中于报纸媒体，但有关新闻编辑的原理通用于其他媒体。

第二节 新闻编辑工作的体制及内容

一、编辑部的组织架构

“编辑部”是对新闻单位内负责新闻采写、编辑、通联和资料等新闻业务工作部门的总称。由于在这些业务活动中，编辑工作处于中心环节，故称编辑部。在计划经济时期，“编辑部”与“报社”地位相等，编辑部既管编报，又管经营，广告

① 罗杰·菲德勒．媒介形态变化：认识新媒介．北京：华夏出版社，2000. 24～25

② 蔡雯．新闻编辑学．北京：中国人民大学出版社，2006. 13

部、发行部都是报纸编辑部下辖的二级部门。改革开放以后，报纸逐步走向市场，这种“大编辑部小经营部”的内部结构表现出明显的弊端。1995年，《羊城晚报》率先在国内试行社长领导下的总编辑、总经理负责制，报社作为最高一层机构，编辑部与经营部地位相等，成为报社下辖的两个二级部门，编辑部管办报，经营部管经营。这种新机制合乎市场经济新形势的需要，逐渐在报界得到推广。在这种新型的报社机构中，报纸编辑工作并未削弱，相反，依靠报纸日益健全的销售系统，报纸编辑能够更及时、更全面地把握读者构成和读者需求的变化，据此不断调整编辑方针，更有效地设计报纸、策划报道，不断改进各项编辑业务。①

由组织图可以认识一家报社的基本结构，以及编辑在组织中的位置、地位与层级。由不同国家或地区报社的编辑部组织图可以发现，每一家报社的组织都不尽相同，而且规模大小与组织图的复杂程度有很大关系。

20世纪90年代的《人民日报》编辑部的构成，代表了当时我国报刊的通行架构：设置多个平行的部门，各部门直接对总编辑和编委会负责。在编委会管辖之下，有总编室、评论部、经济部、科教文部等多个部门（图1－3）②。

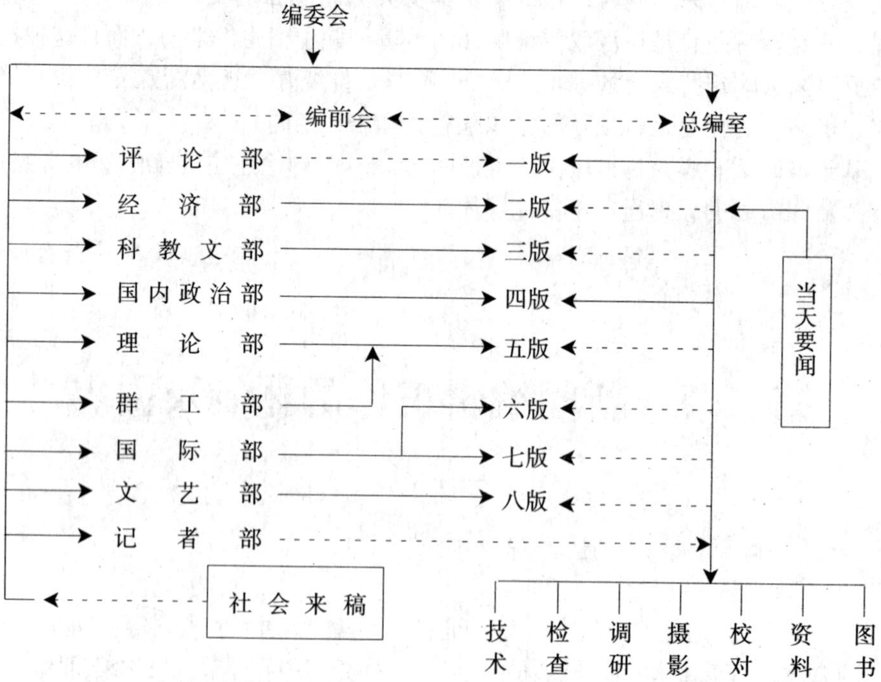

图1－3　1994年《人民日报》编辑部组织结构示意图

① 郑兴东，陈仁风，蔡雯．报纸编辑学教程．北京：中国人民大学出版社，2001.4～5
② 钟立群．新闻编辑学研究．北京：人民日报出版社，1997．49

日本《朝日新闻》集团东京本社的编辑部与我国传统大报的构成相似（图1－4）①。我国台湾地区的《中国时报》的中心设置更为细分和具体（图1－5）。

近年来，越来越多的大中型报社开始采取"大中心体制"，如《羊城晚报》的基本架构是在编委会下设几大中心，中心又下设具体的业务部门。

就通行结构而言，编委会是编辑部的最高领导机构，由正、副总编辑和重要编辑部门负责人组成，职责是决定重大业务事项。具体的编辑业务由各编辑中心或专业部门承担。

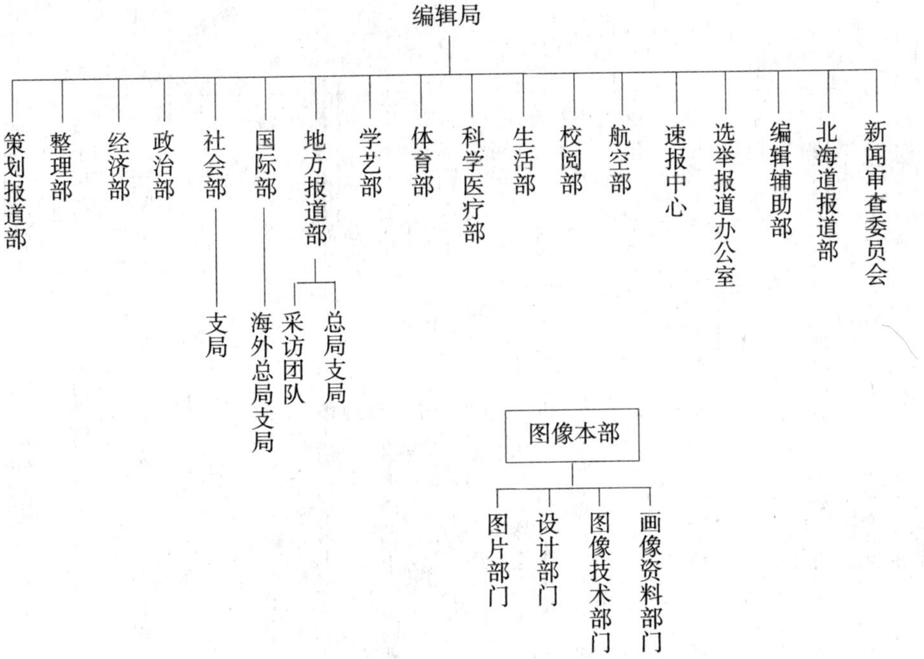

图1－4　日本《朝日新闻》东京本社编辑部组织结构示意图

① 尹良富. 日本报业集团研究. 广州：南方日报出版社，2005.5

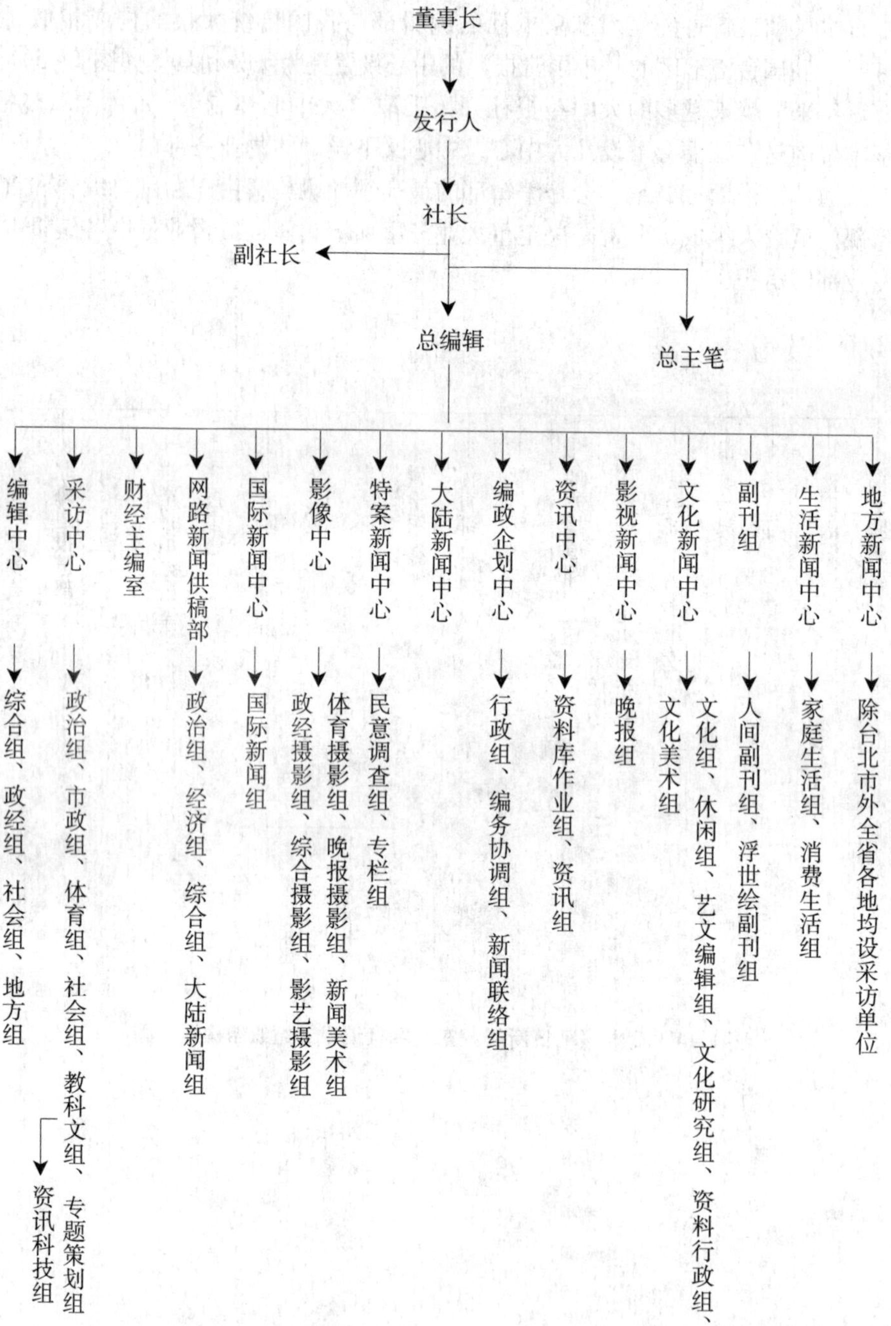

图1－5　我国台湾地区《中国时报》编辑部组织结构示意图

二、新闻编辑工作的内容和流程

对新闻编辑工作流程的全面理解，是将新闻媒介由创办伊始至产品问世作为一个完整的生产周期，新闻编辑在这一周期中各项工序的安排程序就是新闻编辑工作流程。①

以报纸为例，一份报纸面世需要经过若干环节（图 1－6）。这是按照工作内容来区分的，如果将这个流程具体化，还可细化为多步工序。总体来说，新闻编辑贯穿了整个媒体出版的流程，从制定编辑方针到产品面世，均为编辑的职责范围。新闻编辑工作就是新闻编辑部门出版一张报纸所进行的一系列工作。新闻编辑工作的业务范围可宏观地分为三大部分：策划、编稿和组合。策划部分包括制定编辑方针、设计报纸方案、策划安排报道；编稿部分包括选择新闻稿件、修改新闻稿件、制作新闻标题；组合部分包括设计编排版面（含配置新闻稿件），以及其他媒体形式的组合。编辑接受信息反馈、实施调控的行为贯穿始终。

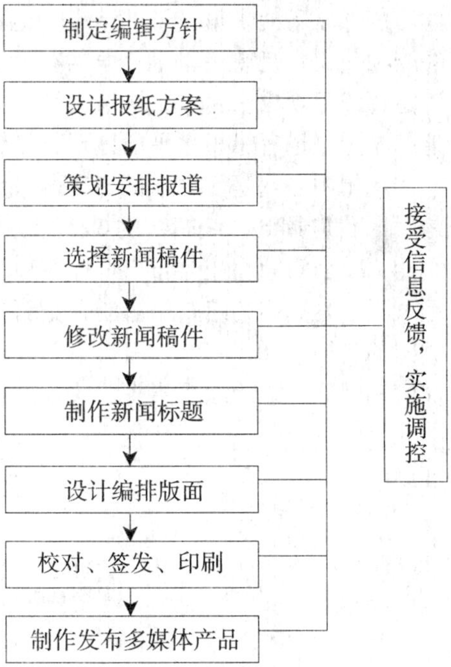

图 1－6　报社新闻编辑工作流程图

本书对新闻编辑工作的分析探讨，也正是基于这样的业务流程架构而展开的。

三、新闻编辑的运作体制

媒体编采的运作机制直接关系到新闻产品的生产，是媒体生存与发展的先决条件。不同的运作机制具有不同的特点和功能。

1. 记者中心制和编辑中心制

记者中心制即以记者为主、以编辑为辅的新闻采编机制。它表现为对话语权

① 蔡雯. 新闻编辑学. 北京：中国人民大学出版社，2006. 38

的高度关注，对采访力量进行重点配置，用较少的编辑扼守传播出口，把传播媒介当作是完成政治任务和宣传任务的工具。① 编辑中心制指编辑在编辑部处于指挥、决策的地位，通常不参与采访，而是坐镇编辑部，通过多渠道的信息，随时对外界发生的各种变动作出分析与判断，结合报纸的要求，向记者布置采写任务，并最后帮助记者完成稿件的写作和修改。② 它们实质上是两种不同的采编观念。

在很长一段时间内，记者中心制是我国媒体实行的新闻采编机制，也是当时学习前苏联新闻采编制度的结果。记者人数众多，采访报道成为夺取舆论阵地的突击力量，也是政治军事斗争的有力武器。但在市场经济环境下，记者中心制的不足逐渐显现出来：编采沟通欠缺；报道行业性、工作性较强，风格不统一；报道基本上是记者思想水平的体现，编辑对新闻产品的质量难以控制。

编辑中心制是西方新闻界普遍采用的编采模式。将这一制度执行得最彻底的是《时代》周刊。编辑部的最上层是资深编辑，他们不断收集资料，每期拟出大约400个问题，让分布于全球各地的记者来回答，并查核他们的稿件。美国大型日报社是典型的编辑中心制，记者受编辑的领导和指挥，这有利于编辑思考、意图的贯彻（图1－7）。编辑中心制的优点在于：编采交流畅通；新闻产品的整体协调性好；赋予编辑指挥、决策地位，报道成为编辑思想水平的体现。

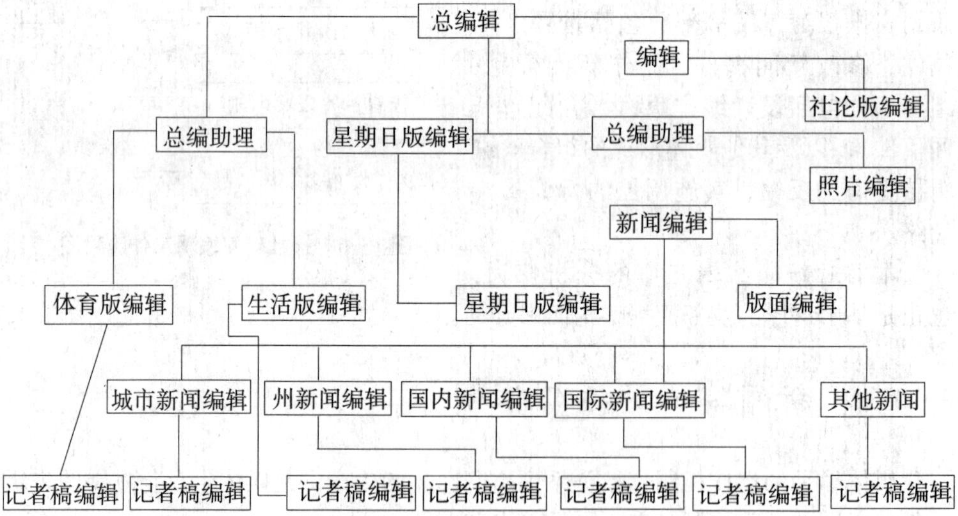

图1－7　美国大型日报社编辑部组织结构示意图③

① 黄基秉，曾杰．编辑中心制的价值评估．成都大学学报（社科版），2004（4）
② 郑兴东．序．赵鼎生．西方报纸编辑学．北京：中国人民大学出版社，2002.2
③ 赵鼎生．西方报纸编辑学．北京：中国人民大学出版社，2002．44

近年来，我国新闻媒体逐渐由记者中心制向编辑中心制过渡。“记者中心制是计划经济体制下的产物，它采用的是大采访部小编辑部的模式。编辑中心制是社会主义市场经济体制下的产物，它强调编辑的主导地位，强调编辑部对整个新闻报道过程的策划和指挥。”①

2. 采编合一与采编分离

基本上，采编合一是指采访与编辑工作不作严格区分，从业人员身兼记者、编辑二职；采编分离则是指采访与编辑工作严格分工，从业人员只任其中一职。但详究起来，这两个词语在不同时期的新闻实践中各有不同的含义。

前文提及，近代报纸出现后，在相当长的时间内是采编合一；辛亥革命后报业发展分工变细，编辑成为独立的职业，采编开始分离。这两种情况可称为初始状态的采编合一和采编分离。随着编辑部规模的扩大，采编分离模式变为分别设立各类新闻的采访部和编辑部，如设立政教新闻采访部的同时，还单独设立政教新闻编辑室。“这一模式现在看来没有多少优点可言，是当时计划经济时代的产物，造成编辑部门被动坐等的消极状态，编辑部门基本上是来料加工，有什么米做什么饭，采访与编辑之间沟通较少，不仅效率低，而且不利于各编采人员创造性的发挥，现在已基本上不再被各报社采用。”② 这属于旧型的采编分离。

随着市场经济体制的推进，报纸开始采用新的采编合一模式。表现为分设几大新闻采编中心，每个中心既负责新闻的采访又负责新闻的编辑，这也是对以往“部版对应”的延续和发展。近几年，新型的采编分离开始在报社推行，编辑、记者分别属于不同的中心，且规定编辑不准写稿，避免了工作的交叉和职责不清。多数采访部门已没有与其相对应的编辑部门，记者只是供稿，并可向多个版组发稿，编辑对稿件的质量负责。2002 年《京华时报》、《北京青年报》先后推行严格的新型采编分离。

应该说，新的采编合一和采编分离各有所长，其优劣不可一概而论（见下表）。因此，应以报社实际情况为考量标准。从目前来看，采编分离更鲜明地体现了编辑中心制的思路，有效地促进了综合性大报的现代化管理和产品质量。如 2005 年，《人民日报》新闻版全部实行采编分离，《经济》、《政治》、《文化》和《视点新闻》、《体育》版一起形成了《人民日报》独具特色的新闻版块。采编分离给《人民日报》带来了一系列变化：头条变了，新闻版真正让新闻当家；由报道工作转向报道工作中的新闻；为做强独家新闻，编辑与记者合力抢第一落点；加强事件新闻连续报道，营造不一样的影响力；探索开放式新闻，抓住新闻

① 蔡铭泽．新闻传播学．广州：暨南大学出版社，2003. 253

② 王立纲．让新闻走上流水线．青年记者，2003（8）

的绿叶；多方位调动新闻资源，部委与地方、国内与国外形成合力；调整稿件流程管理，由一级责任制调整为主任、主编两级责任制；擦亮标题，帮助读者完成两分钟阅读；重视视觉传播，为版面注入更多现代元素。[①] 采编分离使《人民日报》强化了新闻意识和读者意识，把新闻做得更有时效性和针对性，更有吸引力和感染力。

采编分离体制与采编合一体制的对比表

	采编分离	采编合一
优　势	①编辑工作前移，主动性和创造性加强 ②新闻整体统筹性强，协调有序 ③有利于整合力量，组织大型报道 ④打破部门利益，限制有偿新闻 ⑤新闻过滤关口增加，新闻质量提高	①各类新闻的采访与编辑沟通顺畅 ②决策快，效率高 ③人力资源得到充分利用
劣　势	①产品整体质量监控不足 ②采编协调存在障碍	①全局整合欠缺，可能出现重稿问题 ②自身稿件质量把关意识不强 ③容易滋生关系稿、有偿新闻

但对于一些地方报纸来说，采编合一也有自己的优势。如新疆的地方报纸《工人时报》汉文部2003年底进行改革，将记者部、周刊编辑部和编辑部合并，成立采编一部和采编二部，实行采、编、校、排合一。编辑既参与采访，也亲自排版，对新闻表达更加清楚，同时节省了大量的人力，部门领导安排工作也更方便。虽然这种工作模式也有不足之处，但该报工作人员认为，总体来说“利大于弊”。[②] 有的报社混合采用上述两种分工模式，还有的报社改制为采编分离后又出现反复，这都表明采编体制需要予以灵活运用。

① 朱竞若．寻找党报的新闻优势——人民日报编采分开实践回眸（上）．新闻战线，2005（5）
朱竞若．管理调整与版面创新——人民日报编采分开实践回眸（下）．新闻战线，2005（6）

② 周文．报社采编校排合一——工作模式的利与弊．新疆新闻出版，2006（4）

第三节 新闻编辑工作的特性

当前新闻编辑工作的特性主要体现在四个方面：统筹决策；集合把关；对新闻素材的“再创作”；媒体发言的重要环节。

一、统筹决策

新闻编辑的重要特性在于统筹决策。统筹的意思是统一筹划，决策的意思是决定策略或办法。新闻编辑既要从整体上对媒介产品进行设计，又要对具体报道进行筹划和指挥实施。具体包括以下几个层次。

1. 宏观：产品设计

新闻媒介的运作是一项庞大的系统工程，需要进行宏观、长远的设计。从市场定位、编辑宗旨、受众对象、媒介风格和特色，到新闻产品的形态、结构和规模，再具体到每一个新闻版组、每一块版面、每一个专栏，都是这项系统工程中需要统筹决策的部分，而这些正是新闻编辑的职责所在。

以改版为例。改版是当前媒介动作中频繁实施的行为，仅 2007 年上半年，内地就有多家新老报纸改版：2007 年 4 月 3 日，湖北的《楚天都市报》改扩版；2007 年 4 月 10 日，中国第一张以“都市报”命名的报纸——四川的《华西都市报》改版；2007 年 5 月 15 日，《南京日报》改版；2007 年 7 月，老牌晚报《新民晚报》改版；2007 年 8 月 1 日，《北京娱乐信报》改版，调整了办报方向，由综合性报纸改为娱乐报纸；2007 年 8 月 27 日，宁夏的都市类报纸《新信息报》改版……要想成功改版，在激烈的媒介竞争中取胜，就需要总编辑、编辑部主任、编辑等通力合作，对编辑方针、受众定位、产品内容与形式等进行合理设计，并统筹指挥，这是实行一系列具体操作的依据。可以说，新闻编辑的决策水平决定了媒介的传播水平。

2. 中观：报道策划

新闻编辑担负着策划和组织新闻报道的任务，包括对每一阶段的报道进行规划，以及对重大新闻进行报道策划。新闻编辑需要确定报道思想、报道重点、报道方法、阶段部署等，并根据实际情况作适时的调整，保证新闻报道有计划、有组织地实施并安全运行。随着新闻实践的发展，编辑这方面的特性显得越来越突出。

3. 微观：报道指挥

新闻编辑既是重大报道的策划组织者，也是日常新闻报道的筹划指挥者。新闻编辑向记者部署采访任务，了解记者工作情况，并给记者提供参谋或各种帮助。因为编辑与记者的工作性质不同，编辑更习惯于站在全局的高度看问题，可以弥补记者对报道客体认识的不足，帮助记者找到更有价值的选题和更好的报道角度，使其写出优秀的新闻作品。可以说，新闻竞争越激烈，媒介就越需要足智多谋、指挥有方的新闻编辑。①

据书载，《新民晚报》的老社长赵超构经常手捧茶杯，到编辑部串门，以摆龙门阵的方式与大家谈写作、出点子。聊天时他会突然问："阳澄湖的大闸蟹是怎样捉的?""国家提倡吃面粉，鲜酵母为啥难买?""大白菜多了怎么吃?""舟山人怎样在海上捕鱼?""煤球为什么不可以送上门?"记者立刻明白了，他是在给记者出题目。② 有了这样的帮助，记者出门采访时，就会目标明确，心中有数。

二、集合把关

记者的工作对象是单篇的新闻作品，编辑的工作对象则是版面、频道、节目、网站这样的一些集合体。各项采编成果最终通过编辑，成为一个统一的完成体。如果编辑不能把他们选定的信息进行合理加工、科学配置，读者获得的信息就会是零散无序的，无规律可循的。这样的信息对于读者来说，其价值是不大的。因此，要使读者、听众和观众对报纸、广播、电视发布的信息有正确的认识，就离不了编辑对这些信息的合理组织和科学配置。③ 信息集合需要编辑敏锐的目光和独特的智慧。

编辑既是产品的集合者，又是新闻把关人。从传播学角度来看，即承担守门人（gatekeeper）的职责。传播学学者施拉姆在《传播学概论》中曾以具体的数字来描述传播者的信息把关情况：从发送者到最终的接收者之间，被淘汰的内容

① 蔡雯．新闻编辑学．北京：中国人民大学出版社，2006. 42

② 新民晚报史编纂委员会．飞入寻常百姓家　新民报—新民晚报七十年史，上海：文汇出版社，2004. 402

③ 刘行芳．实用新闻编辑学教程．重庆：西南师范大学出版社，2006. 5

可能是数量巨大的。一家既抄收美联社的低速新闻（在一节12小时的新闻广播中共发稿7.2万字），又抄收该社的高速新闻（在同一时间内共发稿86.4万字）的典型报纸，可以挑选的内容几乎可以达到100万字，而在通讯社线路上发出的原稿可能是新闻发生地点的被人视为重要内容的极小的一部分。这种筛选信息的工作，正是编辑工作的重要内容。大千世界，信息如潮，在某一版面上安排什么内容进入下一阶段的传播，都需要编辑的筛选和组织。确定哪些稿件有传播价值、用什么方法来传播，都是编辑把关的具体体现。

传播学中一些经典的把关模式用图形体现了编辑工作的这一特征。如麦克内利的把关模式，"试图描述新闻事件与最终的接受者（报纸读者等）之间存在的各种各样的中间传播者"。图1－8是这一模式的简化形式（虚线代表反馈）。模式中的 C_1、C_2、C_3、C_4、C_5 等都是把关人，可以把他们分别看作通讯社的驻外记者、外国分社的编辑、总社的编辑、国内分社的编辑、报社的电讯编辑等。他们相继处在新闻事件与新闻受众之间，对通过他们的众多的新闻稿依次进行筛选、过滤和加工，从而发出 S_1、S_2、S_3、S_4 等各不相同的信息。①

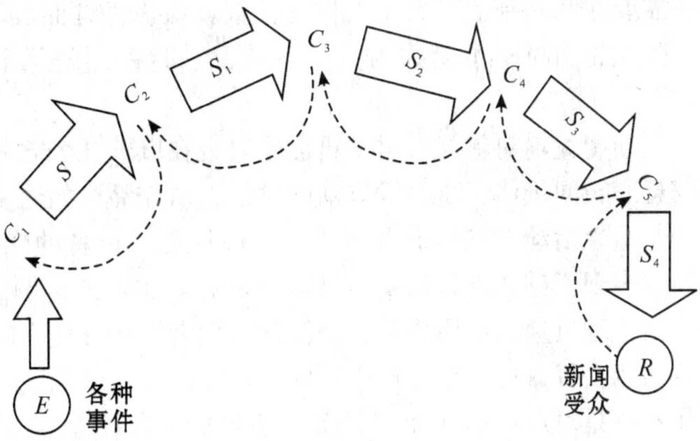

图1－8 麦克内利的把关模式图

但编辑把关并非大权在握，信息的生杀予夺并非悉听编辑之便。事实上，编辑的把关要受到种种因素的制约。编辑人员对于作品来说是把关人，但对于编辑部来说，他又成了被把关者。仅从这个角度看，编辑是承担了把关人和被把关人的双重角色。

从编辑实务的角度来看，把关还有另一层含义——消灭差错，把握分寸。新闻传达至受众前，编辑工作是最后一个关卡。编辑如同守门员，一旦失手，损失就无法挽回。记者、作者虽然都有自行把关的责任，但编辑地位特殊，责任更大。

在当前的Web 2.0时代，媒体编辑作为把关人的特征与传统把关人有所区别，其原来垄断性的传播权力受到了削弱。但是对信息的修改和删除权，目前仍

① 李彬．传播学引论（增补版）．北京：新华出版社，2003.170～171

是他们的专利。媒体工作者的把关是保证信息真实可信的重要手段，也是保证社会舆论导向正确的重要手段。记者、编辑作为主要把关人的地位不可动摇。①

三、对新闻素材的“再创作”

记者、作者交给新闻编辑的稿件，是对原始新闻素材进行选择和加工后的作品，从某种角度来说可称为成品。但这些稿件并不一定符合报纸的要求，编辑往往需要在此基础上对新闻素材进行重新认识，继而展开加工、修改，直至完成。与受众见面时，才能称为真正的成品，这一过程可称为对新闻素材的“再创作”。

新闻编辑对新闻素材的再创作表现在以下几个方面：一是信息的选择。哪些信息有新闻价值，哪些没有新闻价值，从作品中如何发现新闻线索，这显然是一种创造性活动。二是概括事实、提炼标题。记者的作品可能对新闻事实概括不够、表现不够，这就需要编辑概括提炼。编辑的标题工作可以给新闻画龙点睛。三是梳理贯通，使原作品锦上添花。记者写稿难免有疏漏和不完备的地方，编辑的增删去留，使原作品产生不同的韵味。四是组织稿件，经营版面。编辑的再创作不仅是对单篇稿件而言，而且还包括把各篇作品进行合理的汇集、巧妙的安排，使他们组成一个有机的整体。②

编辑对新闻素材的再创作是一种富有创造性的活动。但应该指出的是，这种能动的创造性要受一定条件的制约，再创作要以新闻事实为依据，不可随意添加、改动事实，也不能违背事物的本质和规律。

四、媒体发言的重要环节

新闻传播在传播信息的同时表达着传播者的意图和态度，以舆论对受众产生影响，这一过程被俗称为“媒体发言”。马克思、恩格斯曾说：“报纸最大的好处，是它每日都能干预运动，能够成为运动的喉舌，能够反映出当前的整个局势，能够使人民和人民的日刊发生不断的、生动活泼的联系。”媒体发言就是干预运动的一个重要方面。媒体通过发言，鲜明地表达自己的立场和态度，赞成什么，反对什么，从而引导人们去判断是非。媒体发言主要是通过编辑来进行的，发言是编辑工作的重要内容之一。

首先，评论是一种直接的发言，也是最重要的发言手段。编辑经常要撰写和

---

① 张玲. Web 2.0 时代的网络“把关人”. 新闻记者，2006（12）

② 邝云妙. 当代新闻编辑学. 广州：暨南大学出版社，2000. 8 ~9

组织评论，包括社论、时评、按语、编后语等各种形式。评论工作的强弱，一定程度上反映了编辑工作的理论和政策水平。

担任重要职位的编辑亲自撰写言论，也是报纸的传统。如著名的报人许实，曾先后担任《羊城晚报》的副总编、总编辑。他以“微音”为笔名，为该报头版著名的新闻评论专栏《街谈巷议》（图 1－9）撰写评论长达 23 年。丰富的政治经验、人生阅历和对百姓生活、社会现实的关注，使这位老人有敏锐的眼光、一针见血的笔力，写下一篇篇扶正祛邪、针砭时弊的“街谈巷议”。而这一言论品牌也在读者心目中树立起《羊城晚报》高度关注民生、高度关注社会生活的“敢言”形象。①

街谈巷议

谈“后台”

微音

有些人利用「后台」搞歪风、干坏事，这同封建社会的「朝中有人好做官」毫无二致。我国的封建思想源远流长，根深蒂固，仗靠山、找「后台」的歪风，正是这种思想的一种反映。因此，不彻底清除这种腐败的东西，就会严重阻碍社会前进的步伐。

有的单位为什么会「渠道」淤塞？原因之一，正是因为那里的某些干部各有「后台」，你动我不得，我也动你不得。你要动他吗？就得研究研究他的后台究是何许人也。而这些所谓「后台」也者，有的是单位内的某某领导，有的又是上面的某某人。而某些人只要有了什么「后台」，即使在单位内怨声载道，他也会有恃无恐。这叫做「马屎凭官势」。

呜呼！如此这般，尚能言是非、讲原则乎？这与同心同德搞四化相距何止十万八千里？

所以，有资格被称之为「后台」的有关领导，就不可不慎之了。我赞成「亲者疏，疏者亲」之说。不要老是听那些「小报告」而不作任何研究分析，也不要听那些在干部和领导中拨弄是非的「情话」。要「亲君子而远小人」。否则，上行下效，就会使干部队伍中山头成堆。

那个南峰店的个体户周伟，据说他曾暗示也有个「后台」。谁？某市局的副局长也。于是，人皆畏之。他因乱涨价被罚而竟然不作检讨；占用道路从八平方扩至五十多平方，也无人敢动他一根毫毛……一个小小的个体户，只要有个什么亲戚，便竟然成了街道中一个炙手可热的人物，怪哉，斯事！现在好了，他的被称为「后台」的人已明确表态说：有关部门如不依法处理周伟的非法占用道路问题，就是失职。说得好啊！合该如此。对周伟罚款五十元是否公正，对他非法扩大占用道路应如何秉公处理，人们正睁着眼睛瞧。

图 1－9 1985 年 3 月 9 日《羊城晚报》头版上的《街谈巷议》

其次，从选稿、改稿、制作标题到版面组合，一系列的编辑过程也是媒体间接的、较为含蓄的发言方式。如标题在对新闻内容的提示中，往往表现了对新闻内容最简短的评价。标题不仅告诉读者新闻事实，而且引导读者怎样看待这些事实。标题不同于评论，评论有深入的分析、周密的论证，而标题的发言是画龙点睛，立片言以居要。又如版面，好的版面与评论一样，能引导读者去鉴别各种事实的意义。它不是把自己对事物的分析、判断直接用文字表现出来，而是通过编排手段，以具体图像间接地表现出来。

思考与练习

1. 新闻编辑工作怎样随着媒介形态变化而发展？
2. 怎样看待网络时代新闻编辑工作的意义？

---

① 刘鹏．微音：愿为百姓鼓与呼．新闻爱好者，2000（4）

3. 出版一份报纸要经过哪些环节？新闻编辑工作包括哪些内容？

4. 什么是记者中心制？什么是编辑中心制？两者应用的环境背景有什么不同？

5. 采编分离体制和采编合一体制各有哪些优势和劣势？

6. 与采访写作工作相比，新闻编辑工作有哪些特性？

7. 新闻编辑工作的统筹决策特性包含哪几个层次？

8. 怎样理解新闻编辑工作“集合把关”的特性？

9. 新闻编辑对新闻素材的再创作表现在哪几个方面？

10. 媒体发言怎样通过新闻编辑工作得到体现？

11. 综合分析：从资料和实际工作中搜集有关新闻编辑定义的不同说法，分析各种定义的特点并给出自己的定义。

第二章
新闻编辑的职业素养

本章重点

□新闻编辑的职业理念
□新闻编辑的知识结构
□新闻编辑的能力结构
□新闻编辑伦理意识的培养

新闻编辑工作的实施，离不开编辑人员的共同努力和奋斗。著名报人戈公振曾说："报馆譬如人体，人才则灵魂也。"新闻编辑在新闻生产系统中处于关键地位，发挥着把关人甚至"掌权人"的重要作用。只有具备多方面良好的职业素养，编辑者才能胜任如此重要的工作。

第一节　新闻编辑的职业概说

一、新闻编辑的职业理念

新闻编辑进行编辑活动，是一种工作，一种艺术，更是一种职业行为。当代新闻编辑的存在状态与职业理念密不可分。

职业主义与职业、职业化在界定上几乎等同，它被社会学家共同描述为一套复杂的角色特征。如美国学者戴维德·卡尔归纳出职业主义五个共同的标准：①提供一种重要的服务；②既有理论背景又有实践背景的专门技能；③有特别的伦理维度，一般都明确地写在实践规范中；④有组织和内部约束的规则；⑤职业人员要有较高程度的个人自治——独立判断权力。总体归纳起来，职业主义的特征包括专门化的知识和培训、献身于公共服务、自治权力。①

在西方，新闻编辑真正成为一种职业可以追溯到19世纪70年代，当时报社出现了大量的雇佣专职记者和编辑。1896年阿道夫·奥克斯掌管《纽约时报》后所基本形成的信息模式，则成为新闻职业主义的根源。而我国在清末维新运动前后，也出现了以政治精英为主体的职业报纸编辑。其后一百多年间，新闻编辑的职业化程度不断加强。

受社会、文化、政治等外在因素的影响，当代中西新闻编辑在职业主义的表现上有所差异，但在角色特征上基本一致：第一是专门化的知识和训练。新闻编辑需要兼有智能和技能，既有多方面的知识修养，又有针对本领域实践的专门技能。第二是献身于公共服务，致力于真实、公正地报道新闻、传播信息，而不仅仅是为了经济报酬。第三是职业自律，编辑要遵循一套负责任的伦理标准和行为规范。换言之，要成为合格的编辑，就必须努力加强多方面的职业素养。

① 商娜红．制度视野中的媒介伦理：职业主义与英美新闻自律．济南：山东人民出版社，2006. 25~26

二、新闻编辑的类型与特点

在报社编辑部中，新闻编辑工作是一项由众多环节组成的“系统工程”，编辑人员从不同角度可分为多种类型。按工作属性和职责内容的不同，新闻编辑可分为以下类别。

1. 总编辑

中国当代报社多实行总编辑负责制，总编辑居于报社业务管理的核心地位，直接对社长或发行人负责。

总编辑的职责包括：拟定编辑方针，确定报纸方案，确立报纸的发展方向；组织和协调各业务部门的工作；指导编辑部主任、版面编辑等展开工作，并与其一起进行重大报道的策划；审定重要的新闻稿件和版面等。总编辑权力重大，压力和责任也最大。

在正职总编辑之下，报社一般还设有常务副总编辑、副总编辑、总编辑助理等职位，协助总编辑的工作。副职之间、副职与正职之间均有明确分工，各有专任，同时要求相互配合，使编辑部良性运行。

2. 编辑中心（部）主任

编辑中心主任和编辑部主任是负责各具体编辑部门的职位。如《羊城晚报》于2005年9月改版时，对编辑部门的架构也进行了调整，在总编室之下分设五大中心：编辑中心、采访中心、区域新闻中心、副刊中心和专版中心。每个中心下设多个业务部门，如编辑中心下设要闻部、国际新闻部、理论评论部、财经新闻部、体育新闻部，采访中心下设经济部、政法部、科教文化部、摄影部、机动部，副刊中心下设娱乐编辑部、晚会编辑部和花地编辑部等，每个中心和部门都设有主任和副主任之职（图2-1）。随着新闻改革的推进，当前报业还发展出许多新的部门中心编辑职位，如时评部主任、视觉总监、图片总监等。

部门中心主任的职责包括：对本部门中心的工作实行直接领导；负责本中心、本部门领域内的报道规划和组织实施；主持选稿、改稿、组版、通联等各项基本编辑工作；定审本部门的稿件，并交至总编辑审核。他们的工作起着承上（总编辑）启下（专职责任编辑）的作用。

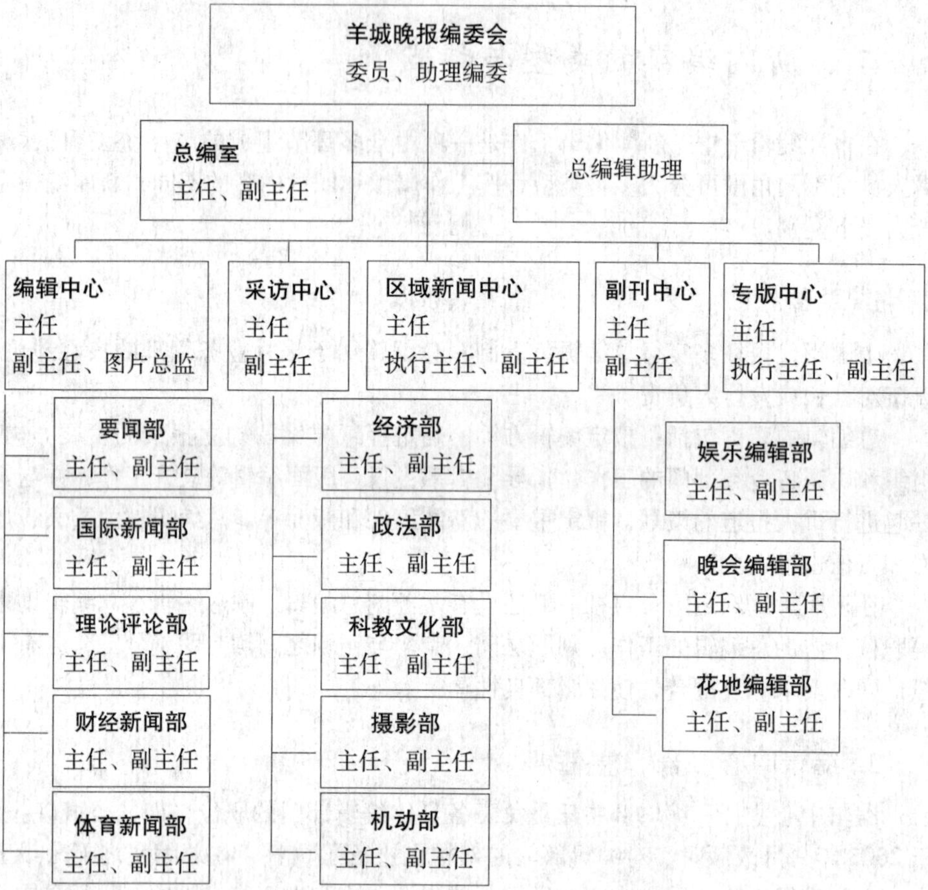

图 2－1　《羊城晚报》编辑部组织架构示意图[①]

3. 专职责任编辑

当前报业编辑人员的分工日趋专门化，业务部门设有多种专职责任编辑。

（1）版面主编

版面主编负责一块或数块版面的设计、组拼、完成，其工作可称是版面的微观落实，也是整张报纸质量的基础。版面主编的职责包括：筹划版面的内容与形式；对记者采访进行部署、组织和调度、协调；对稿件进行鉴别、修改，制作标题，配发言论；协助美术编辑完成版式设计与拼版等。

（2）文字编辑

文字编辑主要负责文字稿件具体的编辑工作，保证稿件质量。文字编辑的职

① 本图资料来自《羊城社报》（《羊城晚报》内部刊物）2005 年 9 月 10 日，较原图有所简化。

责包括：对记者或通讯员提供的稿件进行选择、修改；确定稿件的标题；校对样张，并提交版面主编或部门主任审读。

（3）言论编辑

言论代表一家报纸的立场和声音。近年来，许多报纸在保留原有专栏言论的基础上，还纷纷开辟时评专版，扩大“言论场”，言论编辑的角色更显重要。言论编辑的职责包括：确定言论选题、侧重角度；联络社外言论作者，进行组稿和沟通；对言论稿件进行鉴别、修改、制作标题；撰写言论。有些言论编辑本身就是报社的评论员，需要亲自撰写社论及重要评论。

（4）美术编辑

也称“版式编辑”，是专门对版面的视觉表达进行设计、制作的编辑。随着现代化电子技术在报业中的广泛应用，报纸对版面设计的要求越来越高，美术编辑的重要性也不断增强。美术编辑的职责包括：确定版式的布局、标题的设计；对摄影图片、题图插图进行精心安排；确定线条底纹和色彩运用；对版面文稿内容和表达形式作通盘考虑和整体构思。

（5）图片编辑

中国报刊在很长一段时间内只有摄影记者，少有图片编辑。然而这种状况近十多年来已经彻底改变，图片编辑成为报纸制胜的生力军之一。图片编辑的职责包括：策划摄影报道，向摄影记者指派任务；选择适当的新闻图片；剪裁、编排图片；撰写图片说明；设计图片版面等。有的报社在图片编辑中还设有“制图编辑”的职位，专门负责信息图表的设计、制作与编辑。

（6）校对

从事校对工作的专职人员。校对的职责包括：根据文字原稿或定本核对校样，纠正其中的语法、修辞、逻辑、标点及排版等方面的错误，使版面更符合规范性要求，保证报纸的出版质量。随着新闻业务的发展，校对的内涵也在改变，他们也有义务对内容提出质疑，不仅订正技术差错，也为避免政治差错和事实差错发挥作用。

（7）网络编辑

随着媒介融合的推进，许多报纸的编辑部设立了网络编辑之职。网络编辑的职责包括：制作报纸的网络版；管理报纸的网上论坛；与重要的门户网络发展合作关系，如稿件互换、举办网上调查、组织相关社会活动等。

另外，按照业务时间流程划分，新闻编辑可分为日班编辑和夜班编辑。日班编辑在白天工作，负责组织日常新闻报道。夜班编辑在夜间工作，负责每天报纸最后的编辑发排工作，在规定的付印时间前完成稿件配置、改稿制题、设计拼版等工作，时间紧，责任重，具有与日班编辑不同的特点。

按编辑内容的专业划分，编辑还可分为时政新闻编辑、经济新闻编辑、体育新闻编辑、娱乐新闻编辑、文化新闻编辑、法制新闻编辑、科学新闻编辑、民生新闻编辑、国际新闻编辑等，各自负责某专业领域的新闻编辑工作。

第二节　新闻编辑的知识结构

所谓结构，指的是各种学科知识在人的头脑中的组织方式，包括这些学科知识的配置比例、内部联系和协同关系，新闻编辑的知识结构就是指从事新闻编辑工作的人员所掌握的知识的组合构架情况。①

在教育学、管理学等学科中，个体的知识结构通常被分为以下类型：

①一型结构。即具有较宽的知识面，掌握较多的不同领域的知识或经验，但缺乏一定的深入研究。

② I 型结构。即在某一专业方向上有较深的造诣，但是在非专业方向上所知甚少。

③ T 型结构。即具有较宽的知识面（上面的横画），又有深厚的专业深度（下面的竖画）。

④ Л 型结构。即在非专业知识方向上具有较宽的知识面，同时又在两个专业方向（或两个领域）内具有较深的造诣。

另外，还有学者提出“干型结构”和“开型结构”。前者指既具有一定宽度的专业知识（第一横画），又具有较强的方法论（第二横画）。在此基础上，对某个专业进行较深入的创新性研究（竖画）。后者指既具有一定的知识面（第一横画），又掌握一定的方法（第二横画）。在此基础上，在一两个以上的专业方向或领域（两竖）中都有较深研究。拥有 T 型、Л 型、干型或开型知识结构的人才，被统称为复合型人才。

对于编辑的知识结构问题，长期以来流行的一直是“通才”观，要求编辑是“全才”、“杂家”。1878 年，报人王韬在《申报》上撰文指出：“秉笔之人，不可不慎加遴选。其间或非通才，未免识小而遗大。”王韬认为，所谓“通才”，是那种德才兼备、古今皆通，尤其是以“通今为先”的人才。在王韬看来，报人之所以要是“通才”，这是由其业务本身需要决定的。自王韬首倡“通才”办

① 蔡雯．新闻编辑学．北京：中国人民大学出版社，2006. 48 ~ 49

报观后，遂成共识，徐宝璜、任白涛、张静庐等都持有类似的观点。[①] 从上述分类来看，“通才”的知识结构属于典型的一型结构。

随着现代社会信息与知识的爆炸性增长，知识的专业化程度越来越高，要求每个编辑都成为“通才”，既不现实，也无益于报道工作。“编辑个体的知识结构不一定要求多博、多深、多杂，但要求编辑个体在具有能应对编辑基本工作需要的基本知识外，对某一专业有一定的专攻，并且要求编辑群体的知识结构的匹配是科学合理的，这就是一个有能力的编辑队伍。”[②] 对于编辑个体来说，按照各自不同的编辑职责，建立T型、Л型、干型或开型的复合型知识结构，更符合当前编辑工作的需求。具体来说，新闻编辑的知识结构应包括宽广的基础知识、深厚的理论素养和深入的专业知识。

一、宽广的基础知识

基础知识的核心指文、史、哲知识。人们常说文史哲不分家，这三门学科是密切关联的，同属于人文社会科学。语言文学知识既培养编辑信息加工处理的能力，也帮助其提高境界、修养。历史知识可培养编辑正确的历史观，了解事物的发展规律，用历史的眼光分析问题。哲学知识可培养编辑的辩证思维和洞察力，以正确的态度对待报道。文史哲知识构成编辑学识素养的基础，虽然不能要求编辑都成为文史哲方面的专家，却需要他们在这些方面有相当的基础知识。

基础知识还包括其他包罗万象的各科知识，也即百科知识。当前的信息时代，各门类的知识以几何级数的速度增长，学科大量分化又互相交叉，编辑工作要涉及的知识越来越复杂化、多样化。从编辑人员的知识配置来看，其掌握知识的覆盖面只有比一般人广泛，所拥有的知识信息量比一般人大，才能应对编辑工作。

更重要的是，基础知识的运用在于发挥不同学科知识的相互协同关系，也就是强调知识结构整体功能的发挥。如《中国青年报》著名的编辑李大同，20世纪90年代初，曾被调至报社的新闻研究所任职，工作比较清闲，他把这段时间当成了难得的读书的好机会，三四年中读了至少两三百本书：历史、政治、文化、学术、人物传记，等等。他后来表示：“这段集中的阅读不亚于上了一回大学。大概是出于职业的惯性吧，读书时，对精彩的表达尤为印象深刻，好句式反复吟诵、享受。不过我不是在做学问，只是在博览，目的是建立起一个比较新的

① 吴飞. 新闻编辑学教程. 北京：高等教育出版社，2004. 77
② 吴飞. 新闻编辑学教程. 北京：高等教育出版社，2004. 78

知识体系，一个对文化产品的鉴定平台。”① 正是这段阅读生活，使他对当代传媒的功能、新闻价值观有了新的认识。他认为，一个国家主流媒体的社会责任，在于以强化某方面来提出警告，成为社会“纠偏”的领头羊。当时的社会存在一种失衡，即占人群绝大多数的普通百姓在主流媒介上没有占据应有的重要地位，主流报纸应给这种社会不平衡以某种矫正。为此，1995 年他将自己创办、主持的新专版命名为《冰点》，在一片“焦点”、“热点”中独辟蹊径，对普通百姓的生存状态投以强烈关注。《冰点》上刊出的《北京最后的粪桶》（图 2－2）、《别问我从哪儿来》、《五叔五婶》、《离开雷锋的日子》等多篇报道在读者中引起强烈反响，1996 年它被评为“中央主要新闻媒介名专栏”。2004 年，《冰点》拓展为周刊，增设《观察》、《探索》、《人物》三个版。《冰点》成功的根本在于其平民化的价值取向，而这一取向与李大同新颖的知识体系、锐利的文化鉴定眼光密不可分。

冰点
第 1 期
新年致读者
北京最后的粪桶

图 2－2　《冰点》的开山之作《北京最后的粪桶》

二、深厚的理论素养

新闻编辑理论水平的高低决定了传播内容和传播效果的好坏。编辑如何选择新闻信息，如何策划报道，如何编排版面，往往受其对世界的认知程度的影响。认识的深浅、态度是否正确，都将最终反映在他所制作的新闻上。曾任《文汇报》总编辑的张启承先生说：“记得恩格斯曾经说过这样一句名言：一个民族要想站在科学的最高峰，就一刻也不能脱离理论思维。借用这个意思，我觉得完全

① 李大同．冰点故事．桂林：广西师范大学出版社，2005. 3

可以这样说，一个缺乏理论素养的新闻工作者是难以胜任工作、写出有影响力的好作品的。”①

编辑的理论素养主要包括以下三个方面。

1. 认识理论

编辑在认识理论方面，应掌握重要的哲学原理，尤其是马克思主义的唯物论和辩证法。现实中的事物非常复杂，必须用唯物论和辩证法来观察、剖析，才能在扑朔迷离的表象中认清事物的本质，把握事物的规律，使新闻传播符合事物发展的原貌，避免错误的传播和不良的影响。

2. 政策理论

新闻编辑工作是一项政治性、政策性、纪律性很强的工作，必须有较高的政治鉴别力和政治敏锐性，在大是大非面前保持清醒的头脑，有较强的责任心和责任感，这样才能在纷繁复杂的局面中选择正确的方向。编辑要对党和国家的方针政策有充分的认识，具体包括社会主义市场经济的各项政策、国家的法律政策、党的宣传政策和有关新闻政策等。

3. 新闻传播理论

编辑应当深入系统地掌握新闻传播学的理论知识。经常运用理论思维探求编辑工作规律性的认识，可以减少盲目性，达到事半功倍的目的，从而高质量、创造性地从事编辑工作。

多方面的理论修养对担任宏观领导工作的编辑更显重要。以《南方日报》现任社长杨兴锋为例，从部队建设兵团的报道员成长为总编辑、社长，他坚持政治家办报原则，为党委机关报的发展壮大殚精竭虑。2002 年是“入世”的第一年，传媒广告、发行方面的保护期只有 5 年。此时，《南方日报》已连续 16 年居全国党报发行量之首。杨兴锋敏感地认识到，如果不紧紧抓住契机、提高报纸的市场占有率与影响力，省委机关报就会遇到极大的挑战和困难。经过周密调查、求证，他和同事提出“高度决定影响力”的口号，在突出党报宗旨的前提下，将报纸定位为区域性、国际化的权威政经大报，并成功改版。“不与一般大众化报纸争娱乐新闻、市井新闻方面的短长，而是把政经主流新闻做好做强，影响主流、高端读者，从而巩固和扩大党的舆论阵地。”② 这一思路的提出离不开其深厚的理论素养。

---

① 邢孔史．新闻编辑应具备的知识结构．琼州大学学报，2006（8）

② 南文．临风极目——杨兴锋与党报改革事业．青年记者，2005（3）

三、深入的专业知识

编辑的专业知识由两部分组成，一部分是新闻编辑所从事的报道领域所要求的专业知识，一部分是新闻编辑作为传播者所应具备的新闻传播学知识。

每个报道领域都涉及一些专业的理论和知识，编辑只有认识它们、掌握基本的原理，才能使相关领域的事实得以准确地反映，所涉及的学科知识得以准确地传播。好的编辑，更应对自己所从事的报道领域的知识有较深入的了解，对该领域的理论及发展状况十分明了，这样才能明确判断来稿中所提出的观点是否正确，才能评判稿件是否具有典型意义，有无独创性，从而决定该稿件是否适宜采用。

但编辑并不同于具体专业领域的专家，他的任务是通过编辑工作来传播该领域的信息，只有熟练掌握有关新闻传播的知识和方法，才能将信息顺畅地传播出去。编辑业务本身就是一门知识性很强的工作，从选择稿件、修改稿件、制作标题到编排版面，都有很多具体知识需要编辑掌握。尤其是当代编辑业务不断变革创新，发展出许多新的编辑方法和理念，更需要编辑人员不断地学习和研究。

It's in Pieces, But the Dollar Has Believers
FDA Will Rule Cloned Animals Are Safe to Eat
The Man With 800 Warhols
THE WALL STREET JOURNAL.
What's News—
PC Makers Take A Stylish Turn To Tackle Apple
Obama, Huckabee Win Iowa, Seize Momentum
In Battle on Birds, Air Force Deploys A Secret Weapon
Islamist Politicians Emerge As Pakistan's Power Brokers

图2－3　《华尔街日报》

在具体报道中，编辑只有将专业知识和新闻传播学知识加以良好结合，才能胜任编辑工作。以著名的《华尔街日报》（图2－3）为例，该报以高品质的财经金融报道著称，信息准确、权威、迅速、全面，被称为“世界经济的多棱镜，世界股市的晴雨表”。《华尔街日报》的成功，首先在于其在财经报道领域内深耕细作，打造专业品质，使其内容能够充分满足核心读者（金融界大亨、高级管理人员及政治、经济界上层人士等）的需求，无形中拥有一种垄断性资源。要胜任这样的工作，必须拥有专业化的采编团队，记者、编辑不但要有深厚的财经素养和出色的新闻敏感，而且要有打进商圈和驾驭重大财经题材的能力。《华尔街日报》旗下拥有的上千名记者多数拥有专业财经背景，有的记者本身就是经济或金融界的参与者。丰富的经验和成熟理性的态度使他们能够从经济角度深究现象背后的本质，提供给读者公正可信而又深入浅出、可读性很强的报道和分析。① 记者如此专业，编辑当然更不例外，如该报的总编辑保罗·斯泰格尔(Paul E. Steiger) 就读于耶鲁大学时就是专修经济学的。

另外，《华尔街日报》也非常重视报道的可读性，开创出独特的“华尔街日报体”：以新闻已经影响到的人物开篇，用故事来组织报道；结构清晰，层次分明，善于将新闻视觉化、形象化。② 这种从小处落笔，向大处开拓，引导读者从个别到一般、从感性到理性地了解新闻事实的报道方式生动活泼，不仅便于核心读者阅读，而且吸引了众多的大众型读者，为《华尔街日报》培育未来市场打下了良好的基础。要做到这一点，编辑对新闻传播业务知识的掌握同样重要。

第三节　新闻编辑的能力结构

人的能力可以分为一般能力和特殊能力，前者指人在一切活动中所必需的一些基本能力，如感觉、记忆、想象和思维能力等；后者指在人的某种专业活动中表现出来并保证这种专业活动获得高效率的能力。新闻编辑从事编辑活动，需要在具备一般能力的基础上，培养自己以下几方面的特殊能力。

一、鉴别能力

新闻编辑每天面对大量信息，而真正选用的总是少量而有限的，最终选择何种信息，首先取决于编辑对信息的鉴别能力。编辑应该鉴别信息是否真实、全面、准确地反映客观，是否为受众所欲知，还要预测社会效果，考虑发布时机是否合适。一般来说，编辑的综合素养越高，经验越丰富，也就越有鉴别力。

以《纽约时报》为例，2001 年 12 月 12 日，发生了四条重要新闻。①美国炸弹杀死 3 名基地组织头目。②巴基斯坦自杀式炸弹在以色列境内公共汽车上爆炸，炸死 10 名乘客。③政府首次披露军队研究机构研制出具强致死能力的炭疽病菌。④阿富汗军队向塔利班和基地组织下达最后投降期限，否则将格杀勿论。

---

① 陈娜．华尔街日报的办报理念．传媒，2006 (5)

② 郭水香，蒋志高．“华尔街日报体”的新闻采写技巧．传媒观察，2003 (10)

这几条新闻都是美国人当时高度关注的重大事件，如何选择头条确实很伤脑筋。次日各报多数选择第一条为头条，这比较符合美国在阿富汗进行的反恐战争的重要主题。《纽约时报》则将第二条放在头条，用了三栏标题和三栏照片，还配发新闻分析，指出中东危机一触即发（图2－4）。事后证明，《纽约时报》的选择是对的，因为恰恰从那次汽车爆炸开始，巴以冲突逐步升级，导致2002年以色列攻占约旦河西岸多个巴勒斯坦城市并围困巴勒斯坦解放阵线主席阿拉法特，造成30年来的最大危机。[①] 这条新闻应是当时全球最大的新闻，《纽约时报》的编辑从全球范围衡量新闻的重要性，准确地鉴别出这条新闻的价值所在。

The New York Times
U.S. Recently Produced Anthrax In a Highly Lethal Powder Form
BOMBS HAVE KILLED 3 QAEDA LEADERS, U.S. NOW BELIEVES
ISRAEL BREAKS WITH ARAFAT AFTER PALESTINIAN ASSAULT ON BUS IN WEST BANK KILLS 10
Mideast Crisis Point
RESPONSE IS SWIFT
New Deadline Set for Qaeda After Deal on Surrender Fails
Jolted by Sept. 11, Many Rush to Make Wills

图2－4　《纽约时报》2001年12月13日头版

新闻编辑的鉴别应迅速、准确，不可贻误良机；但也不能一味抢速度而不慎重考虑，造成不良影响。

二、整合能力

整合能力是指新闻编辑对零散的新闻信息资源进行综合性开发利用，使其整体效应大于部分之和的一种操作能力。[②] 编辑与记者所处的位置不同，记者处在提供稿源的位置，直接与事实接触；编辑一般不直接接触新闻事实，但接受的信息比记者更广泛。另外，记者工作处于紧张匆忙的状态，又受到所负责专业领域的局限，对零散信息难免会有所忽略。编辑工作状态更为从容，视野更为开阔，整合零散信息、有效利用新闻资源的任务更多由编辑来承担。报道策划很大程度上就是对新闻资源的一种整合行为。

从另一个角度来看，新闻产品是一种整体性的产品。编辑在信息传播过程中一个重要的工作就是对信息进行组合加工，并缔构成整体的、有序的出版物物化系统。经过作者整理和加工的信息，未经编辑进一步加工时仍然是零散无序的，不利于贮存和传播，需要编辑按照传播的要求对它们进行重新整理和编排。经过

① 辜晓进．走进美国大报．广州：南方日报出版社，2004.47
② 蔡雯．新闻编辑学．北京：中国人民大学出版社，2006.55

排序而重新组合的信息不但使用起来方便，更重要的是它们经过排列组合和优化处理，使原有的信息得以强化，使它们的传播力得以增强。[①] 这些都需要编辑有出色的整合能力。

三、表达能力

表达能力是指新闻编辑运用各种介质表达信息的能力。在媒介融合的背景下，信息以多种介质方式来传播，如文字、图片、音频、视频、动画等，新闻编辑应该了解某一专门介质或多种介质的表达特点，精于应用其对信息进行适当的表达。以文字表达能力为例，无论是对报刊编辑还是电子媒体、新媒体编辑，都非常重要。著名语言学家、商务印书馆前总编辑陈原曾说："语言文字（口头语和书面语）是一切编辑工作的基础。"他提出，编辑要熟练、巧妙地运用或掌握语言文字工具，应做到时刻记住规范化，要会驾驭字词，要养成查书的习惯，不要强加于人，学会做文字宣传，练笔是一种有益的文字实践。[②]

新闻史上很多名编辑都是语言文字运用的能手。如著名的老报人张友鸾，毕业于邵飘萍主持的北平平民大学新闻系，在校读书时就头角峥嵘，组织文学社团，撰写评论，创作小说。在上世纪三四十年代任重庆《新民报》编辑时，他制作的社会新闻标题，文字幽默、风流蕴藉，如"难民不能求一饱；银耳参茸大畅销"。又如"西风紧，战袍单，征人身上寒"这则征募寒衣的新闻标题，有元人小令的文采。当时《新民报》同样擅长做标题的编辑还有程大千。程在一则反映重庆物价飞涨、街上烧饼油条都越做越小的消息上，做了这么一则诗词体标题："物价容易把人抛，薄了烧饼，瘦了油条。"[③] 当时社会新闻是《新民报》的主要内容，因为一些政治性的文化、经济活动也用社会新闻的形式低调处理，所以比较容易避开新闻检察官的眼睛。编辑出色的写作能力使社会生活在版面上有了生动的体现。

四、组织能力

编辑是新闻报道的组织者。一次报道是由编辑牵头，对记者布置采访，指挥调度。日常报道的每一个环节，都需要编辑的联系和协调。更宏观来看，组织能

---

① 吴飞．新闻编辑学教程．北京：高等教育出版社，2004. 51～52

② 陈原．论"驾驭"文字的艺术．编辑学刊，1994（5）

③ 新民晚报史编纂委员会．飞入寻常百姓家　新民报—新民晚报七十年史，上海：文汇出版社，2004. 51～52

力还包括组织新闻人才、建设合作群体的能力。所以，是否有良好的组织才能，关系到编辑工作的成败。

仍以《纽约时报》为例，2001 年“9·11”事件发生时，执行总编辑瑞恩斯（Howell Raines）上任只有一个月。作为编辑部的最高指挥者，他临危不乱，组织记者、编辑在事发当天进行了大篇幅全景式的报道，第二天又将版面作大幅调整，开辟《国家面临挑战》特刊，连续刊登数月。这一年《纽约时报》以对“9·11”事件的出色报道，一举获得 6 项普利策奖，瑞恩斯功不可没。然而瑞恩斯也有缺点，他在编辑部独揽大权，以不停地鞭策记者到处挖独家新闻而著称。他的管理和处事作风并非所有员工都能接受。在布莱尔事件中，他对提拔这位黑人年轻记者起过关键作用。虽然有人已开始怀疑布莱尔杜撰新闻，但他仍然批准布莱尔报道头版的大新闻。2003 年 6 月，瑞恩斯因布莱尔事件被迫宣布辞职。① 这一实例充分说明编辑的组织能力至关重要。

一个编辑如果理论水平高，社会阅历丰富，责任心强，知识面广，交友广泛，性格开朗，他所表现出来的组织才能就比较强。只有加强各个方面的修养，才能提高协调组织的能力。

五、创新能力

新闻编辑业务是一种创造性的活动。编辑家邹韬奋先生在创办《生活》周刊时曾说：“刊物的内容如果只是人云亦云，格式如果只是亦步亦趋，那就是刊物的尾巴主义。这种尾巴主义的刊物便无所谓个性或特色，没有个性或特色的刊物，生存已成问题，发展更没有希望了。”陈旧的报纸形象和报道模式已不能适应受众需要，编辑的创造能力在新闻工作中越发重要。编辑只有发挥创新能力，对原始材料进行提炼、加工和创造，以精当的文字表达、悦目的版面、丰富多彩的媒介形式进行传播，才能更好地满足受众的各种需求。

新闻编辑需要有意识地培养和训练自己的创造性思维能力，主要包括：①着力发掘客观事物间的差异性、现象与本质的不一致性，要敢于对惯见的现象和已有的权威理论持分析、怀疑、批判的态度。②要培养自己的想象力。③要让自己具备合理的知识结构和活跃的灵感。②

六、现代化技术与工具的运用能力

随着科学技术的发展，新闻出版业中现代化技术与工具的运用越来越广泛，

① 任毓骏．纽约时报总编辑辞职风波始末．新闻战线，2003（8）

② 蔡雯．新闻编辑学．北京：中国人民大学出版社，2006. 57

对编辑技术能力的要求也越来越高。这方面的能力包括与新闻传播有关的现代通讯手段、语言工具、技术设计和交通工具的能力，等等。

对于编辑来说，在掌握电脑、互联网操作等必备技能的前提下，应努力钻研掌握本职工作需要的特别技能。以图片编辑为例，必须精通相关的图片编辑电子软件。如2003年5月美国在线（AOL）为它的网站招聘兼职图片编辑时提出的要求就包括："最好有三至五年新闻摄影从业的相关经验，同时还需要熟练使用Portfolio Extensis、Photoshop、ImageReady软件。"另一家在线娱乐网站E！Networks，2004年在招聘其图片库的图片编辑时是这样要求的："是否熟悉并能熟练运用互联网图片库以及媒体的网站，是否熟悉苹果电脑以及Photoshop、Office软件和网络的使用。假如你的回答都是肯定的，那么你就是我们需要的人才。"①

需要指出的是，掌握外语这一语言工具，也应引起编辑的重视。外语不仅是对外沟通的桥梁，更承载着不同的文化和思维方式。邹韬奋先生曾列出理想编辑的四个条件：大公无私；敏锐的观察和卓越的识见；文字畅达；至少精通一种外语。他在回忆录中表示：南洋公学的英语教育，为他留下了"永远不能忘的厚惠"，"在这国际交通日密、学术国际化的时代，我们要研究学问，学习一两种外国文化以作为研究学问的工具，在事实上是很有必要的"。在当前全球化的时代背景下，外语对编辑工作的重要性更是不言而喻。

第四节　新闻编辑的伦理意识

新闻编辑的职业伦理意识，是对从业者自身一种自觉的规范和约束，是新闻专业人员不可缺少的内涵。新闻编辑工作除了要求从业人员具备相应的知识结构和能力结构外，还要求编辑具有鲜明的伦理意识。

一、新闻编辑伦理意识的重要性

"伦理"一词，在中国最早出现在《礼记·乐记》中："乐者，通伦理者也"，就是分类条理的意思。后来，伦理又衍变为"伦常之理"的意思，指的是人们处理父子、君臣、夫妇、长幼、朋友之间相互关系的原则或规范。这一含义

① 曾璜，任悦. 图片编辑手册. 北京：中国摄影出版社，2006. 75～76

与西方的ethics相近，被日本学者借用并翻译为“伦理学”，而后传入中国。

关于行为规范，另一常用词语为“道德”。道德（moral）与伦理在西方为一词，都是指人际行为应该如何规范，但在中国却是整体与部分的关系——伦理是整体，其含义是人际行为事实如何的规律及其应该如何的规定；道德是部分，其含义是人际行为应该如何的规范。[①] 当前媒介运作和理论研究中，多取中西方相同的意义内容，将新闻伦理、新闻道德、新闻职业道德等词同义使用。新闻伦理或新闻道德即指从事新闻信息传播活动的人们，在长期的职业实践中形成的调整相互关系的行为规范。它内化于新闻传播主体的品格、习性和意向之中，又通过其言行表现出来，是在新闻传播活动中发挥着特殊作用的规范性调节体系。[②]

伦理道德与新闻业是不可分离的。因为新闻业的实践一直是以一套必要的伦理概念（ethical concept）为核心的：自由、民主、真实、客观、诚实、隐私、责任和义务等。道德追问是理解新闻职业的实践和问题的一个重要路径。如果新闻业一旦丧失道德价值，它即刻就会变成一种对社会无用的东西，就会失去任何存在的理由。[③]

当前，由于中国社会正处于转型期，旧的行为规范消解，新的规范尚在建构之中。随着新闻改革的不断深入，新闻媒介市场化程度的加深，我国新闻传播业取得了很多成绩，但也出现了一些新闻从业人员违反职业操守的现象。学者陈力丹认为，我国当前传媒在职业规范和职业道德方面的问题，主要有以下几方面：①传媒的编辑部门与经营部门混岗现象普遍，造成编辑部门或人员出卖发稿权的问题。②假新闻数量居高不下，利益驱动和不遵循职业规范是主要原因。③要求被采访方提供各种“方便”，赶场拿“红包”、免费旅游、报销住宿费和交通费、接受各种土特产礼品，等等。④各种传媒侵权现象仍然较为普遍，某些侵权行为甚至作为经验传播。⑤炒作各种绯闻和犯罪新闻，无人性的冷漠新闻增多。⑥传媒刊播虚假广告和低俗广告相当普遍。[④]

这些失范行为严重影响了新闻媒体的形象，在受众中造成不好的社会影响。处于新闻生产系统中关键地位的新闻编辑，应重视新闻伦理意识的培养，自觉地规范和约束自身的编辑行为，这样才能成为合格的编辑。

二、新闻编辑伦理意识的培养

新闻编辑伦理意识的培养，可从以下几方面进行。

---

① 陈绚．新闻道德与法规——对媒介行为规范的思考．北京：中国大百科全书出版社，2005.3

② 陈绚．新闻道德与法规——对媒介行为规范的思考．北京：中国大百科全书出版社，2005.4

③ 商娜红．制度视野中的媒介伦理：职业主义与英美新闻自律．济南：山东人民出版社，2006.2

④ 陈力丹．我国传媒业的职业道德意识与自律建设．现代传播，2007（1）

1. 培养正确的媒介功能观

关于媒介的功能，中西新闻传播学者说法不一，认识也随着时代的发展而深入。如1987年传播学者丹尼斯·麦奎尔在《大众传播理论》中，将媒介的功能概括为五点：信息功能（information）、协调功能（correlation）、传承功能（continuity）、娱乐功能（entertainment）和动员功能（mobilization）。我国学者童兵在《理论新闻学导论》中将新闻传媒的功能总结为六点：报道新闻，反映、影响和组织舆论，服务社会、指导生活，传授知识、普及教育，提供娱乐、裨益身心，刊播广告、发展经济。各种观点都表明，媒介功能的多样性是客观存在的。

“鉴于我国传媒职能从单一转向多样化，对于直接附属于党政机关的传媒记者而言，认识到自己拥有的采访权和报道权是一种‘权利’而非‘权力’，是确立自己职业意识的第一步。你的工作服务于公民的言论出版的权利，因而才拥有了记者的工作权利，你的权利归根到底是人民赋予的。对于直接服务于大众的传媒记者而言，谨防商业主义对新闻业的侵蚀，是树立职业意识首先要克服的障碍。”① 这段论述中虽然写的是记者，但对编辑同样适用。编辑首先要培养正确的媒介功能观，明了自己的社会角色，知道自己的位置在哪里，明确基本的职业伦理底线。

2. 遵循职业规范与准则

新闻从业人员的职业自律是有其行为规范与准则的。在我国，1991年1月中华全国新闻工作者协会第四届理事会第一次全体会议通过了我国第一个正式成文的《中国新闻工作者职业道德准则》，1994年和1997年这一准则又先后进行了两次修订。2005年3月，中共中央宣传部、国家广播电影电视总局、国家新闻出版总署联合下发了《关于新闻采编人员从业管理的规定（试行）》。与以往出台的同类规章相比，这一规定的各项条款更加具体，更有针对性，其中“实名制”和“回避制”等内容还是首次以明文规定的形式提出的。

在新闻自律的进程中，我国地方媒体也制定了不少职业规范条文。如2007年2月，《广州日报》制定并公布了《广州日报采编行为准则》，这份准则共分为四大部分：保障报道的真实与准确，维护报道的公平性，严禁“有偿新闻”；维护群众利益。各部分都有操作性较强的细化条款。

新闻编辑应该自觉学习和遵守这些新闻工作职业规范，将其应用到自己的编辑工作中。这样既能够维护新闻界的良好形象，又能促进个体工作的专业化程度。

另外，由于西方新闻业自律建设的历史较长，相应的职业规范比我国目前的

---

① 陈力丹．我国传媒业的职业道德意识与自律建设．现代传播，2007（1）

规范更为具体，可操作性也更强。如英国报业投诉委员会颁布的《行为准则》，就十分详尽，其最新的准则在2007年8月推出，包括16项条款：准确，回应的机会，隐私，骚扰，在当事人悲痛或震惊时侵扰他，儿童，牵涉性罪行案件的儿童，医院，犯罪报道，监听仪器及暗访，性侵犯案中的受害者，歧视，财经新闻，机密的消息来源，案件审讯中的证人付费，罪犯付费。西方的一些自律规范，在充分考虑我国国情实际的前提下，可为我国的新闻编辑所借鉴。

3. 树立使命与责任感

新闻媒体并非在真空中运作。格伯纳（Gerbner）将大众传播工作者描述成在各种外在“权力角色”的压力之下进行传播工作的人。这些权力角色包括了顾客（例如广告商）、竞争者（主要是其他媒介）、各种权威（尤其是法律、政治力量）、专家、其他机构以及受众。丹尼斯·麦奎尔在格伯纳等人观点的基础上，指出媒介决策部分处在各种限制、要求和权力的使用的旋涡中（图2－5）[①]。新闻编辑承受着来自各方面的压力，只有树立使命与责任感，才能秉承客观、公正、全面的态度进行新闻的选择与加工，并合理处理新闻与各种外界因素的关系。

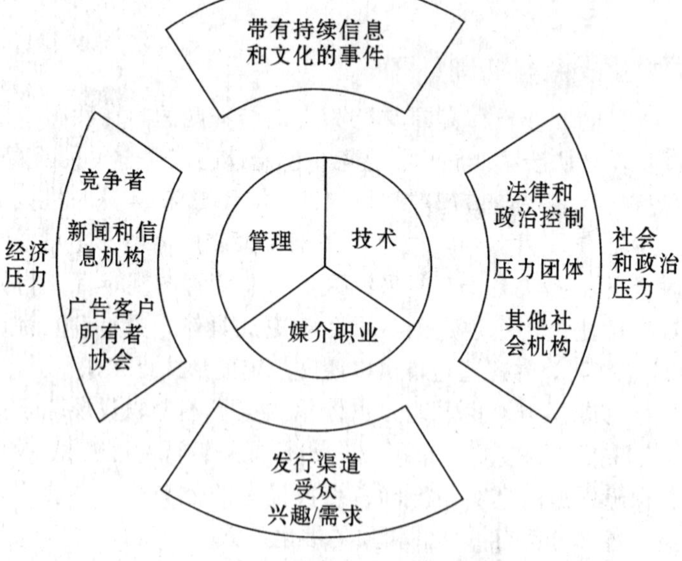

图2－5　社会力量范畴中的媒介组织

中外新闻传播史上涌现过许多具有社会责任感的报纸和报人。以创刊于

① 丹尼斯·麦奎尔，麦奎尔大众传播理论．崔保国，李琨译．北京：清华大学出版社，2006.207

1902年的《大公报》为例，它不仅有较高的品位和质量，更是一个重视报格、严于律己的正派的报纸。其名称中的“大”和“公”字，就是这种报格的具体体现。创办人英敛之对这两个字的解释是“忘己之为大，无私之为公”，并以此作为办报的宗旨。新记公司接办《大公报》后，又由张季鸾出面，提出了著名的“不党，不卖，不私，不盲”（简称“四不”）的社训（图2－6）。以“不卖”为例，张季鸾、吴鼎昌等人认为：“须有独立资本，集中人才，全力以赴，方可成功。”新记《大公报》的续刊，完全是按这个思路进行的：吴鼎昌筹措五万元，胡政之为总经理，张季鸾为总编辑，每人月薪300元，相约专心办报，不兼他职。资本独立、不收外股、不拉政治关系，使得报纸的言论独立得以保证。[①] 新闻传播对社会有重大影响，新闻编辑必须自觉自律、实事求是，才能对社会负责，对受众负责。

大公報
本報啟事
大公報續刊辭
本社同人之志趣
第一不黨
第二不賣
第三不私
第四不盲

图2－6 《大公报》的“四不方针”

新闻编辑工作也是一项默默无闻的工作。因为新闻编辑主要是幕后工作，一篇好的新闻会使记者扬名，而编辑的心血却鲜为人知。夜班编辑每天过着晨昏颠倒的生活，更是要付出比做一般工作更多的代价。新闻产品的优化，少不了编辑人员恪尽职守的精神。

① 方汉奇等．大公报百年史（1902－06－17—2002－06－17）．北京：中国人民大学出版社，2004.224

思考与练习

1. 新闻编辑的职业理念在社会角色上有哪些特征？
2. 按工作属性和职责内容不同，新闻编辑可分为哪些类别？分别有哪些职责？
3. 关于新闻编辑的知识结构，你认可“通才”观还是“复合型人才”观？
4. 宽广的基础知识对编辑工作有什么意义？
5. 编辑的理论素养主要包括哪些方面？
6. 新闻编辑应掌握哪几个方面的专业知识？
7. 新闻编辑从事编辑活动，需要培养自己哪些方面的特殊能力？
8. 怎样理解伦理意识对新闻编辑工作的重要性？
9. 新闻编辑伦理意识的培养，可从哪几个方面着手？
10. 综合分析：查阅相关文献，选择2~3位有代表性的中外著名新闻编辑，综述其编辑成就，分析其在知识结构、能力结构、伦理意识等方面呈现出的特点。
11. 调查：采访一位新闻编辑，了解其工作内容、职责范围，分析其应具有哪些职业素养，才能胜任该职位的编辑工作。

第三章
媒介定位与产品设计

本章重点

□媒介定位的客观依据
□受众定位和功能定位
□编辑方针的内容
□报纸产品设计的内容和步骤

第一节　媒介定位

一、媒介定位的含义

1. 媒介定位

1969年6月，艾尔·里斯和杰克·屈劳特在《工业营销》杂志发表论文，率先提出了“定位”（positioning）的说法。定位，就是以产品为出发点，如一种商品、一项服务、一家公司、一所机构，甚至一个人……针对潜在顾客的思想，为产品在潜在顾客的大脑中确定一个合适的位置。

如今，除了公共媒体，其他性质的媒介都是市场实体，要在市场竞争中立足，首先就要找准自己的位置。媒介定位，就是媒介如何满足受众对信息的需求，抢占媒介市场，形成媒介风格的一种策略。① 媒介定位意味着传播的目标化，它使传播活动的目标更加具体明晰。《华西都市报》前总编辑、“都市报之父”席文举曾说过，“我们常说的报纸的定位，就是你的位置放在哪里，你的位置对面坐的是谁，你面对谁说话”。

媒介定位要解决的问题有两个：一是媒介的服务对象是谁，二是媒介为这些服务对象做什么。因此，媒介定位应该从两方面考虑，一是受众定位，二是功能定位。

2. 媒介定位的客观依据

（1）报纸行业的发展状况

首先是整个报纸行业的大环境。随着媒介市场的变化，报业的生存环境发生了巨大的变化。从广播的出现，到电视的兴起，再到互联网技术的普及，报业都通过调整自己来适应这些变化，每次调整都是一次重新洗牌。不能适时调整定位、应对变化的报纸，最终将被市场淘汰。2005年我国第二届报业竞争力年会发布了《中国报业年度发展报告（2005）》，报告中指出，面向细分读者市场的定位精准的生活服务和其他资讯类周报，将成为中心城市新的报业增长点。而目

① 高世屹，颜彦．论媒介定位．青年记者，2002（4）

前都市报普遍采用的一应俱全的百货商场式的经营模式，将被内容定位更加精确、更加细分的专卖店式的经营模式所取代。由此可看出，更加细分、精准的定位将是报纸发展的趋势。

其次是竞争市场的小环境。中国内地报业市场可划分为三个层次，即全国性市场、区域性市场和地方性市场，每个层次的市场竞争都不尽相同。例如，广东的报业市场就进入了融合竞争的新阶段，即从单一结构、单一区域、单一形态的单一竞争进入到复合结构、跨区域和多种媒介形态的竞争。① 这一变化促使广东地区的报纸纷纷进行改版以适应新形势。

（2）读者

读者是报纸新闻和广告传播的最终目的，是报纸的立命之本。读者的阅读兴趣、阅读习惯、阅读行为等因素对报纸的定位有决定性的影响。随着网络等新媒体的发展，报纸读者的分流、重组加快，他们的阅读特征也发生了很大变化，这成为报纸适时调整的动力和依据。

（3）媒介制度和政策环境

国家的媒介制度和宣传政策也是报纸定位的客观条件之一。例如，以前由政府掏腰包的党报现在也要面向市场、面向大众，如何走出党报市场化的新路子，成为各级党报重新定位要解决的问题。随着我国媒体市场的逐步开放，媒介市场的新政策也极大地影响着报纸的生存状况。2007 年 10 月底，国家新闻出版总署署长柳斌杰接受媒体访问时表示，作为新闻出版行业全面改革的一部分，中国已经完全放开地方报纸、出版集团的国内外上市。允许新闻出版传媒的整体上市，而不局限于过去将报纸的采编业务与广告等商业经营剥离开来的做法。这意味着未来一段时间，报业的竞争将进入一个全新的阶段。

（4）广告市场

目前我国的报纸售价低，广告收入占报纸赢利的 80% ~90%。广告市场对报纸生存发展的影响比较大，是报纸定位要充分考虑的因素。

二、受众定位

如今大众传播已经进入由“大众”变为“小众”（或称“分众”）、由“广播”变为“窄播”的转型时期，一家媒介覆盖全体受众已不再可能实现，每一种媒介都必须有所选择、有所放弃，确定最适合自己的目标受众，这就是媒介进行受众定位的过程。

① 杨兴锋．凤凰涅槃终腾飞——在南方日报第六次改版动员大会上的讲话．南方传媒研究（第十辑）．广州：南方日报出版社，2007.7

1. 受众定位的内容

进行报纸读者定位，首先就要分析市场中读者的情况，考虑的主要因素有读者的规模，人口特征（包括性别、年龄、学历、工作状况、职业、月收入、月消费能力、家庭月收入等），阅读习惯及生活方式（包括读报时间、读报程度、阅读偏好、对广告的关注度和态度、生活追求等）和他们的消费状况等。

不同的报纸瞄准的目标读者不同，即使是同一性质的报纸，其受众定位也有所不同，例如，同为经济类专业报纸，以下三家报纸就分别选择不同的三类人群为目标读者。

《中国经营报》在1996年重新定位时，就确定其目标读者为“生活在经济发达地区城市里，受过高等教育，在经济组织中担任中层以上管理职务的30岁至50岁的男性公民”。

《21世纪经济报道》的目标读者是：企业主、投资商、政府管理人员、企业经理人、商务人士、专业人士、研究机构人士等。①

《经济观察报》的征订口号对它们的目标读者作了明确的定位：“本报不适宜三种人阅读——衣冠不整者请勿订阅，对经济无兴趣者请勿订阅，非党政官员、商界人士、职业经理人、教师、医生、律师、会计师、工程师、大学生请勿订阅。”

读者是报纸生存的出发点和终点，对读者的分析研究也日益完善。除了调查读者上述的基本情况外，还可以跟踪读者读报的行为，为报纸的重新定位和调整版面内容提供依据，如新生代市场监测机构研发的监测读者报纸版面阅读情况的“报纸受众阅读连续性监测体系”。为媒体提供此类服务的调查公司有新生代市场监测机构、CTR市场研究、零点调查、AC尼尔森市场研究公司等。

2. 报纸受众定位个案：《羊城地铁报》

2006年10月1日，广州日报报业集团主办的《羊城地铁报》正式创刊，成为国内首份真正意义上的、有正式刊号的地铁报。《羊城地铁报》首日发行20万份，其发行面积全线覆盖广州开通的四条地铁线路，根据这天然的区分，其目标读者锁定在地铁的乘客身上。根据CTR市场研究公司的调查，《羊城地铁报》的目标读者的基本情况如下：

①年龄属性：平均年龄35.6岁。

地铁乘客中，18~54岁的中青年占87%，其中44岁以下的占7成以上，这

---

① 新浪网.《21世纪经济报道》主编刘洲伟做客新浪聊天.2003-01-14 http://finance.sina.com.cn/roll/20030114/1933302419.shtml

个比例远远高于广州市全市人口比例（63%）。该年龄段的人群是主要的社会财富的创造者，也是掌握家庭经济来源的社会消费主流人群。

②教育程度：大专以上。

在地铁乘客中，硕士及以上的占4%，大学本科的占26%，大专的占28%，高中/中专/技校/职高的占34%，初中及以下的只有7%，所以，有58%的读者是具有大专或以上学历的，其受教育程度比较高。

③性别比例：男女均衡。

《羊城地铁报》的目标读者中男女性别比例不像其他报纸那样悬殊，而呈现出一种均衡的状态，男性占51%，女性占49%。

④职业属性：以职员、专业人员和中层管理人员为主。

《羊城地铁报》的目标读者中，有职业、有稳定收入的超过90%，中小企业主占22%，商务及白领人群占41%。

⑤个人平均收入：3 705 元/月。

广州地铁乘客整体处于城市高收入水平，而且高收入人群所占的比重非常大。个人平均收入为3 705 元/月，其中2 500 元以上的占61%，家庭平均月收入6 000 元以上的占50%。

⑥消费情况：城市中高水平。

休闲、娱乐和交际等提高生活品质的消费占地铁乘客每月消费的44%。手机和家庭电器的拥有率最高，个人电脑的拥有率超过50%，银行信用卡和保险服务享用率超过60%，过半的人拥有自购房屋、高档家居用品和体育用品。

目标读者的这些性质，对《羊城地铁报》的内容和形式有什么影响呢？

首先，信息成为《羊城地铁报》的主打内容。《羊城地铁报》的读者群是被天然区分出来的。从以上调查可以看到，广州地铁乘客过半受过高等教育，受教育程度比较高，社会地位中等偏高，这一群人关注社会的重大事件，留意社会的热点问题。他们的生活节奏比较快，往往只有在坐地铁的20 分钟里才有时间看报纸；他们当中近半人是商务和白领人士，工作较紧张，生活压力较大。为此，《羊城地铁报》推出了“快速阅读”、“快乐阅读”和“价值阅读”的理念，新闻信息突出“短、平、快”的特点，多选择实用性强的新闻题材，以“传播最有价值的资讯”为口号，24 个版平均每天涵盖84 条必知的新闻、16 个关乎生活的资讯和49 个带来娱乐休闲的最新鲜的副刊信息。通过这一系列的措施来适应地铁乘客的阅读习惯、阅读行为，满足他们的信息需求。以2007 年11 月13 日的该报为例，头版共刊登了10 条图文信息（图3－1），这在当前头版封面化为主的市场上并不多见。

其次，作为地铁报，免费取阅的模式使《羊城地铁报》的运营和赢利全面依靠广告，掌握目标读者的收入状况、消费状况等数据，是吸引广告客户有针对性地进行广告投放的基本条件。该报的目标读者既是家庭的主要经济来源，又是实施消费行为的主体。他们掌握着消费的决策权，是中高档时尚品牌的超前购买者和意向领袖，属于其最有效的广告对象。另外，他们对培训进修、投资理财、地产汽车、数码产品、旅游等服务及产品有着浓厚兴趣，消费观念较为开放，注重消费享受，认同品牌，追求时尚，具有较高的消费能力，是中高档商品广告最有价值的潜在和目标人群；而且男女比例均衡，既适合投放房地产、汽车、手表等逻辑性特征明显的消费品，也适合投放化妆品、流行服饰、珠宝等女性偏好的消费品。①

GUANGZHOU METRO DAILY
羊城地铁报
居民管道天然气价 3.45元/m³
向世界宣布：我爱广州
广东最低工资标准年底或将上调10%
穿梭穗港只需1个钟
2007 地球小姐诞生
"沙漏"型身材女人更聪明
台媒体：陈水扁"越接近离职，就越流氓气"

图 3-1　新兴的免费报纸《羊城地铁报》

三、功能定位

1. 功能定位的概念

功能定位指的是确定媒介所要担负的职能和所要发挥的功用，是为满足受众需求和实现传播目的而对媒介产品进行决策。

新闻媒体的主要功能可以概括为6个方面，即传播信息、宣传思想、舆论监督、传授知识、提供娱乐、刊播广告。面对划分日益细化的市场，媒体只能选择其中一个或几个作为主要功能，媒体的功能定位解决的就是这个问题。

报纸的功能定位建立在受众定位的基础上，同时结合媒介主办方对报纸角色的期待而确定。所以说，报纸的功能定位是受众的需求和报纸主办方的主观意愿

① 《羊城地铁报》一周年特刊．2007年9月30日第6~16版

相结合的产物。受众定位决定了报纸为谁而办，功能定位则决定了报纸给他们提供什么。

2. 不同类型报纸的功能定位

根据报纸不同的功能定位，市场上的报纸形色各异。既有主要承担传播信息、宣传思想、舆论监督功能的党政机关报，也有主要为广大市民传播信息、提供娱乐的晚报、都市报，还有专门为市民传授知识、提供娱乐和实用信息的生活服务类报纸。

市场在变，报纸的功能定位也会随着市场需求而不断地调整。例如国内首份生活消费资讯类报纸《精品购物指南》，1993 年创刊时的功能定位是生活服务资讯，强调实用，强调给读者提供扎扎实实的服务，做一份“生活资讯报”。当时报纸为四开八版，给读者提供生活资讯，读者拿着报纸就可以去消费。那时这方面的资讯非常缺乏，《精品购物指南》做得比较全、比较到位，和读者的生活需求紧密贴合，很受欢迎。开创性的定位开辟了独有的读者细分市场，与大众新闻类报纸、专业类报纸的读者交叉率低，具有明显的市场独占性。报纸的广告额逐年上涨，1997 年过亿元。“北京白领年轻女性的时尚服务类报纸”的基本定位成为该报纸发展的基调。随着社会的进步和资讯的发展，特别是互联网的发展，人们获得资讯的渠道增加，此时《精品购物指南》把目标读者进一步细分成活跃消费族和强力消费族两类，根据这两类人群的消费观念、消费行为等因素，报纸的功能在提供生活资讯的基础上，加强了时尚元素，转变为一份“生活时尚报”，不仅进行简单的购物指导，还指导生活、消费，引导时尚，做北京时尚人群的消费参考和生活顾问。如今，《精品购物指南》已成为北京乃至全国最成功的生活时尚类报纸，凭借优异的市场表现荣获“2005 年全国晚报都市类报纸竞争力监测之最具竞争力的城市周报”和“2006 年城市生活类周报竞争力 10 强”称号。[①] 为了适应市场发展，使读者能更及时、方便地获取信息，该报 1997 年即制作了电子版，在同行中较早开始网络化进程（图 3－2）。

① 肖景辉.《精品购物指南》总编张书新和他的“1＋X”理论. 传媒，2005（9）

图 3－2　《精品购物指南》电子版

第二节　编辑方针

一、编辑方针的定义和作用

确定了报纸的受众定位和功能定位之后，制定报纸的办报方针就有了依据。办报方针主要是对报纸的性质、立场、指导思想和宗旨等根本性问题的阐释，是报纸一切工作的指南。

在办报方针中，涉及编辑工作的内容可以独立构成一个体系，更加具体地规定报纸新闻传播的对象、传播的目标和内容等，这就构成了报纸的编辑方针。编辑方针是报纸编辑工作必须遵循的准则。

办报方针是编辑方针的依据和指导，编辑方针是结合报纸的特性，在编辑工作中对办报方针的具体落实，编辑方针通常以成文的方式记录下来，用以指导整个编辑工作。在中外报业史上，有过许多著名的编辑方针。如抗战时期中国共产党在国统区办的《新华日报》，将编辑方针概括为“有所为有所不为”，表明在当时复杂的国内外形势下，党报坚持自己的立场观点的宗旨。新记《大公报》的“四不”方针更是脍炙人口。

报纸的编辑方针既以媒介定位为依据，又是媒介定位在编辑工作中的落实，是报纸编辑工作必须遵循的准则，为接下来进行的报纸设计指明了方向，确定了目标。编辑方针涵盖了报纸新闻传播的主要业务环节，有助于新闻采访、写作、编辑等环节的协调运行，更好地实现传播意图。同时，通过编辑方针还能展示出报纸的立场、观点、态度，彰显报纸的特性和风格。

报纸的编辑方针也不是一成不变的，它在办报的过程中会依据传媒主办者的意志、传媒支持者的愿望等各种主观和客观因素进行不断调整，以适应市场的变化，这一过程常常又以大大小小的改版来实现。

二、编辑方针的内容

编辑方针是根据办报方针以及实际状况对报纸的内容和形式所作的总体设计，主要内容包括以下几个方面。

1. 报纸的读者对象

读者是报纸设计的起点和终点，是报纸实现经济效益和社会效益的关键因素，所以编辑方针首先要明确的是报纸的目标读者。编辑方针不仅要确定目标读者的总体范围，还要进一步规定读者群中的主体是哪类人，次要的读者又是哪类人。如《第一财经日报》目标读者为社会的中间阶层，它具体包括两类人：一是“核心读者”，包括中国的商界领袖、管理精英、金融投资专业人士、政策制定者和经济工作管理者、创业家和相关知识阶层；二是“辅助读者”，包括那些对经济、金融与资本市场、商业管理等有相当兴趣的上班一族，一般投资者，青年学生等成长阶层。读者对象是编辑方针中最重要的内容，它对其他几项内容会产生制约作用。

2. 传播内容

报纸的传播内容指的是报纸总的报道面有多大，具体来说就是报道对象的分布有多广、报道的领域有多宽、报道的区域有多大等。报纸传播内容的规定，对报纸的总体规模和局部结构的设计，报纸版面的分工、栏目的设置都有指导意义。

1982 年，《新民晚报》在“文化大革命”中被迫停刊了十余年后又得以复刊。社长赵超构先生提出，要办好晚报，集中到一点，就是要在“晚”字上做文章。从“晚”字出发，他将《新民晚报》的编辑方针确定为 16 个字：“宣传政策、传播知识、移风易俗、丰富生活。”具体来说就是：结合社会上的实际问题来宣传党的政策；根据读者的实际，反映与指导生活，提供衣食住行、文化娱乐、国内外时事、科学、医药卫生等各类知识；关注社会风气问题，把移风易俗与社会新闻结合起来，加强社会新闻的报道；既要关心群众衣食住行各方面的物质生活，也要考虑丰富读者的业余精神生活，办好体育版、文化版和副刊。新闻报道立足上海，面向全国，重视本地新闻，特别是社会新闻；着重文化艺术、体育、旅游等文化报道；副刊要体现知识性和综合性。① 在这16字方针的指导下，《新民晚报》“飞入寻常百姓家”，跻身全国“四大晚报”行列。2004年经过改版，吸引了更多的中青年读者（图3-3）。

新民晚报
XINMIN EVENING NEWS
关于本市开展在地统计试点工作的公告
世博会“考卷”初见答案
博鳌亚洲论坛2003年年会开幕
市长咨询会议结束
明年主题：如何增强上海的国际竞争力
古银杏装上避雷针
浦江子弟奔向港澳军营
冷空气携雾而来
遭受伊拉克战争以来第二大重创
18名美国人在伊遇袭丧生
每年死人少于五千
短信为证 不准离婚
中国电影将要分级
赢得难看笑得开心

图3-3 《新民晚报》2004年改版后的版面

3. 传播水准

报纸的水准指的是报纸的思想水平、文化水平和专业技术水平所达到的高度，它是报纸新闻报道内容的深度和广度，新闻稿件的语言文字、报纸的版面设计以及最后的制版印刷等多方面因素的综合表现，对确定报纸的内容和形式具有指导作用。

创刊一百多年的《纽约时报》不是美国发行量最大的报纸，却是最权威、最有影响力的报纸。这种影响力来自《纽约时报》对高品质新闻和评论的不懈追求。从19世纪末至今，《纽约时报》就一直恪守“刊载所有适合刊载的新闻”的编辑方针。1896年奥克斯接办《纽约时报》时确定了“力求真实，无畏无惧，不偏不倚，不分党派、地域或任何特殊利益”的新闻报道原则。该报的社论尊重事实、严谨有据，一般由“社论委员会”撰写和编辑。“社论委员会”由资深人士组成，地位崇高，深受尊重。社论的独立性很大，即使发行人也不能轻易干涉。1961年1月9日，发行人索尔兹伯格试图为一篇社论递条子，结果遭到了当时的社论主编墨尔兹直截了当的拒绝。《纽约时报》客观全面记录历史的同时也影响着社会的进程。1971年，美国深陷越战泥沼，《纽约时报》率先刊载了“越战机密文件”，揭穿美国政府和军方对民众的隐瞒和欺骗，引发民众的反战浪潮，并由此掀起了美国新闻界“调查性报道”的高潮。② 因其高品质、负责任的新闻报道，很多读者遇到大事就读《纽约时报》，“9·11”

① 黄瑚．试谈赵超构对社会主义时期市民报建设的贡献．新闻记者，2007（11）
② 刘小东．历史的缩影——解读《纽约时报》的百年传承．华尔街电讯
http://creative.wswire.com/htmlnews/2004/10/11/397288.htm

事件发生后，《纽约时报》加印了70万份，仍然供不应求。

4. 风格特色

报纸的风格特色指的是报纸的整体结构、传播内容、传播方式和版面形象等所综合表现出的格调和特点。报纸的风格特色同样由报纸的性质、办报宗旨、读者对象所决定。编辑方针对报纸风格特色的规定，为报纸设计进行了宏观把握。

以《羊城晚报》为例，创刊50多年来，一直坚持新鲜活泼的风格。据创办人之一黄文俞介绍，报纸一创刊，就要“突破苏联《真理报》模式，办一份中国气派的报纸”，“寓共产主义教育于谈天说地”，为普通百姓所喜闻乐见。1980年复刊时，报社提出了办报原则——“姓党、姓晚，又姓羊，三者缺一不可，次序不能颠倒”；同时也确定了新的编辑方针——“反映生活、干预生活、引导生活、丰富生活”。在报道内容、取材角度方面，力求具有自己的风格和特点，把宣传政策同反映群众的实践和呼声结合起来，帮助读者增广见闻，得到富有情趣的精神享受。其名牌评论栏目《街谈巷议》几十年经久不衰，副刊版面《花地》独具岭南特色。版面形式也不断创新，近年又开创了双头版的形式，给《羊城晚报》注入了清新的活力（图3－4）。

羊城晚报 12
YANGCHENG EVENING NEWS
确保今年进出口总额增长10%
不让投机钻营者得利
不让扎实干事者吃亏
6位农民工
8位“80后”
千余信用卡“老赖”网上曝光
以新一轮思想大解放
推动政协工作新发展
哈萨克斯坦煤矿爆炸
12 羊城晚报
YANGCHENG EVENING NEWS
A16 国际新闻
乌克兰人挤爆银行领赔款
他是攀登珠峰第一人
“大个子”希拉里 辞世
“新面孔”多了 “老面孔”少了

图3－4　《羊城晚报》的双头版设计

在制定报纸的编辑方针时，如果缺乏科学决策，就可能错误地确定受众对象、传播内容、传播水准和风格特色，影响报纸的发展。目前，我国一些媒介在制定编辑方针时，缺乏科学的决策，表现出来的问题也不少。这些问题可能会出在编辑方针四项内容的每个方面：①对于新闻传播的受众对象决策不当，使媒介缺乏发展空间。②对新闻传播的内容决策不当，使媒介的社会影响力受损。③对传播的水准把握不当，导致媒介质量受损。④对传播的风格特色不甚明确，导致媒介缺乏竞争力。[①] 在设定编辑方针时，应对这些问题给予充分考虑。

① 蔡雯．新闻传播的策划与组织．北京：新华出版社．2002. 109～115

第三节 报纸产品设计

一、报纸产品的设计原理

从报纸的结构上看，报纸的各组成部分呈“树状”形式。版面数量少的报纸，直接由若干版面组成整份报纸；在厚报时代，报纸的版面数量少则几十、多则上百，众多版面按内容进行分类后，形成不同的版组（即叠），再由不同的叠组成一份报纸。

报纸产品的设计主要包括报纸总体设计和报纸局部设计两部分，这两部分的设计都由报纸的编辑方针决定。

1. 报纸的总体设计

报纸的总体设计主要指的是报纸的版面总量构成：报纸主要由哪些版块组成，分成几个叠，每叠多少版面，整份报纸总共多少版；报纸一周出版的版面安排怎样，每天出多少版面，各叠多少版等。在设计报纸的总体结构时，要注意以下问题：

首先，报纸总体设计要体现报纸的定位。报纸整体产品的策划是由报纸的定位决定的，有什么样的定位，就要有相应的版块去体现。版块的定位既是报纸定位的实现，又是报纸定位的进一步细化和延伸。如 2007 年 6 月，广州《新快报》在新一轮改版中，根据“中产、白领”的报纸定位，把两个品牌周刊《时尚星期六》和《消费星期五》全新整合为《白领风尚》周刊，在原有的基础上增加了更多关于白领人群的工作、生活、情感、休闲等诸多内容，倡导时尚、健康的新生活态度（图 3－5）。同期推出的新内容还有每天 16 版的《投资宝典》、关于顶级生活故事的《奢侈生活》周刊和国际博览类的《前沿周刊》，这些都和白领、中产人群的生活、理念、兴趣等密切相关。

其次，报纸的总体设计要充分考虑读者对象的阅读需求。对于工作日和双休日，读者的新闻信息需求有所差别，其阅读行为也会发生变化，这就需要报纸安排好报纸的内容。现在很多报纸在周末都推出相应的周刊，内容更注重服务性、休闲性和集纳性。例如《南方都市报》周六有《理财周刊》和《视觉周刊》，周日有《阅读周刊》和《地球周刊》（图 3－6）。一周出版一次的专刊，目标读者针对性更强，在设计报纸整体的时候要根据特殊读者群的需要合理安排出版时间，以争取更高的阅读率和取得更好的传播效果。

图 3－5　《新快报》的《白领风尚》周刊

图 3－6　《南方都市报》的《地球周刊》

2. 报纸的局部设计

对报纸进行了总体的设计以后，就要对报纸进行局部的设计。报纸的局部设计是指报纸全部版面的分工与组合形态，报纸各个版块的组成情况。例如新闻版块有多少版，专版专刊有多少版，副刊的版面有多少，广告版面有多少；各个版块在空间上排列的顺序、出版时间的安排等。报纸的局部设计要针对的目标读者更加具体，要根据不同的读者需要对版面的功能进行细分，除了目标读者，报纸的性质、功能等也是报纸局部设计的决定因素。报纸局部设计的成果往往又以"版面运行表"的形式表现出来，它指导和规定着每天报纸的版面安排。

具体来说，报纸的局部设计主要包括：确定各个版块及其中各版的读者定位和编排思想；确定各版的名称、报道范围和重点；确定版中的主要专栏名称、内容、篇幅、体裁、风格等；确定各个版的版式特点和风格特色；确定广告在各个版中所占的篇幅和位置以及广告的类型等。确定了报纸的主要版块之后，就要在报纸定位的指导下搭建各个版块，例如新闻版块是报纸的重中之重，对报纸的局部进行设计就要确定新闻版面的数量、名称、报道范围、版内的主要栏目和版式等。

二、报纸产品设计的操作过程

1. 报纸产品设计人员的组成

对报纸的总体和局部进行设计，是由一个集体完成的。这个集体一般由核心人员和外围人员组成。核心成员包括报社的社长、总编辑、编委会成员、采编和经营等多个部门的主要负责人等，他们组成报纸的策划小组或改版小组，组织和实施报纸的设计工作。除了这些核心人员，为了集合更多的力量，听取更多的意见，来自相关领域的专家学者、热心读者、基层采编、经营等人员等也会参与到前期调研、报纸产品方案的设计、试刊等环节中。

2. 报纸产品设计的三个过程

报纸的创刊、改版需要长时间的准备，调研、论证、试行等往往需要几个月、一年半载甚至更长的时间。报纸产品的设计可以分为策划预备、方案设计和方案试行三个阶段。

策划的预备阶段主要是从萌生策划意图到方案设计之前这段时间。这一阶段的主要工作是进行充分的调研，了解报纸的生存环境，细分市场，寻找报纸的发展空间，其中最重要的是收集信息。如报纸行业的相关信息、读者的信息、竞争者的信息、报纸控制者的信息等外部信息和资金、人员、设备、管理等内部信息，它们是进行报纸设计的重要条件，是论证设计方案的重要依据，收集这些信息务必全面、详细。

方案设计阶段是分析各方面信息、确定报纸的编辑方针、拟定报纸的设计方案并从中优选的过程，是报纸产品设计的核心阶段。在设计报纸产品方案时，要特别注意对目标读者进行细致的分析，区分好报纸的核心读者群和次要读者群，为接下来的传播内容、传播水准和风格特色的确定奠定基础，并在设计方案中把它们落实到报纸产品的总体设计和局部设计中。设计方案一般由策划小组或改版小组指定专人负责起草，形成初稿，再经过多次论证，优化选择，修改完善，最后形成定稿。在设计方案时，既要以前期的调研分析为基础，又要大胆创新。

确定了报纸的设计方案以后，就要把方案付诸实践，验证其可行性，发现问题，修正完善，这就是方案试行阶段，即试刊阶段。在这一阶段要注意慎重选择试刊的时间、内容、次数，广泛征集各方面的意见和反馈，尤其是读者的意见。[1] 国外有些报纸改版时会花几个月的时间来实验版式，广泛收集读者和市场的反馈，最后才决定选用哪种版式。方案试行阶段是对前期工作的检验。在改版时，为了更好地检验效果，让市场有适应的过程，有的报社还不惜花费重金采取双重出版（即新旧两种报纸同时出版）的方式进行过渡，例如英国《独立报》和《泰晤士报》2003 年改用新版式时，就都曾以大小报双重出版，历时一年左右。

三、报纸产品设计个案：《南方日报》第六次改版

1. 改版操作过程

2002 年至 2006 年，《南方日报》先后 5 次改版。2007 年 3 月，《南方日报》开始酝酿第六次改版。报社成立了由社长、采编、经营等部门负责人组成的改版小组，报社员工全体发动，全体参与，共同谋划，同时进行了专门的市场调研，了解受众信息。编辑部门拟定了《〈南方日报〉要闻版块编辑大纲》、《版式设计改版方案》、《〈南方日报〉新媒体发展部设置及发展方向》等方案，对预想的报纸产品及机制配合进行详尽设计。这也是 6 次改版中筹备时间最长、力度与强度最大的一次。

经过半年多紧锣密鼓的准备，并报经省委宣传部批准，《南方日报》运营委员会决定于 2007 年 10 月 26 日开始实施第六次改版。日期选择主要考虑到届时十七大已结束，不会影响到对重大新闻事件的报道。10 月 12 日，《南方日报》召开第六次改版动员大会，社长杨兴锋、总编辑王春芙分别发表题为《凤凰涅槃终腾飞》、《深化改革打造严肃主流政经媒体》的讲话，就本次改版的意义和重点进行了全面阐述，鼓舞全员士气。10 月 26 日，改版的《南方日报》与读者见面，头版刊发了《新的起点 新的南方》的改版致辞（图 3－7）。

沪指暴跌280点 逾400个股跌停
南方日報
"联合国大奖" 8万摘牌?
俄顶尖科学家 接连神秘死亡
"南海Ⅰ号" 有望12月出水
广佛地铁 年底全线开工
中国共产党章程修正案发布
全省传达贯彻党的十七大精神大会要求迅速掀起学习宣传贯彻十七大精神热潮
注重领会精神实质
注重联系实际
注重推动各项工作
温家宝将访问乌土白俄四国
广东前三季GDP 突破2万亿元
北京时间10月25日17时55分 "嫦娥"变轨
"嫦娥一号"整流罩坠落始兴
新的起点 新的南方
中山市国有土地使用权拍卖出让公告
美重申不支持"台独"

图 3－7　《南方日报》2007 年 10 月 26 日头版

① 郑兴东，陈仁风，蔡雯．报纸编辑学教程．北京：中国人民大学出版社，2001. 41～47

2. 改版整体思路

《南方日报》经过5次改版，已经树立起了鲜明的“华南地区主流政经大报”的形象，社会影响力和市场竞争力均有所提升。还有没有必要进行第六次改版？《南方日报》认为，进行改版是世界、中国和广东省报业发展大环境的必然选择。只有改革，《南方日报》才能实现“用现代报业的运作机制和办报理念整合优势资源，坚持不懈地推动党报走向市场、做强做大”的目标，否则报社将坐失良机。

那么怎样来改？社长杨兴锋提出，第六次改版与前5次改版之间存在如下关系：①坚持与发展的关系。即在坚持前面5次改版的核心精神的同时，大刀阔斧地改掉那些不适应新形式、新情况的地方，充实以前想做而未能做到的地方，让改革走向深入。②量变与质变的关系。以往5次改版基本上是建立在第一次具有革命性的改版基础上的改良，第六次改版则要突破第一次改版的框架与思路，寻求一种根本性的全面突破。③否定之否定的关系。这次改版实际上是对前5次改版中改得不彻底、不到位、比较粗糙的地方的一次总清算。它不是局部性的小修小改，而是全面性的体检，全面性的再次出发。① 这三个关系的表述体现了《南方日报》改版的整体思路，也表现出对新闻产品设计中“变革与稳定”关系的清醒认识。

3. 改版局部设计

第六次改版强调要以大时政、大经济、大文化的视野来操作新闻，主要进行了以下改版局部设计。

（1）调整版面结构

报纸的版面宽度由360mm改为340mm，成为臂展680mm的“黄金报型”。这种报型可以增加版面的现代感，更加挺拔和方便阅读，而且按现行纸价计算，仅此一项每年可节约成本400多万元。周刊版型则由大变小，改为四开版面。整份报纸的版面结构进行重新布局（图3－8），新开辟了“深度”版、“政务”版和“网视”版。

（2）加强对新闻品质的要求

《要闻版块编辑大纲》的总纲中提出，“原创、权威、公信，是本报矢志追求的新闻品质”。对要闻版块的各个版面，报纸都加强了品质要求，并设定了清晰、具体的编辑标准。如对于头版，要求“立足广东、辐射全国、放眼世界，

① 杨兴锋．凤凰涅槃终腾飞——在南方日报第六次改版动员大会上的讲话．南方传媒研究（第十辑）．广州：南方日报出版社，2007. 4～13

以全球化的开阔视野，以正确引导舆论和‘三贴近’的准则选稿、用稿”，“新闻价值、新闻关注度是稿件取舍的重要标尺”。头版定位为要闻封面版，既突出处理要闻，又强化导读功能。[①] 重新设计后的报纸，加强了言论时评、深度报道、政务报道、文化报道、经济报道和广东各地报道，形成了“顶天立地”的树形产品形态。

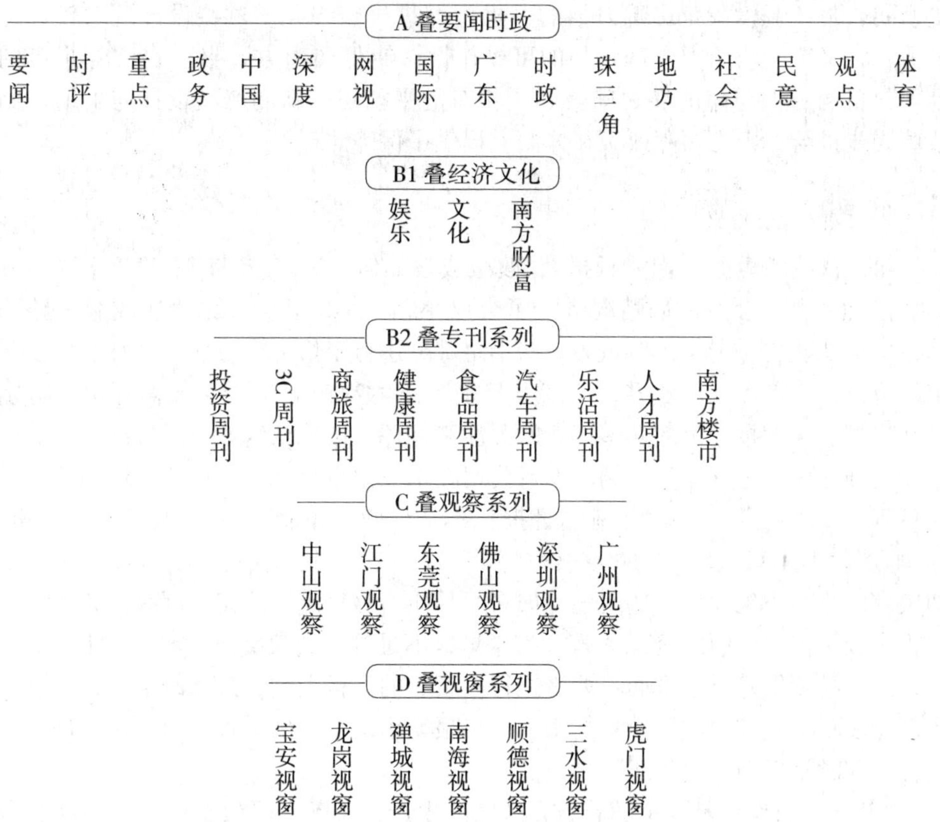

图3－8　《南方日报》第六次改版后的版面结构图

（3）机构改革和体制配合

为了做好深度报道，报社成立了机动记者部，下设深度报道组和快速反应组，记者不需要负责常规性的动态报道，而专门负责重大的政治、经济、社会、文化问题的报道。为了应对新媒体的挑战，加强党报在互联网领域的舆论引导作用，报社成立了独立的新媒体发展部，开辟了一个拥有独立域名的南方日报网

① 《南方日报》要闻版块编辑大纲．南方日报内部资料

(www.nfdaily.cn)，作为南方新闻网的一个子网。这成为《南方日报》纸质媒体向数字化平台外延的一部分。[①] 专门成立了运营中心下的经营中心，经营中心新设立了市场部，以对市场进行深入的研究。

纵观各局部设计，可以看到其中既有对国外高端严肃报纸先进理念的借鉴，也有根据自己的客观条件所进行的本土化创新。设计的核心在于使报纸进一步回归新闻的本质，"与时局发展、社会脉动联系更紧密"[②]；同时与主流读者的关系更密切，将"高度决定影响力"的办报理念进一步强化。这些设计既有较长远的考虑，又有明确的指向和较强的可操作性，使得《南方日报》在"党报走向市场"的可行性与超前性之间找到了相对的平衡点。新闻产品设计与采编机制改革同步进行，则为顺利改版在体制上提供了保障。

4. 改版成效及总结

第六次改版后的《南方日报》，改版成效如何？2007 年 11 月 29 日，《南方日报》运营委员会对改版情况进行了会议小结。小结认为，第六次改版思路明确，更加凸显自身定位，对过去一些不足部分进行了修补。改版一个月取得了一定的成效，读者和社会各界对《南方日报》第六次改版给予了较高评价。特别是新报型、深度报道引起众多读者的关注和好评，读者认为改版后报纸内容的可读性更强，更贴近读者和市场。发行公司在珠三角重点城市开展零售促销活动时观察到，改版后的读者对《南方日报》的关注度、取阅率明显提高。在广州，11 月份零售量日均增加了 600 多份。截至 11 月底，报纸征订进度也比去年同期加快。但改版中也存在一些问题，如新闻品质不够稳定，采编机制有待完善，专刊改小版争议大，版面资源紧张，信息量显不足等。会议提出，《南方日报》需要改进并继续做好以下方面：严格执行改版后的编辑大纲；鼓励改革创新，进一步创新表现形式和表现手段；严格执行出报流程，坚持出早报、出好报；进一步完善考评激励机制，等等。[③]

"新闻产品设计是一个随着媒介产品的生产，不断接受信息反馈，不断实现系统最优化的过程。"[④] 至此，《南方日报》第六次改版可以说告一段落，也可说会随着不断的改革创新而持续下去。

---

① 王春芙．深化改革打造严肃主流政经媒体——在南方日报第六次改版动员大会上的讲话．南方传媒研究（第十辑）．广州：南方日报出版社，2007.14～21

② 《新的起点　新的南方——改版告读者》，《南方日报》2007 年 10 月 26 日头版

③ 《南方日报》第六次改版一月小结．南方日报内部资料

④ 蔡雯．新闻编辑学．北京：中国人民大学出版社，2006.106

思考与练习

1. 什么是媒介定位？媒介定位要考虑哪些客观依据？
2. 受众定位过程中，要注意收集受众哪些方面的资料？
3. 报纸的性质及其功能定位有什么联系？
4. 什么是编辑方针？它的作用是什么？
5. 报纸的编辑方针包括哪些方面的内容？
6. 编辑方针中对受众的确定和受众定位有什么联系和区别？
7. 如果决策不当，在制定编辑方针时会出现哪些问题？
8. 报纸的产品设计主要有哪些方面的内容？
9. 报纸总体结构设计的主要对象是什么？
10. 设计报纸的局部结构时要关注哪些方面的内容？
11. 报纸设计可以分成几个阶段？每个阶段的主要工作是什么？

第四章 新闻报道的策划与组织

本章重点

□报道策划的含义
□报道策划的主要类型
□报道策划的选题依据
□报道策划的方案设计
□报道策划的实施和调控

第一节　报道策划及其主要类型

一、报道策划的含义

1. 报道策划的发展

20世纪90年代中期，都市报崛起，报道策划成为都市报竞争的常用手段，但在操作过程中，一些报纸不顾新闻规律，盲目追求卖点，使“策划”变成了“炒作”。但策划的行为并没有停止，而是在不断的探索中前进。

同时，理论界也就“新闻策划”展开了激烈的讨论。1994年5月，首届全国地市报“报纸策划”研讨会召开；1996年8月，中国人民大学新闻学院组织了“96新闻业务编辑策划高级研讨班”；1996年和1997年，上海《新闻记者》和四川《新闻界》杂志几乎同时对新闻策划这一课题展开讨论，持续了一年多。[①]

经过学界和业界的探索，“新闻策划”被认可，其内容被分成三个部分，分别是媒介定位、媒介新闻单元的设计和新闻报道的策划组织，[②] 而报道策划是报纸新闻传播活动中最常见的策划行为。

2. 报道策划的含义

新闻报道策划指的是新闻采编人员按照一定的目的和要求，对新闻报道加以谋划，使之具有系统性或整体性，达到更好的传播效果。具体来说包括两个方面的内容。

一是新闻媒体在新闻报道真实性的基础之上，对已占有的新闻线索、新闻资源，在采写思路、采写角度、写作风格、编排处理等方面按照新闻规律进行有创意的谋划和设计，并制定出可行的报道计划。在新闻报道过程中，对其进行调整和有序的组合，获取反馈，进行前窥性的控制，使宣传达到一定规模、层次和深度，并取得最佳的社会效果。随着新闻竞争的日益激烈，新闻资源共享程度越来越高，各种媒体越来越重视策划。通过策划作出具有独特视角、独家评论等新形式的“独家新闻”，成为许多媒体的选择。

① 赵振宇．新闻报道策划的发展历程及现实责任．中国记者，2007（12）
② 蔡雯．新闻传播的策划与组织．北京：新华出版社，2001. 17

二是新闻媒体在不违背事实发展规律的基础上对事实潜在的新闻进行策划，提供相关的条件催生新闻事实或者推动新闻事件向前运动，同时对该事件进行报道。此种策划活动必须遵守策划对象的发展规律和新闻报道的客观性原则，不可将策划人员的主观意愿强加在客观事实上，或者左右事件的发展。当事件发展遇到某些阻力无法继续下去时，或者在寻找事件发生的原因而缺乏某些必要因素时，媒体在进行报道的同时往往会发挥作用，进行相关的“策划”活动，促成事件的发展。

例如2006年9月2日，来自贵州的年轻男子郭云，在广州市中山大道某天桥，突然将一位跟着母亲过桥的3岁女孩任湘抛下天桥，随后自己也跳下天桥自杀身亡。郭云为何对素不相识的女孩下此毒手？为何又自杀？《南方都市报》发动现场目击者提供郭云事发前有关遭遇的线索；远在贵州纳雍的郭云父母没有钱，《新快报》资助他们来穗，并促成了郭、任两家人的见面；任家父母要把任湘的骨灰送回家，《广州日报》给他们派了专车，并发回了来自新闻现场的独家报道（图4－1）。

A14 广州日报 都市·关注
小任湘昨日长眠家乡油茶树下
本报记者远赴湘潭送小任湘最后一程 外婆凄凉湘曲引“湘妹”回家
男子不愿离婚 情人跳高架桥
湖南媒体关注“任湘”事件

图4－1 《广州日报》2006年9月12日A14版

二、保持对报道策划的警惕

对新闻事件直接进行策划活动，在媒体实践中很少出现，因为一旦尺度把握不好，很容易走进“新闻炒作”的歧路，或者落入“策划新闻”的陷阱。

2007年三四月间，内地和香港的传媒争相报道杨丽娟追星事件，传媒在事件中扮演的角色引起了广泛的思考。在整个事件过程中，传媒不仅是事件的报道者，一些媒体还违背新闻事实、规律和新闻从业人员的职业道德“导演”了事件的发展，造成悲剧。例如，最早对其进行报道的《兰州晨报》不仅大规模地进行系列报道，还联合包括中央电视台在内的媒体进行广泛宣传。杨父跳海自杀后，该事件被媒体炒得更加沸沸扬扬，“导演”之势更盛，十几家媒体护送杨丽娟母女回兰州，入住专门酒店，组织歌手捐款，等等。香港中文大学新闻与传播学院副教授冯应谦在接受采访时公开表示："杨丽娟事件至今仍在发展中，传媒要负上一定责任。内地传媒直接介入事件，甚至利用金钱的协助，延续其追星的愿望，令事件可以继续发展，此举涉及'造新闻'，有违新闻道德，属不可接受。"

在策划新闻事件过程中，不仅不能按照主观意愿"导演"事件的发展，还要科学合理，保持中立的态度，不偏不倚。2007 年 3 月，中国新闻社浙江分社的记者在 3·15 的报道策划中，乔装成患者，将茶水送到杭州 10 家医院检测，结果有 6 家医院检测出茶水有炎症，从而媒体开始铺天盖地地报道（图 4－2），一时间医院成了大众关注的焦点。事件中记者的策划有没有违背新闻的规律和记者的职业道德成为大家关注的话题。记者的出发点是好的，但是策划的操作不合理：一是没有事先了解相关的医学知识，二是先入为主，事先设定一种结果，然后进行验证的反推式操作，使事件按照策划者希望的方向发展。这就造成了"茶水发炎"的报道缺乏科学严谨的态度，立场先行，偏离客观实际，多家医院检验出茶水呈阳性成为违背新闻规律和原则的"策划出来的新闻"。[①]

ZHENGZHOU DAILY 时评
罚款提成是公权私有化
现实之重与抱抱团行为之轻
"孙悟空有几个女朋友"不是恶搞
漫画：茶水"发炎"
有一些"病"，比脑瘫更可怕！

图 4－2 《郑州日报》上对"茶水发炎"事件的漫画评论

三、报道策划的主要类型

报纸新闻报道策划的方式是多种多样的，时政、经济、社会、文化等内容的

① 邢发亮．从"茶水发炎"报道反思新闻策划．中华新闻报，2007－05－23

新闻都可以进行策划，最后的新闻产品也可以有多种表现形式，因此，根据不同的划分标准，报道策划有多种类型。

1. 按照报道对象的生成机制划分

（1）可预知的、有重大影响的事件性或非事件性新闻的报道策划

可预知的新闻事件一般具有较大的影响力，社会各界都比较关注，因此也是媒体重点报道的对象，是各媒体不可漏掉的重点新闻。这种可预知的重大事件或非事件性新闻包括各种定期召开的大型会议、运动会，一些重大的节日、纪念日等。

此类新闻的报道策划对编辑的统筹能力要求较高。由于新闻资源的共享性较强，要在竞争中取得优势，就要通过策划，寻找独特的新闻角度，挖掘独有的新闻线索，增加新闻的广度和深度，设计独特的新闻产品。在策划此类报道活动时，要注意以下两点：

首先是这种报道的时间往往比较长，策划时要注意把报道分成几个阶段，做好各个阶段的部署。例如，每年三月召开的全国两会，许多报纸都按步骤进行会议召开前的会前预热、会议进行时的会议报道和会议结束后的后续报道。

其次要提前做好各种准备，事先对报道对象进行全面的了解，尽可能地掌握详细的材料，为事件中心阶段的报道铺平道路。例如，2007 年 10 月 24 日嫦娥一号发射成功，为了做好发射报道，《广州日报》报道组的成员在国庆前就到西昌做了一次预采访，预先联系了部分采访对象，了解了发射基地的许多情况，为 18 日正式开始的报道做准备。①

（2）非可预见的、有重要社会影响的突发性事件的报道策划

突发性事件往往是报道者和受众始料不及的，具有强烈的新闻性，报纸采编人员较难进行事前的策划，多对事件进行后续的跟踪报道。此类新闻的报道对采编人员的临场应变能力和综合能力是一大考验。此类新闻包括各种自然和社会灾害、战争、政变等。如 2007 年 6 月广东佛山九江大桥坍塌，2007 年 8 月凤凰沱江大桥坍塌等事件。

突发性事件发生后，各大媒体都会迅速投入报道力量，抢占有利的报道时机。“9·11” 事件发生后，美国有 179 份报纸在当天出版了号外。突发性事件也是检验媒体的快速反应机制的标准之一。为了提高对突发性新闻事件报道的时效性，很多媒体纷纷成立专门的部门，应对突发性事件。例如《广州日报》在 2007 年 6 月在机动记者部的基础上成立了滚动新闻部，在“6·15” 九江大桥坍塌事件的报道中崭露头角。大量来自塌桥现场一手的信息源源不断地传到报社，

① 窦丰昌．做好大型策划性报道的“七种武器”．窦丰昌大洋博客 http：//blog. dayoo. com/？ action = View&blogId = 182&postId = 3742

6 月 16 日的报道图文信息十分详尽（图 4－3）。《羊城晚报》也于 2006 年成立了机动记者部；《南方日报》则在 2007 年 10 月的改版中设立了机动记者部，包括快速反应组和深度报道组。

报纸因其先天的劣势，在突发性事件的报道上无法在时效性上与网络等新媒体抗衡，所以在这类新闻的报道策划中要着重对“第二落点”进行策划，通过整合各方资源，深度挖掘新闻素材，发表独特视角的评论，在事件的后续报道中下工夫，形成自己的“独家报道”。2007 年 4 月 16 日，美国弗吉尼亚理工大学发生枪击案，《今日美国》率先公布了这一消息，第二天就深入对校方进行问责报道，探寻事件发生的原因。在遇难者报道方面则进行个体报道，而不是把遇难者仅仅看成一个群体。除了要闻版，其他版面如生活版、体育版等也加入了该报道的行列，结合版面原有的特点对枪击案进行报道。如图 4－4 中关于枪手的报道，在图片选择上运用了赵承熙 5 张不同表情的照片，较全面地刻画了枪手的形象和性格。

九江大桥坍塌事故·搜救

水下测得三个疑似沉车黑点

现场

分析

搜救

图 4－3　《广州日报》对九江断桥搜救工作的报道

USA TODAY

Chicago's Buehrle nearly perfect

'Law & Order' cutting costs

Newsline

Justices back abortion limits

'Partial-birth' ruling clears way for possible new curbs

Bombs rock Baghdad; at least 183 are killed

Killer's final message

Plot included a stop at post office

图 4－4　《今日美国》对弗吉尼亚枪击案的报道

2. 按照报道策划的运行时态划分

（1）周期性报道策划

周期性的报道策划是报社新闻采编部门对日常新闻报道的一种常规性策划，

策划的时间具有周期性特点，可以以年、季度、月、周为周期。此类报道对象的发生具有一定的规律性，例如每年一次的两会和党代会，每四年一次的奥运会、世界杯以及其他一些重大会议、赛事，等等。

周期性报道策划最大的难点是创新。由于报道对象周期性出现，对读者缺乏足够的吸引力，其本身也较少有爆炸性的新闻点，这就要求策划人员更要善于捕捉事件本身的不同点、闪光点，并运用各种新形式对报道进行“包装”。例如，南方报业集团就借助新媒体的优势，在报道几次大型会议期间实施“报网互动”传播策略，收到了较好的传播效果。2007 年 3 月全国“两会”期间，在北京设置了直播室，邀请广东和北京的 30 多位高端嘉宾，围绕热点话题与网民进行对话交流。2007 年 5 月广东省党代会期间，《南方日报》与南方网开通大型报网互动栏目《连线圆桌》，就百姓关注的教育、医疗保障等民生话题，以及共建、共享等党代会上的焦点问题，先后举行了 4 场在线直播访谈，包括副省长在内的多位嘉宾与网民进行了交流。①

（2）非周期性报道策划

非周期性报道策划指的是报社采编人员根据报道需要临时进行的报道策划，以突发性新闻事件的报道策划为主。这种报道策划不是报社常规性的报道策划，一般在事件发生之后立即策划报道，策划团队的应变能力很重要。

这种报道策划的团队往往是临时组建的，成员来自各个部门，因此，在工作中要注意协调好相互间的关系，团结协作。

3. 按照报道策划的运行方式划分

（1）独立型报道策划

独立型报道策划指的是报道策划活动单独进行，和报社其他策划活动无关。这种报道策划活动的参与者一般只由采编部门的人员组成，策划人员只策划新闻事件的报道活动，而且报道者不参与到报道事件中。这时，新闻媒介扮演的是事件的旁观者、记录者，站在第三者的角度上对新闻事件、事物、人物进行客观报道，尽量不掺入主观因素。

（2）连动型报道策划

连动型报道策划指的是报社的新闻报道策划与其他策划有联系，而且几个策划活动相互影响、相互作用。在这种策划活动中，策划人员在策划报道活动的同时，还参与其他形式的策划。例如策划各种公益救助活动，策划宣传报纸的公关活动等，而这些活动本身又成为报道的对象，报道策划与活动策划“连动”，策

① 杜大强，杨红雨．说给谁？说什么？怎么说？——新媒体时代的党报重大主题报道创新．中国记者，2007（7）

划人员既是“报道者”，又是“当事人”。

连动公益救助的报道策划处理得当，往往能取得意想不到的社会效果。2004年冬，全党上下开始进行党员先进性教育活动，各级党委机关报在此次活动中扮演着重要的角色。2005年2月至6月，《广州日报》联合广东省人民医院组织了“百名党员救治百名特困病人南粤行”活动。活动历时半年多，广东省卫生系统参加救治单位达400多家，3万多名党员报名加入救助队伍，共救治病人6万多名，是原计划的600倍。从2005年2月3日《广州日报》推出首篇策划报道，前后共发稿188篇，不仅创新了宣传报道的形式，还收到了很好的社会效益。

此类活动还有各种救助贫困学生的助学活动。例如2000年由浙江中烟工业公司和各地媒体共同发起的“利群阳光助学行动”，由各媒体寻访寒门学子，报道他们的励志故事，为他们和社会热心人士牵线搭桥。在2007年的活动中，《都市快报》在“天下周刊”中共推出了4个版的助学特别报道（图4-5）。到2007年，《都市快报》、《北京娱乐信报》、《齐鲁晚报》、《扬子晚报》、《南方都市报》、《三湘都市报》、《沈阳晚报》、《海峡都市报》、《江南都市报》、《燕赵都市报》等10家媒体加入资助的行列，遍及九省一市，七年来累计资助学生4 800名。

阳光助学特别报道
都市快报
我们在北京有个家
两位阳光学子与一个北京家庭
利群阳光助学
今年已经启动

图4-5　《都市快报》的阳光助学特别报道

和公关策划活动连动的报道策划，旨在扩大报纸的知名度，提高报纸的品牌影响力，社会效益也是此类策划活动的目的之一。例如，2005年国庆黄金周《南方都市报》策划的“南方欢乐嘉年华”活动，《南方都市报》多个要闻版对活动进行了全程的报道。有些报纸还把此类活动经营成一种品牌，具有一定的延续性，如《南方周末》的年度人物评选和中国内地人物创富榜，《南方都市报》的“华语系列传媒大奖”等。

在此类报道策划活动中，报纸在报道活动过程中要把握好分寸，如果报道的节奏太密、太详细，就会给读者自吹自擂的感觉，反而过犹不及。

第二节　报道策划的选题及方案设计

一、报道策划的选题

1. 报道策划选题的依据

(1) 客观存在的新闻事实

报道策划的对象必须是客观存在的事实，可以以新近发生的新闻为线索。2005 年 1 月 19 日，郑州多家媒体报道了河北在逃嫌疑犯王书金在河南荥阳落网的消息。2 月底，《河南商报》记者从警方了解到，王书金主动交代自己曾在河北省广平县犯下的一起强奸杀人案，但广平县警方却称此案已破，“凶手”聂树斌 10 年前就被执行死刑。对此，《河南商报》立刻组织策划报道，前后 4 次到河北省广平县采访聂家父母、办案律师和河北警方。3 月 17 日，该报头版头条《一案两凶 谁是真凶》深入报道这一长达 10 年的冤假错案，揭开了全国媒体大规模报道“聂树斌冤案”的序幕。[①] 以调查性报道见长的《南方周末》则对此案进行了长达两年多的持续报道（图 4－6、图 4－7）。

静态的、长期性的现象也是报道策划的选题之一，这种策划往往要进行长时间深入而全面的调查研究后才能进行报道，其社会影响深远。例如 2005 年 9 月 6 日至 23 日，《中国青年报》连续在第七版“经济版”的头条位置刊发了“新生代农民工”的 10 篇系列报道。记者走访了北京、湖南长沙、江苏南京、广东开平、河北石家庄、湖北、吉林、浙江义乌、重庆、山东青岛等地的青年农民工，通过新闻报道加述评的形式，全面地展现了当代青年农民工的生存状况，引起了社会对这一群体的广泛关注。

① 李玉霄．马云龙：我就是一堂吉诃德．南方人物周刊，2005（8）

法治

“聂树斌冤杀案”悬而未决
防“勾兑”公众吁异地调查

新的一天开始了

CNC MAX

宽带我世界

厦航开通 福州—香港 厦门—吉隆坡 航线

图 4－6　《南方周末》2005 年对聂树斌案的首篇报道

南方周末

西湖第一高楼背后的利益诱惑

“真凶”上诉求增其罪
聂树斌案　绝处逢生

图 4－7　《南方周末》2007 年对聂树斌案的后续报道

（2）读者对新闻信息的需求

读者的需求是报道策划选题的重要标准，报道策划要选择那些能吸引读者注意力、能调动读者阅读欲的选题。这既可以是和读者切身利益关系重大的民生问题，也可以是和读者直接关系不大，但是他们关心的重大社会问题。

2006 年 4 月，《广州日报》推出深度报道版面“新闻蓝页”，在短时间内即以一系列成功的报道使该版面成为报纸的品牌。《广州日报》“新闻蓝页”深度报道选题的唯一标准是：这些稿出来以后会不会有影响力，是否能触动读者的心灵。[①]《李银河收费采访始末》、《“奶妈”重出江湖惹争议》、《“马路杀手”为何屡被放纵》、《“老师应该是中国最富的人”》、《大学生“南漂”珠三角 800 天》等报道，都紧紧围绕读者的需求。

为了更全面地了解读者的需求，有些媒体还在重大报道策划之前作读者调查，掌握最新的读者信息。例如 2007 年 1 月 29 日至 2 月 9 日，全国两会召开之前，新华社新闻研究所媒介市场调查研究中心和新华社营销总平台，在全国范围

① 邱瑞贤．《深蓝》出版，诠释“党报如何做好深度报道”．广州日报，2007－03－07 A8 版

内进行了一次两会报道群众需求问卷调查，了解群众对两会的关注点与信息需求，为两会报道更好地把握受众需求、服务百姓提供参考。该调查在我国东部、中部、西部共选取上海、北京、山东、江苏、广东、吉林、河南、湖北、河北、陕西、甘肃、云南12个省市进行抽样，每个省市各抽取50人，全国总量为600人。①

（3）报社进行报道的条件

报社的人力、物力、财力等“硬件”以及对策划选题的资源掌握情况等“软件”，是媒体进行报道选题要考虑的第三个要素。通过平时的建设提升报社的“硬件”质量，能为扩大报道选题范围、提高报道选题自主性做好准备。2005年6月1日，《广州日报》成立了机动记者部，专门负责大型策划性报道，改变了大型活动报道临时组队的做法，大大提升了大型报道策划的可操作性。

报社报道策划的选题需同时满足客观存在的事实、读者的信息需求和报社自身条件三个条件，三者缺一不可，也只有这三者交叉部分的选题才能达到报社的传播目的。

2. 报道策划选题的来源

报社报道策划选题的来源是多渠道的，除了大量的日常新闻，读者的报料新闻和网络资源是现阶段策划选题的另外两个主要来源。

如今各大报社都非常重视报料新闻工作，受理报料的部门24小时不间断工作，民间也出现了职业报料人，这就源源不断地为报社提供了报道策划的选题。1997年就成立呼叫中心的《南方都市报》，就有不少具有影响力的报道选题都来自报料新闻。如2003年的“孙志刚事件”，2005年的“火车站黑电公话”、“野鸡车”和“背包党”，以及2006年的“南都质量调查”等。

随着网络媒体的发展，网络成为各大报社进行大型报道策划的重要选题资源，有些比重甚至达到了80%以上。如2007年的“厦门PX项目”和“华南虎假照”事件，都是先在网络成为热点，然后才成为各大报纸报道的热点。

二、对选题进行调查研究

决定了报道的选题，在制订报道方案以前，策划人员还要进行调查研究，为制订切实可行的报道方案做准备。其中最重要的是搜集与报道有关的资料，全方位了解要报道的事件。这种调查研究，既需要平时的信息积累，也需要临时的突击调查。这就要求跑线记者平时深入基层采访时要注意搜集多方面的资料，关注

① 李勇华，南隽. 2007年两会报道受众需求调查报告. 中国记者，2007（12）

国内外各种新闻资源的信息。搜集材料的时候不要有过多框框，而应多多益善。但基本材料到手以后，就必须对其进行过滤筛选，去伪存真，去粗取精，找出其中最关键的一些问题，仔细分析研究，理清头绪，抓住要害部位，确定新闻点。

例如1998年9月，海南即将进入旅游旺季，《海南日报》决定对海南旅游业存在的问题作一次全方位报道。为了搞好这次报道，该报工作人员在平时已有大量信息积累的基础上，临时突击，搜集了大量与旅游有关的资料，并派出3名记者以游客身份参加旅游团队随团暗访。通过这些工作，掌握了大量的第一手资料。由于对一些问题多方的意见互相矛盾，很难作出判断，于是，报道人员从全局出发，舍弃了烦琐的细节，抓住要害做文章，推出了《目击环岛游》、《削价竞争何时了》、《高额回扣肥了谁》、《旅游业也要计划生育》、《旅游业呼唤法制》、《重塑海南旅游新形象》等系列报道，引起行业内外的轰动。[1]

三、报道策划方案的设计

确定好选题，就要对报道工作的具体内容进行策划，报道方案的设计是报道策划工作的最终成果，方案的具体内容包括以下几个方面。

1. 报道范围与重点报道范围

报道范围是对报道面、报道对象的描述；重点报道范围是报道对象中最重要的部分，是报道对象中的核心人物与核心事件、核心问题，是投入报道力量最多、新闻成品集中突出表现的部分。

不同的报社，由于性质、定位和读者等方面的不同，面对同一选题，确定的报道范围也不同。2006年是红军长征胜利70周年，深圳《晶报》策划了“长征路上新希望”的系列报道，沿着当年红军长征的足迹，探访长征路上深圳人民捐建的希望小学，宣传深圳和老区人民的经济建设成就，展示老区人民自强不息的奋斗精神。而《南方都市报》则在采访了70位亲历长征的老红军的基础上，遴选了20位老红军，针对长征中的十大节点性事件，如“湘江战役”、“遵义会议”、“四渡赤水”、“强渡大渡河”等，让他们讲述自己的经历，展现一个个人化的长征。

2. 报道规模与报道进程

报道规模指的是报道在报纸上持续多长时间，占据多大版面空间，设置多少栏目，投入多少采编力量。

① 廉振孝．精谋·精作·精品——对新闻策划的几点认识．新闻战线，2000（5）

报道进程指的是报道全过程中时段的分割和安排，它对报道分成几个阶段、各个阶段的主要内容及各阶段之间如何转接等进行规定。

2007 年十七大期间，《北京日报》整个报道分成会前预热性报道、会中程序性报道和会后宣传贯彻十七大精神三个阶段。8 月初至开会前，以《喜迎十七大——发展建设成就巡礼》专栏为主打的系列报道开始了前期报道。这一阶段主要全面报道北京市 5 年来在各条战线上所取得的成就，如 2007 年 9 月 17 日《奥运在北京　百姓得实惠》的报道，就从民生的角度来看奥运会的积极作用（图 4 -8）。会议期间，《北京日报》作为省级党报，除了完成大量程序性报道任务外，还相继推出《代表眼中的北京》、《记者眼中的北京》两个特写性专栏。大会闭幕后第二天，该报则在头版推出了《认真学习贯彻十七大精神》专栏，为掀起学习贯彻十七大精神营造了良好的舆论氛围。接着又重点推出《走中国特色社会主义道路，谱写科学发展新篇章》专栏，报道首都各行各业以十七大精神为指导进行开创经济社会发展新局面的新实践、新探索。①

北京日报
奥运在北京　百姓得实惠
喜迎十七大
发展建设成就巡礼
刘淇在检查"好运北京"系列赛事运行情况时强调
发扬团结协作的团队精神建设一支过硬队伍
陈至立一同检查

图 4 - 8　《北京日报》的《喜迎十七大——发展建设成就巡礼》专栏

3. 发稿计划

发稿计划就是报道过程中各阶段刊出新闻稿件的统筹规划，包括确定稿件的内容、体裁和篇幅，稿件刊出的先后次序与具体时间及在版面上的位置等。发稿计划是对报道规模与报道进程的具体落实。

① 翟德罡．唱响主旋律　发挥主流媒体舆论引导力——北京日报十七大报道的组织与策划．中国记者，2007（11）

4. 报道方式

报道方式就是报道策划者在传播报道内容时所采取的方法和形式。按照不同的分类方法，报道方式可分为集中报道、连续报道、系列报道和组合报道；也可分为直陈式和转述式，以及单向式、回应式和相向式。①

新闻报道策划对于报道方式的设计必须充分利用新技术，采取新的手段和方法。内容共创、互动传播、多媒体手段传播，是报道创新的有效策略，这在目前的新闻实践中已经得到初步证实。如《杭州日报》用MSN聊天软件，通过设立“杭州日报热线新闻”来搜集各种新闻线索（图4－9）；《都市快报》也通过MSN由记者在网上组织话题，吸引读者参与，次日见报；《今日早报》则利用QQ群召集车迷，报纸上发预告，网上互动进行讨论。②

热线新闻

两个脆弱男人，走向极端的另一面

很多抑郁症男人对痛苦避而不谈

在行为上却有暴力倾向，常把妻子、孩子和同事当出气筒

鲁莽、酗酒、超速驾驶等非典型抑郁表现很容易被人们忽视

杭州好人捐献角膜飞送深圳

为什么不能捐献在杭州？癌症患者能不能捐献角膜？

图4－9　《杭州日报》利用MSN收集热线新闻线索

报道方式的选择还要与不同报道方式的传播效果和读者需求结合起来。大型

① 郑兴东，陈仁风，蔡雯．报纸编辑学教程．北京：中国人民大学出版社，2001.332

② 蔡雯．新闻报道策划在媒介融合时代的困局与对策．中国记者，2007（12）

活动报道采用特别报道、系列报道的方式比出特刊要好。高度重视“预热”阶段的报道，循序渐进、有节奏有步骤地推出系列报道，读者读起来不累，而且容易培养出稳定的阅读期待。实践证明，这样的出版方式比起一次性出几十个版的特刊，效果要好得多。①

5. 报道力量配置和运行机制

报道力量配置是指参与报道的人力、资金和技术设备的配置。报道运行机制是指为实施报道而临时建立的组织机构、工作流程及管理制度。

报道力量配置与报道运行机制是根据报道内容、报道规模和报道方式确定的。报道越重要，报道规模越大，报道方式越多样化，报道需要投入的力量也就越大，运行机制也就越复杂。其中最重要的是创建一个良好的前后方协同机制。

第三节　报道策划的实施与调控

一、报道策划的实施

完成报道策划方案设计后，就要把方案付诸具体的报道活动，这就是报道策划的实施过程。报道活动既要按照方案预先设定的方向、方式进行，也要在实施过程中不断地接受各方的反馈，为报道策划的调控提供依据。

1. 策划报道力量的组织

报道策划的实施，包括报道机构的设置和人员调配、报道开始后的指挥和调度、对报道方案的实施和调整等。② 报社经常性的报道活动，一般按照现有的机构和分工安排人员去完成，但一些重大的报道往往要调动各方面的力量，组成专门的报道小组。

在 2005 年 10 月对“神舟六号”的报道中，新华社组建了强大的报道团队，

① 窦丰昌．做好大型策划性报道的“七种武器”．窦丰昌大洋博客
http：//blog. dayoo. com/？ action = View&blogId = 182&postId = 3742

② 郑兴东，陈仁风，蔡雯．报纸编辑学教程．北京：中国人民大学出版社，2001. 340

成立了专门的发稿中心，各个部门的采编人员集中在一个平面发稿。参加报道的前方、后方记者和编辑以及技术保障人员共100多人，其中分布在发射的各个相关位置点的一线记者就有30多人。另外，还约请了解放军总装备部的干部为他们供稿。所以，在整个报道中实现了“井喷”式的发稿，在12日飞船发射当天，发快讯120条，通稿100多条。从凌晨5点到上午10点总共发了100多条稿子。①

报道人员配置的原则是优势互补。一般来说，在整个报道团队中，跑线记者因为常年报道该领域的新闻，对各方面的情况比较熟悉，是报道的主要力量。此外，还要增加有丰富经验、有突出能力的采编人员充实队伍，使团队成员各显所长，在年龄、知识结构、熟悉情况等方面互补。在2003年对非典的报道中，《羊城晚报》最早发表对抗非典一线的医务人员的报道。其报道队伍中就有跑卫生线的记者廖怀凌，她毕业于中山医科大学，有医学专业知识，因此报道更具专业性；她还有很多私人朋友在医院工作，能得到医生、护士方面的最新信息，使《羊城晚报》在报道上抢占了先机。②

2. 安排适当的报道进程

在实施报道策划的过程中，适当的报道时机可以使报道产生更大的社会影响力。报道的部署和开篇通常有直入式和铺垫式两种。直入式就是在新闻事件发生之时直接进入全程密集的报道阶段，之前没有任何前兆。突发新闻多以这种形式开始报道。与之相对应的是铺垫式，这种报道有明显的“前奏—开始—高潮—结束”的阶段性。前奏阶段主要是对要报道的事件进行预热，造成一定的社会舆论环境，为全面进行该报道做准备；可预测性的、周期性的报道可以选择这种报道形式。在报道的结束阶段，可根据新闻事件的性质和传播目的选择封闭式或开放式来进行总结。以2003年《人民日报》对非典突发事件的报道为例：

2003年春天非典爆发，作为党中央的机关报，《人民日报》5月份发表了抗非典的稿子1 725篇，约占总发稿量的1/3强，其报道进程根据抗非典运动的发起、高潮、渐次收尾的过程分为4个阶段。

第一阶段，即第一周，疫情突发。《人民日报》主要是报道中央的紧急决策、各医院的收治情况、医护人员在第一线与死神拼搏的情况。这一阶段新开栏目有《奋战在抗非典第一线》，稿件以反映医护人员的通讯报道居多。5月1日

① 新华网．揭秘新华社“神六”报道“井喷”发稿的来龙去脉．2005－10－17
http：//news. xinhuanet. com/newmedia/2005－10/17/content_ 3623303_ 3. htm

② 搜狐网．办一张新的财经类日报——羊城晚报总编聊天实录．2003－09－19
http：//news. sohu. com/85/96/news213419685. shtml

劳动节当天的报纸就在头版刊登了全国防治非典型肺炎指挥部的《致奋战在防治工作第一线医务工作者的慰问信》。

第二阶段，进入第二周，一线稳住阵脚后，群防群控、物资供应、组织协同等成为工作的重点。5月7日，《人民日报》报道了国务院召开全国农村非典防治工作会议的消息，同时开始加强《各方协同共抗非典》专栏，报道重点逐渐转移。

第三阶段，战役重心逐渐转移，开始一手抓防治非典，一手抓经济建设。对任何突发性事件引起的战役报道，都要预想到下一步向正常报道的回归。随着疫情相对稳定，5月8日，《人民日报》及时发表了《一手抓防治非典　一手抓经济建设》的评论，然后逐渐插入经济报道，造成报道内容此消彼长的渐进效果。最后，在5月28日头版发了三峡工程验收的消息，推出长篇通讯《库区巨变》，借6月1日三峡水库将要蓄水这件大事，彻底从视觉上转移了读者的阅读焦点，至此已实现了报道重点转移。

第四阶段，即战役收关阶段。抗非典战役不单纯是一场与疾病的斗争，它也折射着社会的方方面面。当战役一出现转机，《人民日报》就在5月15日发表了长篇评论《筑起我们新的长城———论抗击非典的伟大精神》，然后立即着手组织全景式的收关报道。这些稿在5月20日、21日、23日和30日陆续发表：

《冲锋在前党的旗帜更鲜艳———万众一心抗非典系列报道之一》

《应对危机经济后盾显威力———万众一心抗非典系列报道之二》

《打破坚冰科学技术当大任———万众一心抗非典系列报道之三》

《关注农村：构筑抗非典大战线———万众一心抗非典系列报道之四》

至此，决战5月的抗非典报道战役基本结束。①

3. 选择最佳的报道时机

对报道时机的控制主要有“抢”和“压”两种。

“抢”就是在新闻事件发生的第一时间迅速进行传播，抓住时机，先声夺人，以快制胜。在突发新闻报道中，发布信息的“第一时间”成为媒体争夺的重点之一。在一些非突发性新闻报道中，有时候在特殊环境下，也需要“抢”。如2004年11月《河南商报》率先报道了“巨能钙含双氧水”，引起了大家对保健行业及其产品质量的关注。该篇报道《消费者当心：巨能钙有毒》就是“抢”出来的。在该报道见报的前一天下午，巨能公司河南分公司经理来到报社领导的办公室，承诺只要稿子不发，给该领导个人100万元，至于报社要多少可以自己

---

① 梁衡．非常时期的非常策划——5月份夜班总结．新闻战线，2003（7）

开价。一小时后，某要害部门也给报社打来了说情电话。后来报社领导决定编版印刷流程提前3个小时完成，晚上11点之前报社所有人员下班回家，同时安排网络编辑迅速向全国100多家报社传送稿件。当天深夜，商报的主管单位负责人派了5个激光照排人员到报社欲强行改版。但是，整个商报社的员工都下班了。[①] 该新闻报道出来后引起了社会的广泛关注，人民网等媒体纷纷转载该篇报道（图4－10）。

图4－10　人民网转载《河南商报》关于巨能钙的报道

不是所有的报道都要"抢"先一步，策划人员报道之前必须深入分析报道可能会带来的影响，一旦觉得报道时机尚未成熟，一定要耐心等待。哪怕失去一次独家新闻，也不能超越最佳报道时机盲目报道，造成不良后果。

二、报道策划的调控

报道策划并不是一成不变、无任何弹性的，而是一个动态变化的过程，具有灵活性，可以分为前期策划、后期策划（包括实施控制）两个阶段。每个阶段都要充分考虑报道对象、读者的需求和报社自身的力量等主客观因素，以立体化思维对策划方案的局部作适当的调整，以达到预期的传播效果。其整个运作过程如图4－11所示。[②]

① 李玉霄．马云龙：我就是一堂吉诃德．南方人物周刊，2005（8）

② 蔡雯．新闻传播的策划与组织．北京：新华出版社，2001.176

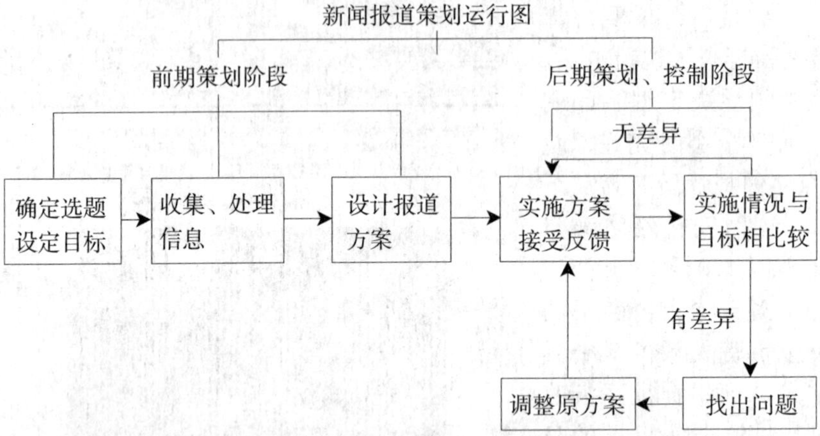

图 4－11　新闻报道策划运行图

虽然策划人员在设计策划方案时要充分考虑各种主观和客观条件，尽可能地做到尽善尽美，但是在实施策划方案时，还需要根据具体的情况进行适当的调控，以达到更好的传播效果。① 报道调控可从下以几个方面进行。

（1）修正报道思路

改变原来的报道思路、报道重心和报道态度等。如 2007 年 10 月 13 日，陕西省林业厅发布发现华南虎的消息，《广州日报》立刻策划进行报道，报道的角度为生态环境的好转，前去陕西的文字记者和摄影记者在 14 日即完成了对陕西搜虎队队长的专访。随后华南虎照片的真实性遭到质疑，《广州日报》及时调整了报道角度，转到对照片真假的关注上来，采访了周正龙，成为最早采访周正龙的媒体。②

（2）调整报道内容

在报道策划实施过程中，经常要对报道内容进行调整。具体来说，就是在不改变报道思路的前提下，补充或压缩报道内容，改变原来的选题和发稿计划。

（3）调整报道规模

通过延长或缩短报道时间，增加或减少报道篇幅，提高或降低报道的版面地位等，改变报道的阵势和力度；通过变更报道的组织形式，使报道取得好的效果。

（4）调整报道力量

随着新闻事件的发展，报道思路、报道内容、报道规模的修改，就可能要对

① 郑兴东，陈仁凤，蔡雯．报纸编辑学教程．北京：中国人民大学出版社，2001. 343

② 窦丰昌．做好大型策划性报道的“七种武器”．窦丰昌大洋博客
http：//blog. dayoo. com/？ action = View&blogId = 182&postId = 3742

原定的报道人员部署进行调整。可以壮大或精减报道人员，也可以更换其中的某些成员。所有的变化都要以最佳的传播效果为目的，切忌随意。

思考与练习

1. 在报纸的新闻传播活动中，报道策划包括哪些内容？
2. 报道策划的主要类型有哪些？
3. 报道策划与新闻炒作的区别是什么？
4. 非可预见性的突发性事件的报道策划中，哪几方面的信息是报纸关注的重点？
5. 连动型报道策划一般有哪些形式？其社会效益怎样？
6. 报道策划选题应依据哪些因素？
7. 报道方案有哪些方面的主要内容？
8. 你认为最近几年报纸的会议新闻报道在报道方式上有哪些改进？出现了哪些新形式？它们的传播效果如何？
9. 在配置报道人员时，如何体现优势互补原则？报道团队一般包括哪几类人？
10. 在实施报道策划时，如何选择最佳的新闻报道时机？
11. 策划重大新闻事件的报道时，怎样安排报道的进程比较合适？
12. 新闻报道策划总体上可以分为几个阶段？这几个阶段的关系是怎样的？每个阶段的主要工作各有哪些？

第五章
新闻稿件的选择

本章重点

□新闻价值的要素
□稿件选择的社会效果标准
□稿件选择的媒体特色标准

新闻稿件的选择，就是媒体编辑对新闻稿件进行取舍，把不符合要求的新闻稿件剔除于版面（或频道）之外的行为。

1949 年 2 月，美国传播学者怀特做过这样一项研究：他对美国某小报一名电讯编辑的工作进行了为期一个星期的调查，发现该编辑一个星期共收到电讯稿 11 910 条，其中 1 297 条被选用刊登在报纸上，选用率为 10%，约 90% 的电讯稿则被淘汰了。在该编辑看来，这 90% 的稿件被淘汰的理由有二：一是不值得发表（占被舍弃稿的 40%），二是已选登其他稿件（占被舍弃稿的 60%）。

怀特由此提出新闻选择的把关模式（图 5－1），该模式揭示了新闻选择的过程：新闻源（N）把一条条新闻（N_1、N_2、N_3、N_4）发送给传媒把关人，例如编辑，后者把其中有些新闻拒之门外（如 N_1 和 N_4），把另外一些新闻（如 N_2^1 和 N_3^1）继续传递给受众（M）①。

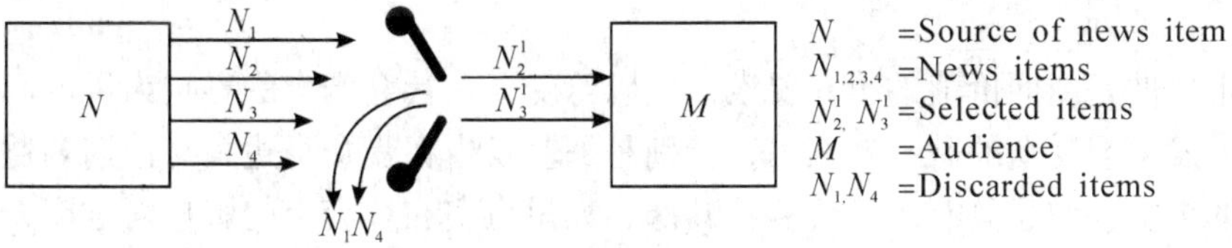

图 5－1　怀特的把关模式图

怀特认为，编辑的这种选择带有明显的主观性，例如在问及不值得发表的理由时，编辑的回答是“没有趣味”，“写得枯燥、含糊”，“不真实”等，这些理由事实上并没有什么客观的评价标准，对某一特定的稿件而言，可能因为编辑个人的价值观和趣味不同而有着不同的命运。与此同时，我们又常常可以发现这样的情况：对于某个重大的事件，不同的媒体不同的编辑可能会表现出相同的倾向。由此可见，在新闻稿件的选择上，存在着某些衡量标准，这些衡量标准既有客观的，又有主观的。

一般来说，对新闻稿件进行选择有三条主要的衡量标准：新闻价值、社会效果、媒体特色。

① Pamela J. Shoemaker. 大众传媒把关（中文注释版本）. 张咏华译. 上海：上海交通大学出版社，2007. 15～16

第一节 选稿标准之一：新闻价值

新闻价值是传播者判断事实能否构成新闻以及价值大小的业务标准。其要素主要有重要性、显著性、时新性（及时并具有新意）、接近性以及人情味和趣味性。

一、重要性

重要性是新闻价值的第一要素，它以给受众、社会产生的影响为尺度。如果事实的发生与受众的利益越相关，特别是那些发生在受众身边并与他们利益直接相关的事实，便越具有新闻价值；其次，如果事实在社会上的影响面越广，影响力越大，尤其是能立即产生影响力的，便越具有新闻价值。国家重要的人事变动、国家房贷政策、美国“9·11”恐怖袭击事件等，这些事件的变动与发生，或者会影响到每个人的日常生活，或者会对国家以至整个国际社会局势产生深远影响，它们就具有明显的重要性。

2001年9月11日美国纽约发生严重的恐怖袭击事件，全世界绝大多数媒体当天或者第二天就将它作为头版头条加以报道。这一事件的重要性非常突出，它给国际社会与受众带来的影响是巨大的。首先作为世界经济中心，纽约的遇袭对世界的政治格局、经济走势、社会心态产生了不可估量的影响；其次，袭击造成数千人死亡，这些遇难者的亲人、朋友、同学可能分布于世界各地，事件直接给他们带来深深的伤害与严重的刺激。《北京青年报》在事件发生的第二天就给予了重点报道。

四架飞机、一辆汽车攻击世贸中心、五角大楼、国会山、戴维营

恐怖分子袭击美国

江泽民当夜致电布什向美国政府和人民表示深切慰问向死难者家属表示哀悼
江泽民对我国在美工作、留学人员，旅美华侨和在美港澳台同胞的安全深表关心

新华社北京9月11日电　北京时间9月11日晚，国家主席江泽民就美国纽约和华盛顿地区一些地方受到严重袭击致电美国总统布什。电文如下：

美利坚合众国华盛顿白宫乔治·沃克·布什总统阁下
总统先生：

惊悉9月11日纽约和华盛顿地区一些地方受到严重袭击，造成重大人员伤亡。我谨代表中国政府和人民，向你并通过你，向美国政府和人民表示深切的慰问，并对死难者家属表示哀悼。中国政府一贯谴责和反对一切恐怖主义的暴力活动。

中华人民共和国主席江泽民
二〇〇一年九月十一日于北京

新华社北京9月11日电　外交部发言人朱邦造今天说，美国纽约和华盛顿地区一些地方9月11日受到严重袭击，造成重大人员伤亡，我们对此深感震惊。

朱邦造说，中国政府一贯谴责和反对一切恐怖主义的暴力活动。朱邦造说，国家主席江泽民已于当夜致电美国布什总统，向他，并通过他，向美国政府和人民表示深切慰问，并向死难者家属表示哀悼。他说，江泽民主席还对我国驻美机构的工作人员、留学人员、旅美华侨和在美的港澳台同胞的安全深表关心。中国政府已于当夜指示中国驻美国大使馆、驻美各总领事馆、常驻联合国代表团立即采取措施，给所有受到伤害的同胞提供一切必要的帮助。

新华社纽约电　9月11日是第56届联大开幕的日子。按惯例，分社大部分记者都早早出发前往联合国总部大楼采访。当日上午9时许，我作为留守分社的记者突然看到美国有线电视网（CNN）电视画面上出现了冒着浓烟的纽约世贸中心大楼。从分社6楼阳台上向世贸中心方向望去，只见世贸中心南楼顶部被飞机撞了一个大洞，浓烟从里面滚滚而出。

9点刚过，我们在阳台上看到另一架飞机飞向世贸中心北楼，撞上北楼高层。大约1小时后，两座大楼的顶部先后随着爆炸声崩塌。几分钟后，电视播出布什总统的讲话：这起事件显然是一种针对美国的恐怖袭击，他已下令彻底调查。

我的同事从联合国总部大楼门口好不容易与我取得了电话联系，告知：联合国总部大楼门卫只许人员出，不许进。我的同事给联合国发言人打电话询问联大今天是否准时开会，但电话就是不通。警察成了发言人："会今天不开了，何时开，等候通知。"

曼哈顿岛通往分社所在的皇后区的大桥已经封闭，最方便的交通工具地铁也关闭了。我想去皇后区74街地铁站尝试坐地铁前往现场，一位值勤的警察挡住去路，建议我叫一辆出租车去到桥头，然后请值勤的警察开恩，让我步行过桥。"至于到了桥那边，能不能找到出租车，就看你的运气了。步行到世贸中心，不知是否符合你们记者的时效要求?”无奈，前往现场采访的计划只好搁浅。

从那以后，我再也打不通同事们的手机。美国电报电话公司中断了纽约的手机通讯。

下午1时30分，采访联大受阻的同事才回到分社，平时乘车20分钟的路程，他们却走了两个多小时。据他们讲，在经过曼哈顿大桥时，见到的满是惊魂未定的人群。一位警察告诉分社记者：公共交通已经中断，人们只想用自己的双脚尽快走回家中。他告诉记者，世贸中心周围现在都已经封锁，肯定不会让记者进去。

从世贸中心走出的人们神情沮丧。一位目击者说，因大楼倒塌，世贸中心周围烟雾弥漫，浓烟呛得人难以呼吸，从现场不停地抬出死伤者。纽约市长朱利安尼说，这起事件造成的伤亡巨大。目前纽约的血库告急，大街上到处是警笛的鸣响，恐怖和紧张的气氛笼罩着整个纽约城。

文/新华社记者　丁宝忠

《北京青年报》2001年9月12日第1版要闻

当然，不同的媒体，由于定位不同，编辑对事件重要性的考量有时候也不一样，但对于那种关乎全国乃至全人类的重大突发性事件来说，它的重要性是不言而喻的。

二、显著性

显著性与知名度紧密相关。美国新闻学者乔治·莫特在《新闻学纲要》一书中曾经给出过一些形象的公式：“常人+平凡生活=0”，“不平凡人+平凡生活=新闻”，“1名歌剧女演员+1个银行行长-10万美元=新闻”，等等。

名人、明星、高级官员等知名度高的人身上发生的事情容易成为新闻。一位书法爱好者的去世，肯定没有著名书法家启功先生的逝世有新闻价值，启功的知名身份是其去世这条新闻的价值所在；一个普通孕妇绝对没有歌后王菲怀孕这么引人关注，王菲的明星身份使其起居饮食成为娱记追逐的目标。“名人制造新闻，这是一句老话，甚至事件本身几乎并不重要时亦是如此。”① 同样，知名度高的机构、地点或建筑也容易产生新闻，如我国的故宫、布达拉宫等著名景点，法国的埃菲尔铁塔等有名建筑，它们发生的变动往往可能成为新闻。2007年6月《东方早报》就报道了故宫等六处世界遗产被亮黄牌要求整改的新闻。

① ［美］梅尔文·门彻．新闻报道与写作．北京：华夏出版社，2003.80

故宫等六处世界遗产被亮黄牌要求整改

本报上海6月28日报道 第31届世界遗产大会这些天一直被紧张的气氛所笼罩。当地时间26日中午12：40，中国的世界自然遗产云南“三江并流”提交大会讨论，10分钟后，世界遗产委员会21国代表一致通过了整治方案，“三江并流”将在明年的第32届世界遗产大会上再次接受“验收”，如果仍没有明显改善，将可能被列入“濒危名录”，吊销“世界遗产”的称号。

据悉，“三江并流”由于在怒江建大坝、水力发电等设施而被世界遗产专家“质疑”。由于今年1月中国提供了完整的情况报告，云南“三江并流”的整改方案并没有遭遇太多“麻烦”。但是，中国必须为在怒江中游建大坝等工程可能对“三江并流”带来的环境破坏做一份完整的评估报告，并于明年的世遗大会上提交。

联合国专家特别要求中国将日后对“三江并流”附近的每一个工程计划都及时公开透明地公之于众，“希望中国享有世界遗产的地方政府都能从‘三江并流’中认识到，成为世界遗产更多地意味着承担责任和兑现承诺，远不仅是享受旅游收益，可以随意开发那么简单”。

国家文物局副局长童明康表示，包括“三江并流”，中国已有六处世遗被亮“黄牌”，主要表现为三种：首先，一些地方缺乏经验，保护需要和世界接轨。比如，丽江古城盲目地将原住的纳西族人口迁出来，牵一发而动全身，结果世界遗产原本的真实性变“味”了，这是典型的无知所致；其二，过分追逐商业利益；其三，一些保护、修复原则需要与国际接轨，如故宫、颐和园、天坛的大修招致“非议”就是一例。

童明康表示，针对北京的三处遗产，国际古迹修复委员会专家已与中国专家达成《北京文件》，“只要依照这份文件执行，北京这三处遗产就有望摘掉‘黄牌’”。而针对丽江古城、布达拉宫的修复，中国将“大动干戈”，通过采用扩大保护区、出台整体保护规划等手法大规模整治。他认为，“黄牌”能让大家更深刻地认识到我们为什么要申报世界遗产，从某一方面而言，这也许是件好事。

◇相关链接

“黄牌”整改要求

三江并流

◆停止目前遗产地附近的矿产开采，并对水坝、电站可能带来的破坏进行完善评估。

故宫、天坛、颐和园

◆大修不能改变遗产的原始风貌，尽可能使用原材料并维持建筑原本结构进行修复，同时加入风险防范、旅游管理的整体规划。

丽江古城

◆对开发、旅游、保护采取有策略的步骤，保持这个遗产和周围环境的完整性，按照传统建筑方法保存当地居民的房屋。

布达拉宫

◆重新对遗产边界作界定，增加缓冲区的范围，扩大布达拉宫、罗布林卡、大昭寺的缓冲区。

◆重新对拉萨城市规划制订更为科学的修改方案，尽量完整地保存古城的原貌。

《东方早报》2006年6月28日

从心理学的角度分析，受众的明星、名人崇拜心理，对著名地点知悉而产生关注意识，对故土的依恋怀旧等，使得名人胜地理所当然受到关注。

三、时新性

时新性指的是新闻及时并具有新意。“及时”指最近发生的、正在发生的或者即将发生的事实。今天的新闻是金子，昨天的新闻是银子，前天的新闻是垃圾，对于所发生的事实报道得越快，便越具有新闻价值。当然，“及时”也具有相对性，不能因为抢时间而忽视新闻可能造成的不良后果，还有些新闻需要在某个时机报道才能产生更好的效果。所谓“新意”，指减少事实或状态不确定性的信息。这种信息越多，新闻便越具有新意。人类的不安或恐惧来自对周围事态的不确定与无法知晓，具有新意的新闻向受众提供他们迫切需要的信息，使他们及时了解周围环境的变化并作出正确决策。

以《广州明天起正式处罚电动自行车上路》（《信息时报》）、《四号线今开通　广佛线动工　广州地铁开通整10年》（奥一网）两条新闻为例，它们都很好地体现了“时新”这个价值要素。报道的都是正在发生或者即将发生的事实，从时间要素来看非常及时。其次，报道的事实都具有新意，对于仍在骑车上路的电动自行车主来说，前者是一个警示信号；而对于经常要在广佛两地往来的人，后者则是一个利好信息，尤其是那些准备在佛山购房或者投资的人由此可能更坚定自己的决策。

广州明天起正式处罚电动自行车违法上路

时报讯（记者何雪华）　15天的教育纠正期过后，广州交警将于明天起正式处罚电动自行车违法上路。记者还从昨日广州交警发布的今年第六次交通警情提示获悉，上周交通堵塞宗数劲升三成多。

昨日，交警部门发出交通预警，表示尽管广东省自行车协会等对“禁电令”有异议，确认广州将不会改变“禁电令”执法。本周五（12月1日）起，广州市全面禁止电动自行车开始进入执罚期，公安交警部门将对电动自行车上路行驶的违法现象进行严格执法、大力整治。据透露，公安交警部门将通过支队指挥大厅从监控发现的电动自行车违法情况，布置警力进行查处。

为尽量减少因轻微交通事故导致交通堵塞的现象，公安交警部门推广通过电视监控做好现场取证的做法，已取得良好的效果。同时还将充分利用智能交通指挥系统的交通监控功能加大对违法变线、不按规定车道行驶等交通违法行为的抓拍执法。机动车驾驶员出行时注意标志标线规定，各行其道，切忌违法变线导致交通事故的发生。

《信息时报》2006年11月30日

四、接近性

对于地方性报纸来说，发生在本地的交通事故要比发生在异地的交通事故更具有新闻价值，这种判断就是来自对接近性的考虑。西方新闻价值标准从20世纪70年代以来就发生了一系列变化，新闻的接近性相对来说更受到关注，“近年来，报纸已经花费了更多时间和篇幅来报道无法以大多数的传统标准很好地加以判断的新闻。它们往往并不含有冲突，它们很少表现任何怪诞的事物或者涉及名流的言行。许多报纸没有时效性，只有一些报纸将接近性作为因素”。① 近年来，我国媒体的这种转向也非常明显。

接近性包括地理上与心理上两方面：事实与接受者的地理距离越近，就越具有新闻价值；事实与接受者的心理距离越近（如兴趣、性别、年龄、教育程度和专业、经济收入、民族或种族或宗族等心理距离），就越具有新闻价值。

1. 地理上的接近

新闻本土化理念是接近性的最好注脚。新华社1999年4月26日《地区性报纸占据中国报业市场主导地位》的消息报道：“一项覆盖中国60个主要城市的报纸读者调查表示，在各城市日报平均阅读率排名前三位的报纸几乎都是当地报纸。”美国新闻学家沃尔特·福克斯也说过：“强调新闻报道的本地化，并不是要倡导新闻的乡土观念。它只是通过挑明新闻与读者的关联，而使新闻更富有意

① ［美］密苏里新闻学院写作组．新闻写作教程（中译本）．褚高德译．北京：新华出版社，1986.12

义的一种简便易行的途径。”① 现在很多都市报开辟了社区版，这是对新兴都市群落的一种关注，体现的就是地理上的接近性。

六运小区小公园重开

本报讯（记者谭希莹） 水泥屋加建、翻新，盆盆鲜花再次在园内盛开。记者近日获悉，半年前挥一挥手撤离六运小区的小公园已重新开放。

12岁的小区老花圃从拆迁期满到5月底正式离场（本报曾作报道），昔日被街坊当作小区公园的“六运花圃”与它的经营者向氏夫妇，已经离六运小区的街坊记忆渐远。近日，小公园门外挂上了“体育东苗圃”的招牌。管理员也换成了绿化管理者屠先生。

“早上6：30到晚上10时，苗圃都开放着。”屠先生说。苗圃开放后不时有街坊来逛花园，周末带孙子来的老人家尤其多。

对于小花园的回归，昔日长期游园的街坊则表示需要一段适应期，“对新花园还要熟悉吧”。

《南方都市报》2007年12月24日A39版 社区

2. 心理上的接近

对于与他们心理上、情感上接近的事物，受众会表现出强烈的关注度，即心理上的接近，这也是编辑进行稿件选择时的一个评价标准。近年来，生活方式类报道在媒体上盛行，这类新闻的着眼点就是贴近生活，在受众心理和生活经历上引起共鸣。

广州西关：“桃花”传旧讯 “乞巧”情犹在

本报讯（记者邝穗雄） “老广州”还记得西关旧俗“乞巧节”吗？那争奇斗巧的女性手工艺品盛会早已湮没在羊城遥远的记忆中，今天，这种记忆又在被唤起。一批在广州已属“绝品”的“乞巧”民间手工艺品昨起在西关仁威庙展出。

优美传说神奇风俗

“乞巧节”（“七姐诞”）风俗来源于“牛郎织女七夕相会”这一优美的民间传说。每年农历七月初七（民间称为七夕）及前后两天的活动，又称“拜七姐”

① ［美］沃尔特·福克斯．新闻写作——报刊记者指南．北京：新华出版社，1999.15

或“乞巧”，在广州民俗里，是女孩子向“七姐”（织女）祈求聪明巧手、寄托爱情追求的时候。一般在十六七岁的姑娘至二十二三岁的小媳妇中盛行。

西关尤其是泮塘地区的活动饶有特色，喜庆活动别出心裁。进入六月，有姑娘或少妇的家庭就开始用稻谷培植一钵青苗，叫七姐秧。七月初六夜，大姑娘、小媳妇当空摆上瓜果等供品，点燃香烛，望月礼拜，叫“迎仙”。从三更至五更，礼拜七次，叫“拜仙”。然后向着月亮用丝线穿针孔，穿过者叫“得巧”。得了巧的要“谢仙”。初七晚，姑娘少妇盛装淡抹，把“七姐秧”连同她们为乞巧节而制作的精美工艺品，摆出来让人品评。姑娘少妇三五成群地互相串门欣赏各人的工艺，气氛非常热闹。工艺争巧斗奇，有的地方还会评出优胜。欧阳山的文学名著《三家巷》中可窥见西关“乞巧节”一貌。现在这种风俗基本消亡。

手工精美怀旧情浓

昨今两天，不少市民尤其是“老广州”，纷纷涌向仁威庙及庙外广场看展览，参加活动，怀想西关旧日风情。展览主要展出“乞巧节”风俗中的手工工艺品，有戏剧“公仔”、“七姐会牛郎”、“赵子龙催归”、“杨宗保招亲”；有用米粒、谷粒、芝麻、瓜子、珠片、彩纸制作的花朵等小工艺；还有有关风俗的藏品。最小的只有指甲大小，极尽精巧。一些老人看到这种工艺时激动不已，一位80多岁的老阿婆说，从风俗兴亡看到了世道沧桑。

“乞巧”民间手工充分体现“巧”与“像”。白蜡桃花，枝干用真干枝制成，花瓣用极薄的白蜡片染色，叶脉、花芽、花苞无不酷似。近两米高的红梅，枝干遒劲，枝繁叶茂，摆在墙角，恍如傲雪斗霜，暗香透鼻。米粒、谷粒粘成的菊花，每朵花用100多颗米、谷粘成，绿叶陪衬，完全可以以假乱真，令人惊叹，巧夺天工。还有蜡制的红荔，瓜子珠片造的花朵，纸制层层涂漆的南狮、水果、灯屏、玩具家私以及美不胜收的刺绣珍珠荷包，纸制的戏曲故事人物，无不令人叹为观止。那插在炉上的三根巨香正在燃着暗红的火头，摸上去才发现竟是用芝麻做成的！

这些作品大多利用日常原料制成，与真品摆在一起，连行家也难以一下子分出真伪。它们都是年轻妇女在农历七月初七巧手巧思的展示。

“乞巧”可待成追忆？

而今，这些风俗连同手工艺品只存在于老一辈的记忆中了。据介绍，目前50岁以下妇女已基本上没有过“乞巧节”做乞巧手工的经历了。这次由荔湾区文物管理所等部门组织的为期两个月的乞巧手工艺品展出，将勾起民俗风情的浓浓温馨情愫。荔湾区文物管理所阮所长认为，这次展出有助于展现西关文化风采，也是对民俗风情风貌的追忆。

民俗专家与民间工艺研究者认为，“乞巧节”及手工艺品制作，是一个时代的缩影。自娱自乐的“乞巧节”，反映了市民祈求聪明才智的良好愿望，寄托着当时年轻妇女对爱情的美好追求，很大程度上也是信息不发达、社会较封闭时妇女互相观摩、学习手工艺的途径。随着社会进步，文明程度提高，资讯、观念都发生了巨大变化，这种旧的民俗就逐渐消失了，难以再恢复。

而且“乞巧”手工艺品虽然取材很广，但大多难以长久保存，生产制作效率低，更不能形成市场规模生产。这样，这种巧夺天工的作品怕是真的永远只能存在于“老广州”的记忆中了。

《羊城晚报》2002 年 8 月 12 日

《羊城晚报》虽然是全国发行的报纸，但它的岭南文化特色是非常鲜明的。这则新闻无论在地理上（西关是历代广州外贸通商口岸，是中西经济文化的交汇点，是商都广州的典型代表）还是心理上（“乞巧”是广州旧俗），都会让老广州人或在广州生活了很长时间，并对广州文化有一定了解的人产生强烈的情感共鸣。

五、人情味和趣味性

人情是指人类喜怒哀乐之普遍情感，那些能引起人们同情、怜悯、哀愁、崇敬、喜悦之情的新闻，就是具有人情味的新闻。学者陈力丹认为：越能表现人的情感的事实（悲欢离合），便越具有新闻价值；动物活动在被赋予人的情感理解后，同样具有新闻价值；越具有心理替代性的故事性事实（各种成功者、英雄母题、撒旦母题、大团圆母题等），越具有新闻价值。①

趣味性即事件趣味盎然、引人发笑，或者能引起人们的好奇心。汤姆森基金会编写的《新闻写作基础知识》认为，以下几类可以属于趣味性新闻：①金钱、财产的得失、税收和预算，商店里的价格，提高工资，经济危机；②犯罪，特别是令人毛骨悚然的凶杀案；③性，即使在不能公开谈论这种事情的社会里也是人们经常想起的事，如美女照片、罗曼蒂克的爱情、结婚、离婚等；④灾难和悲剧，特别是当你觉得“这可能降临到我的头上”的时候，由于感到自己是幸存者而释然，但一想到这种飞来横祸会带来死亡就会感到畏惧；⑤幽默，有意或无意的幽默对单调无味的日常生活可能是一服珍贵的调解剂，使充满死亡和灾难的报纸看上去令人欢快些。讽刺作家、调子轻松的专栏作家或新闻记者，稀奇古怪的奇闻轶事，笑话和漫画都是有益的；⑥神秘，一件事是怎么发生的，人们极想知道案件中谁是凶手，悬念可使一条消息延续几天；⑦娱乐，在单调乏味的世界中，我们可能喜爱看电视，喜爱到剧场或电影院观看表演和电影，通过阅读文

① 对话陈力丹：什么样的新闻更有价值. 新华网—传媒在线—传媒访谈

艺、娱乐界的消息，期待着下一次的享受。①

事件的人情味和趣味性，一般来说，能引起受众的阅读兴趣，具有可读性，因此也是评价稿件的标准之一。

我也是一片树叶

本报北京5月5日电（记者原春琳　刘万永）　5月4日下午，清华大学公共管理学院02级研究生胡薇薇和往常一样，来到图书馆搜索最新的资料，为硕士转博士工作做准备。突然，安静的图书馆传来一阵欢呼，胡薇薇抬起头来，一个熟悉的身影映入了她的眼帘。

惊讶中，温家宝总理来到了胡薇薇的面前。

"总理好！"胡薇薇立刻站起打招呼。

"你坐着吧，在干什么呢！"总理问。

"我在查阅一些资料。"胡薇薇回答。随后，她向温总理介绍了自己的专业和近期的学习计划。"他真的很亲切，好像是我的父亲。"胡薇薇说。

父亲的感觉同样存在于其他学生的心中。

新闻与传播学院01级本科生史浩宇和同学们一听说总理来了，都忍不住离开座位前去张望。"快看书！别让总理认为咱们不读书！"一位同学提醒大家。

没多久，总理来到了他们中间。"今天和大家聊一会儿，不会耽误大家的时间吧？"总理问。同学们用笑声作出回答。随后，总理在史浩宇对面坐了下来。

民主与科学、光荣与梦想、五四精神在总理的讲解下令人神往。史浩宇和同学们不停地用笔记、用心记，记下总理的一举一动、一言一行。

讲得口渴了，总理停了下来："谁的水能给我喝一口？"四五位同学立刻递上了自己的水杯。

史浩宇的眼睛湿了："在这个非常时期，连同学们都小心在意，不敢使用别人的物品。可总理居然毫不在意！"

有位同学问总理，我们上游泳课时，老师指着外边的大树说，当树叶从嫩绿转为浓绿时，"非典"也就过去了。如果把全国比作一棵大树，清华园只是其中的叶子。总理，您给自己的定位是什么？

总理的回答让同学们动容。他说自己也是大树中的一片树叶。这片"叶子"因为忧心"非典"，常常夜不能寐，思及"非典"时甚至泪流满面。

当这片"树叶"走出图书馆时，一千多片"叶子"已经在小树林中等待他

① 刘建明．当代新闻学原理．北京：清华大学出版社，2005．188

一个小时了。自清华的BBS发出总理来了的消息后，同学们一个接一个地从宿舍、操场、教室汇集到小树林。那里是同学们经常活动的场所，有T恤设计大赛的展览，有艺术团的排练，还有图片展览。

清华的3件礼物也在等着总理。99级博士研究生马扬飚代表清华学生，向总理送上了这3份礼物：清华紫荆突击队的袖标、校庆那天为医护人员祈福折的一串千纸鹤、T恤设计大赛的两件获奖T恤。

《团结就是力量》的歌声回荡在小树林的上空。总理这片“叶子”与清华上千片“叶子”的歌声融为一体。

在挥手中，总理匆匆离去，奔赴中国农业大学。望着总理远去的背影，一位同学小声喊了一句：“总理，千万要保重身体啊！”随后，一千多名同学发出同样的呼声：“总理，千万要保重身体！”

“今天是五四青年节，我早晨还在办公室上班，突然想起这个日子，就想来看望一下同学们，向同学们表示祝贺，向大家表示问候！”在中国农业大学，温总理的开场白，让同学们零距离地看到了“平民总理”的风采。

总理对同学们说，与城市相比，农村的文化教育、医疗卫生这条“腿”更短。像北京这样的大城市虽然病情严重，但医疗资源雄厚，我最关心和担心的是农村。农民有病看不起，在这个特殊的情况下很危险。因此，要把农村的预防工作做在前面。国务院后天上班后的第一件事就是召开农村防治“非典”工作会议，提出若干条具体的预防措施，有的要形成机制。比如疾病卫生网络、防疫队伍建设等，不仅是应急，而且要形成机制，长期存在下去。

总理对同学们也提出了更高的期望：“你们都是学农的，许多人是农民子弟，希望通过这场战斗，同学们的思想更加成熟起来，不怕困难，同时又要树立起毕生为农民服务的思想。中国农民富裕之时，中国农村发达之时，就是我们整个国家强盛的时候。虽然这是一个比较长期的艰苦过程，但这一天一定会到来！也许它在同学们手中实现。”

《中国青年报》2003年5月6日

这则以领导人物为主角的新闻，别出心裁。它以平民的视角，通过一些生活细节，表现了温总理的平易近人与和蔼可亲。该新闻的精彩之处就在于其中浓厚的人情味，这种浓厚的人情味使它完全有别于往常那些程式化的、高高在上的领导人物的报道。

新闻价值是编辑选择新闻稿件的第一张过滤网，它是判断事实之所以成为新闻的一个重要标准。然而，每条新闻的价值结构并不是一样的。有的新闻很重要，但时效性不突出，其新闻价值就会受到影响。“无论事件多么显著，与多么有名气的人有关，新闻价值都会随着时间而锐减。”① 有的新闻具有接近性、人情味与趣味性，可能会引起多数读者的阅读兴趣，但这可能并不重要，编辑要慎重定夺。总之，编辑在判断稿件的新闻价值时应该综合考虑。郑兴东就提出编辑可以根据叠加原则、补充原则、排除原则来判断、评估稿件的新闻价值。叠加原则即将多种新闻价值要素所体现出来的新闻价值相加，以求得新闻价值的总量；补充原则即以其他新闻价值要素所包含的高新闻价值含量，补充某一新闻价值要素含量之不足，如一篇稿件的重要性十分显著，而接近性较弱，则可以前者补充后者之不足而选用此稿；排除原则即全部或大部分新闻价值要素的新闻价值含量均很弱，这样的新闻不予选用。②

第二节　选稿标准之二：社会效果

新闻经媒体传播后会产生一定的社会影响，这就是新闻的社会效果。编辑在选择新闻稿件时，必须把稿件的新闻价值与社会效果结合起来进行考虑，也就是说对有新闻价值的稿件需要再次进行斟酌，预测其可能产生的社会效果的好坏，包括政治、经济、法律、文化、道德等方面。如果没有这种全面考虑，一些可能会产生巨大积极影响的新闻就会失去报道机会，而一些可能会带来负面影响的新闻则占据媒体的重要位置。

以1984年《人民日报》新闻照片《小平您好》和2002年6月12日《中国青年报》之《民办高校育才有方令人惊叹　世界500强预订210名西译学生》为例。

案例一：

《小平您好》这幅新闻照片（图5－2）曾获全国好新闻特等奖、全国最佳新闻照片奖。照片抓拍的是1984年10月1日天安门广场游行中，一群大学生突然自发打出“小平您好”横幅的情景。当晚在决定是否用这幅照片的时候，《人民日报》的夜班编辑进行了反复思忖，对照片可能产生的社会效果进行了全面、慎重的考虑：党的领导人和群众的关系、宣传的主动性和纪律性的关系、内容和

① ［美］梅尔文·门彻．新闻报道与写作．北京：华夏出版社，2003.79

② 郑兴东，陈仁风，蔡雯．报纸编辑学教程．北京：中国人民大学出版社，2001.71

形式的关系，等等。因为在国庆游行预演中并没有打出“小平您好”横幅这个场面，当天《人民日报》、新华社记者有关游行的文字报道中也没提到这个细节，新华社和《解放军报》等也没有同一场面的照片。主管部门的意见是怎么样的？学生的背景是什么？照片作者是谁（因为记者还没来得及写照片说明）？这些问题都是应该了解清楚的。眼看截稿时间已经过了，在了解到照片的作者为本报记者王东后，凌晨两点多，已到发稿最后关头，几位编辑当机立断：“场面很亲切，表达了年青一代对小平同志的由衷敬意，能发。”于是《小平您好》作为独家新闻照片刊登在当年 10 月 2 日的《人民日报》上。照片登出后反响巨大，国内外 20 多家新闻单位纷纷前来索要照片，北大学生也要了照片留作纪念。后来据了解，游行当时，摄影记者王东的位置在金水桥头，“小平您好”的横幅是突然亮出来的，他的位置刚好正对这个场面，他只拍了两张横幅就不见了，能抓拍到这一场景的人很少，只有两三位记者拍到了，而王东这幅的画面和效果是最好的。这么珍贵的照片，《人民日报》如果当晚不用，或是晚几天用或是由别的报刊先用，效果就大不一样了①。

能在短短的时间内对一篇新闻稿件的社会效果作出如此准确的判断，显示了编辑深厚扎实的功底。

图 5－2　新闻照片《小平您好》（《人民日报》记者王东摄）

案例二：

2002 年 6 月 12 日，《中国青年报》在头版头条刊发了一条消息：《民办高校

① 郑兴东. 好新闻后面——编辑耕耘录. 北京：新华出版社，1993. 22～25

育才有方令人惊叹　世界500强预订210名西译学生》。该报道发表后，《北京青年报》等报马上提出质疑，由此引发了一场媒体官司。虽然事件最后以《北京青年报》的败诉告终，但事件所反映的深层次问题发人深省。

民办高校育才有方令人惊叹
世界500强预订210名西译学生

一名三年级女生年薪40万

本报西安6月11日电（记者刘万永）　即使是名牌普通高校，能同时有几十家跨国公司前来聘用毕业生也是很难得的事。但作为一所民办高校，西安翻译学院一次吸引来的跨国公司不但超过40家，而且大部分还是《财富》杂志评出的世界500强成员。

6月10日，以世界500强企业为主体的41家大型企业组成的“中国西部人力资源考察团”到陕西考察。考察团由中国国际贸易促进会组织，成员大多是公司的人力资源部门负责人。作为一项重要议程，41家跨国公司来到民办西安翻译学院，以年薪5万元到50万元不等集中招聘一批学生。由于西安翻译学院今年毕业的近4 000名应届生早在5月底已经被600多家三资企业招聘一空，这41家企业只能预订三年级的在校本科生。

“拥有2.5万名全日制住校生的西安翻译学院令人惊讶！”从下午4时30分招聘会开始，北京爱立信移动通信有限公司人力资源部人力资源高级经理张方明就一刻不停地面试。来西安之前，张方明对西安翻译学院知之甚少，但接触了20多名学生后，张方明对西译学生评价很高：“西译学生让我吃惊，他们综合素质好，适应性强。对企业来说，这些学生不用培训，来了就能用。”

西安翻译学院这次招聘会的“工作语言”是英语。为了考查学生的英语水平，这些久经招聘“沙场”的人力资源部门经理们要求学生用英语回答问题。西译学生流畅的英语口语和应变能力赢得了用人单位的好评。招聘开始前，三年级学生袁丹的发言，把此次招聘和正在举行的世界杯足球赛联系起来：“世界杯是整个世界的盛事，今天下午是学校的盛事。招聘就像比赛，今天的比赛从你们的参与开始，我们正在学习，我们正在了解，我们是自信的，我们准备好了。”一口流利的英语，赢得了热烈的掌声，招聘还没开始，摩托罗拉、爱立信等多家企业就向她伸出了邀请之手。

“世界500强进军中国，首要的就是要寻求本土化人才。西译培养的是复合型、实用型英语人才，正好符合他们的需要。”西安翻译学院院长丁祖诒说，此次40多家跨国公司到西安翻译学院招聘200多名学生，看重的正是学生的综合优势。

从15年前建校开始，西安翻译学院逐渐形成了自己的复合型教育模式：外语+专业+现代化技能。学生入学后的前两年一律攻读英语系专科，通过国家学历文凭考试或高等教育自学考试取得国家承认的专科文凭，两年后，除继续攻读英语系主干课程外，再选修第二专业，如国际贸易、国际旅游、国际会计、涉外秘书和英语师范等，加上办公自动化、外贸函电、WTO规则和小轿车驾驶等多项现代技能。丁祖诒用“三个半瓶子醋”形象地说明了西译学生的竞争力：以英语系国际会计专业学生为例，单讲英语，西译学生不如英语本科院校学生；单讲会计，西译学生不如本科院校的财经专业学生；单讲技能，西译学生不如专业人员熟练。表面上看，三方面都是“半瓶子醋”，但三个“半瓶子”加起来对用人单位而言，犹如“一瓶半”。

英语好、懂专业、有技能，西安翻译学院的学生以复合型、实用型赢得了社会的认可。2001年秋季，西译2 000余名毕业生，被上门招聘的全国368家三资企业聘用，其中有一批年薪5万、9万，甚至40万元的学生。2001年12月7日，中共中央政治局常委、国务院副总理李岚清到西安翻译学院视察，在和学生用英语交谈后，李岚清副总理评价西译的学生：“会话能力强、有灵气，问学生问题，大家争着举手，抢着回答。”

中国加入世界贸易组织后，西安翻译学院主动拓宽学生培养途径，积极适应形势需求。学校利用课余时间，对首批2 000多名在校生进行WTO知识突击培训，经考试合格，每名学生都获得了一张由WTO中国中心颁发的“初级WTO知识培训证书”。外语能力、专业知识、WTO知识、本土化人才，是西译学生吸引跨国公司的秘密武器。

今天，由于招聘企业对学生兴趣浓厚，原定两个小时的招聘会又延迟了一个小时。最后，参加应聘的1 000名学生中，有210人与用人单位达成了意向。英语系本科三年级学生郝媛被中澳北京菲达乳制品有限公司看中，以年薪40~50万元预先录用。公司总经理陈锐光说：“录用人才我是认真的，不是作秀。聘用郝媛，看中的是她的综合素质，我相信她能为公司创造效益。”

“即使今天没有学生被录用，我们的收获也很大。”西安翻译学院院长丁祖诒说。据了解，这次招聘会结束后，中国顶尖的100强企业也将到西译开展招聘活动。

《中国青年报》2002年6月12日

该新闻事实具有好几个新闻价值要素：“41家跨国公司”、多数为“世界500强”，这些字眼使事实具有了显著性，而“预订民办学校大三女生”“年薪40万”则是反常的事情，具有趣味性。显著性和趣味性使新闻具有很强的冲击力，但是这条具有冲击力的新闻经过报道会产生什么样的社会效果？新闻如此处理合适吗？编辑没有进行全面慎重的考虑。《羊城晚报》在2002年6月16日的《成长》专栏中就以《大三女生40万年薪引发“地震”》为题报道了该新闻引起的各方反应：“40万刺激众多学子”，“一位大学教授认为该报道负面影响大于正面”，“企业盲目用高薪吸引学生也是不科学的”，等等。①

新闻的社会效果极其复杂，它具有多重性，并不是单一的。正因为如此，编辑在做新闻社会效果的预测时，一定要全面，要用联系的、辩证的眼光来判断社会效果的性质和特点。

社会效果按其性质来说，可从正面效果、负面效果、中性效果三方面来审视。

一、正面效果

新闻能对读者、社会产生良性、积极的影响，这就是新闻的正面效果。一般来说，正面报道的新闻，如成就、英雄、庆功、节日等方面的报道，能够产生积极的社会效果，而关于负面事件如灾难、战争、凶杀、丑闻等方面的报道，如果过于聚焦于血腥细节与个人隐私上，则容易刺激受众，造成不良影响。应该着重强调的是，新闻的效果正面与否和新闻事实内容的喜忧并不是一一对应的，也就是说有关灾难、揭丑内容的新闻报道并不必然产生负面效果，而有关喜庆、成功内容的新闻报道并不必然会产生正面效果。前者如2002年底至2003年非典爆发期间《财经》对非典疫情的报道，后者如2006年《农民日报》对湖北省沙洋县县委书记黄爱国的报道。

非典是2002年底至2003年在全球范围内爆发的非典型性肺炎，第一起非典病例发现于中国广东河源，随后逐渐蔓延。早期国内媒体关于非典的报道还局限于过去“报喜不报忧”的思维中，过于谨慎，以致民间小道消息盛行，流言四起，社会恐慌心理蔓延，导致板蓝根、米、油等物品的抢购风潮。《财经》是国内最早较全面报道非典疫情的媒体之一。2003年2月20日，《财经》以9个页码的篇幅报道了广东疫情的全过程，还刊发了一篇比较长的分析性文章《广东之疫碰撞国家疾控体系》，直指中国疾控体系的缺陷，有着很强的预警意义。当时能作出如此深度报道的尚不多见，而《财经》主编胡舒立认为如此大规模的传染病爆发是关系公众利益、公众健康的大事件，出于对公众负责的立场，对这样的事件一定要报道。

后期的事实证明，当主流媒体都投入非典疫情的报道中，以客观公正的报道来鼓励公众面对这场灾难的时候，信息透明了，恐慌减少了，人们学会了自我保

① 《羊城晚报》2002－06－16

护，战胜疾病的信心也不断增强。在各方面的努力下，非典最后终于被制服。这就是媒体关于负面事件报道所产生的积极的社会效果，只要报道的态度是积极的，有利于人们正确认识客观世界的实际情况，有利于激励人们去克服不利条件的，都是具有正面效果的。对于灾难新闻的报道，“记者首先想到的应该不是它是不是有卖点，而应该先判断它是否有新闻价值，是否体现了‘喉舌’的精神”①，这是胡舒立的肺腑之言。而日本新闻学家小野秀雄也表达过相同的观点：“报纸出版罪恶和不道德的新闻的任务，在于暴露它的丑态、规模和危险，这才是真正必需的服务”，“媒体在精神和文字上都必须清白，它报告每天发生的事情有不少丑陋的东西，但要用洁净的文字来表达”。②

而一些本可以起到良好宣传作用的正面报道，如果不注意报道方式，则有可能产生负面效果。2006 年 12 月 23 日《农民日报》发表了《为老百姓多做实事是人生最大的乐趣——记湖北省沙洋县县委书记黄爱国》的新闻，这是一篇带有表扬性质的典型人物报道，但是新闻报道以后，并没有收到如期的正面效果，反倒被多数读者认为“太肉麻”，“马屁拍到马腿上”，黄爱国被认为是“黄作秀”。正面报道为什么没有达到预期的正面效果呢？专家指出，一是读者反感于极左年代假大空的典型报道，以至于即使现在出现真实的报道，人们也会认为是假的；二是该新闻在词汇的运用上不够朴实，有些渲染，如豪言壮语比较多，实质内容并没多少。

为老百姓多做实事是人生最大的乐趣（节选）

——记湖北省沙洋县县委书记黄爱国

（记者何红卫　黄朝武　赵洁　通讯员刘明达　彭丽芳）

“忠卫啊，天大家里的母猪下崽了没？我最近工作忙，顾不上，你帮我去看看。”今年十月底，县委书记黄爱国关切地问。当被告知“已经怀上了，大母猪有 300 多斤”时，黄爱国非常欣慰：“好哇，咱们不仅要替他解决困难，还要帮他发家致富！”

11 月 23 日，初冬的小雨浸润了湖北省沙洋县广袤的土地。这天上午，县信访局长赵忠卫再次来到曾集镇民主村村民、过去的“上访专业户”孙天大家了解情况。而此前两年多里，黄爱国或率干部或携爱人不下十次看望过孙天大。

“现在全县面貌有了很大改变”，赵忠卫感慨地说，“我们都向黄书记看齐，

① 徐泓，陈斌华．影响未来中国传媒 30 人．北京：中国社会科学出版社，2005. 105

② 刘建明．当代新闻学原理．北京：清华大学出版社，2005. 194

竭己所能为老百姓多干实事！

……

“党的干部应该像子女孝敬父母那样善待百姓！”黄爱国一心为人民谋利益

在沙洋，无论在大街小巷、乡镇村组，都能听到黄爱国亲民爱民的感人故事。

曾集镇民主村河南移民孙天大过去是远近有名的“老上访户”。从1996年到2003年的8年里，为反映农民负担过重和自己因上访被抓被关等问题，他30多次到市、省，8次赴北京上访（其中两次在京服毒自杀未遂），是沙洋县上访时间最长、上访层次最高、处理难度最大的上访老户。长年上访使他穷困潦倒，妻离子散。

“新官要理旧事，新官要理好旧事”，2004年4月29日，黄爱国在听取全县信访工作专题汇报时，得知孙天大的遭遇后，斩钉截铁地说：“党的干部应该像子女孝敬父母那样善待百姓，孙天大这件事，我要管；孙天大这个亲，我要结。事，不仅要管，还要管好，管到底；亲，不仅要结，还要真结，结真亲。”

当晚，黄爱国就率领一班人冒着大雨，专程赶往离县城数十里外的孙天大家。一进门，他扯开嗓门喊道：“天大啊，俺是你黄哥，来看你了。”一下子拉近了县委书记与农民的距离。看到眼前浑身淋湿、两腿是泥的县委书记，八年的痛苦、愤怒、屈辱、辛酸，孙天大无法克制自己的情感，一会痛哭，一会诉说，中途几次要下跪，都被黄书记慌忙拦住，“我是你的哥，你不要跪；我是县委书记，你更不要跪”。

直到次日凌晨两点多，孙天大才饱含热泪送走黄爱国一班人。他手里攥着黄书记留下的电话号码，心里记着黄书记的嘱咐：“随时上县城找我。”

随后两年多里，黄爱国或率干部或携爱人十多次到孙天大家，真心换真情，真情化坚冰，坚持用自己心灵的“钥匙”去打开天大的“心锁”，让孙天大这个一度对党和政府、对生活失去信心的人感受到了温暖，找到了尊严，看到了希望。孙天大说：“以前县里从没一个领导接待过我，而黄书记真心关心我，给我送月饼，帮我栽秧，联系贷款买拖拉机。黄书记是个高尚的人，从他身上，我看到焦裕禄又回来了，他就是焦裕禄式的县委书记。现在有啥事，我就到县里解决，再不上省里了，不上中央了，不然就是给咱黄哥、给咱县领导脸上抹黑。”目前孙天大安心生产，养起了猪，种起了稻，买了农机，盖了新房，还配了手机。乡邻笑着说：“天大好日子还在后头。他正准备为儿子找媳妇呢。”

有人向黄爱国“取经”。他说：“要想群众不上访，领导必须常下访。”“只要我们把群众的事情当成自己的事，心中装着群众，就没有化解不了的事!”“群众反映的问题哪怕只有一分合理，干部也要尽百分努力去解决。”

黄爱国关心孙天大，关心62万沙洋人民。几乎每个节假日，他都没有休息，只要不出差在外，他都会走街进厂，走村入户，体察民情，甚至大年初一也如此。

他常说的一句话是“我们是农民的儿子，农民是我们的衣食父母”。

有一次，黄爱国陪一位市委主要领导下乡，那位领导问一位农民：“你见过你们县黄书记没?”“咋没见过?! 这个月他都来了3次。”老农憨厚地说，“我们很少在电视上看到他，当面见得多，感觉蛮亲热!”

为体察农民疾苦，黄爱国每年都要亲自带队，自备干粮，下乡帮助困难户干农活。2005年5月28日（星期六）清晨，黄爱国又带领干部来到沈集镇丁坪村二组，帮困难户李泽龙插秧。一到田边，他二话不说，一把脱下鞋子，卷起裤脚，拿起秧苗，下到农田忙活起来，忙到晌午，他和干部们匆匆吃点自备干粮，喝点矿泉水后又忙开了，傍晚5点多，他们帮李家把秧全部插完了才返城。村民们不由自主地竖起大拇指：“好多年没有看到干部帮农民干活了，真是党的好干部，人民的贴心人啊!”

……

“黄书记不仅解决三农问题有方，在抓工业经济、城市建设、制度改革等方面也卓有成效。”县委常委、宣传部长任清锋说，“他来的时候，国家正严格控制新上开发区项目。为了沙洋经济的长远发展，他争取上级领导支持，建立了沙洋经济开发区。目前，开发区已引进企业15家，近三年来共实现招商引资项目633个。”

“黄书记在治理经济发展软环境上下了很大工夫。”福建投资商李建国深有感触：“今年5月，我给黄书记写信反映一个干部为谋私利给我设置障碍的事。黄书记立即严肃查处，并召开全县投资环境整治大会。这更坚定了我在沙洋投资的信心。”

“黄书记做事认真负责，解决问题从来不留尾巴，不留隐患。全县乡镇综合配套改革，人事、教育、财政、建设系统等单位的内部改革，都是一次彻底完成。”县委副书记汤旺林说。

“黄书记上任3年是沙洋各项事业发展最快的3年，财政收入每年以两位数增长。”原常务副县长雷家金说，“黄书记十分注重做打基础、管长远的工作，对形象工程、政绩工程深恶痛绝。他常说，作为党的干部，应该把对上负责和对下负责结合起来，更多的是要对老百姓负责。”

“沙洋是穷县，这些成绩的取得花费了黄书记多少心血啊!”五里铺镇委副书记陈卫国动情地说，“从五里铺镇到所辖地草场的道路不畅，黄书记实地察看后，向市交通局专题汇报，并邀请他们去现场办公。为了真诚感谢大力支持，黄书记深深地给市交通局领导鞠了三个躬！我从没见过县委书记为老百姓办事这么心诚！铮铮铁汉也有折腰的时候，我当时禁不住流泪了。”

……

《农民日报》2006 年 12 月 23 日

对新闻社会效果进行评价，着眼点在于它对公众与社会产生的影响。郑兴东认为，为最大多数人的根本利益服务是我们考察新闻社会效果的最根本的标准，具体体现在五个“有利于”：有利于推进改革开放、建立社会主义经济体制、发展社会生产力的舆论，有利于加强社会主义精神文明建设和民主法制建设的舆论，有利于鼓舞和激励人们为国家富强、人民幸福和社会进步而艰苦创业、开拓创新的舆论，有利于人们分清是非、坚持真善美、抵制假丑恶的舆论，有利于国家统一、民族团结、人民心情舒畅、社会政治稳定的舆论。① 刘建明认为，新闻的正面效果表现为：引导公众正确地认识事件、提高公众的精神水准、指导管理部门工作。② 西方新闻业亦十分强调媒体为公众和社会服务的责任，“负责任的新闻媒体尽全力、最大限度地逼近真实……它的新闻主编在选择何者应该刊登、何者应该在标题和导语中强调时会非常慎重，避免改动现场目击者所写文章中表达出来的对现场的总体印象”；“如果能以专业精神、渴求真实意义的眼睛和对社会价值与真实的关注态度完成这个（新闻——笔者注）选择过程，报纸就是在向成为一种信息载体的理想迈进。”③ 可见，无论中西方，对于新闻社会效果的正面评价都聚焦于新闻是否公正均衡地反映了事实，是否推动了公民健康幸福的生活，是否促进了社会的进步与发展。

二、负面效果

新闻对读者和社会产生的影响如果是消极的、不利的，那么新闻的社会效果就是负面的。

一些明显对社会和他人具有危害性质的新闻，其带来的效果必然是负面的，这样的新闻是禁止刊登的。

我国 2005 年 12 月 1 日起施行的《报纸出版管理条例》就有部分条例对禁止

① 郑兴东，陈仁风，蔡雯．报纸编辑学教程．北京：中国人民大学出版社，2001. 53 ~ 54

② 刘建明．当代新闻学原理．北京：清华大学出版社，2005. 239 ~ 241

③ ［美］利昂·纳尔逊·弗林特．报纸的良知——新闻事业的原则和问题案例讲义．北京：中国人民大学出版社，2005. 45

刊登的内容作出规定：

第二十五条　报纸不得刊载《出版管理条例》和其他有关法律、法规以及国家规定的禁止内容。

第二十六条　报纸开展新闻报道必须坚持真实、全面、客观、公正的原则，不得刊载虚假、失实报道。

第二十七条　报纸发表或者摘转涉及国家重大政策、民族宗教、外交、军事、保密等内容，应严格遵守有关规定。

报纸转载、摘编互联网上的内容，必须按照有关规定对其内容进行核实，并在刊发的明显位置标明下载文件网址、下载日期等。

1996年通过的我国台湾新闻记者协会《新闻伦理公约》，从职业伦理的角度对不应传播的内容也作出了详细的规定：

新闻工作者不应在新闻中，传播对种族、宗教、性别、性取向、身心残障等弱势者的歧视；

新闻工作者不应利用新闻处理技巧，扭曲或掩盖新闻事实，也不得以片断取材、煽情、夸大、讨好等失衡手段，呈现新闻资讯或进行评论；

新闻工作者不得兼任与本职相冲突的职务或从事此类事业，并应该回避和本身利益相关的采编任务；

除非涉及公共利益，新闻工作者应尊重新闻当事人的隐私权；即使基于公共利益，仍应避免侵扰遭遇不幸的当事人。

总之，根据我国宪法和其他法令的规定，结合新闻行业的伦理规范，凡属煽动、诽谤、侮辱、泄密、造谣、教唆、传播淫秽、侵犯隐私权等的新闻都应该禁止刊登。

有些新闻虽然没有明显的危害作用，但可能潜伏着负面影响，这种情况编辑就要区别对待。

如果新闻产生的负面效果是有限的、易于消除的，编辑可以通过一些编辑手段来弱化这种负面效果，起到积极的舆论引导作用。只要“目的是为了更大范围的公义、更多的真实、更大的社会效益，那么无论是强调还是根据情况弱化处理，并不会受到道义方面的质询”①。

① ［美］利昂·纳尔逊·弗林特．报纸的良知——新闻事业的原则和问题案例讲义．北京：中国人民大学出版社，2005. 48

2005年5月10日，福州《东南快报》“本埠焦点”版刊登了《马路“陷阱”》的新闻（图5-3），其中有摄影记者柳涛拍摄的一组“骑车人雨中摔跤”的照片。这是一组视觉冲击力强的照片，能引起人们对马路水坑和市政设施维护的高度关注，同时这也是一组有风险的照片，一是据柳涛介绍，当时情况特殊，该组照片并不是抓拍的，而是等拍的；二是照片把骑车人的尴尬与痛苦呈现出来，有缺乏人文关怀之嫌。为了弱化这种负面效果，编辑在旁边配发了编后语：“如果不是雨天，如果路面没有积水，那么路上的坑一目了然也许不会害人。如果施工单位能及时把坑填平，这些意外就不会发生了。也许施工单位也不想害人，但安全无小事，大家须切记。”短短的编后语，表达了报纸发表该组照片的目的，同时也引导了读者关注的方向。报道出来以后，《东南快报》没有收到针对这组照片的指责电话或信件。然而，与此形成对照的是，新华网在转载时，并没有同时转载编后语（图5-4），很快这组在网上流传的照片掀起了轩然大波，人们纷纷指责记者缺乏人文关怀。同一新闻稿件，由于不同的编辑理念和编辑手段，产生了不同的效果，造成了不同的影响。

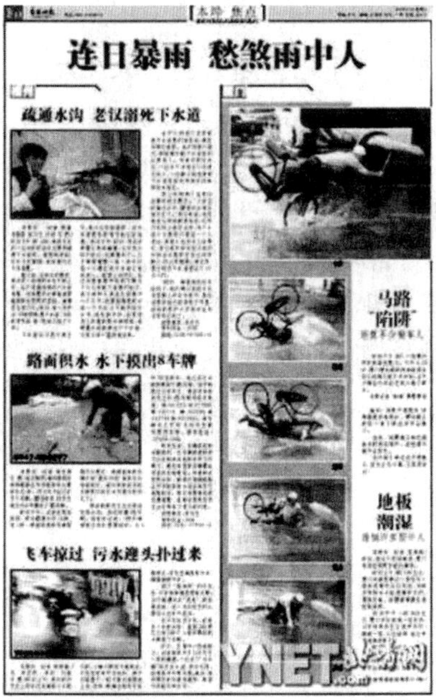
本埠焦点
连日暴雨 愁煞雨中人
疏通水沟 老汉溺死下水道
马路“陷阱”
地板潮湿
飞车掠过 污水迎头扑过来

图5-3 《东南快报》“马路‘陷阱’”报道的编辑形式

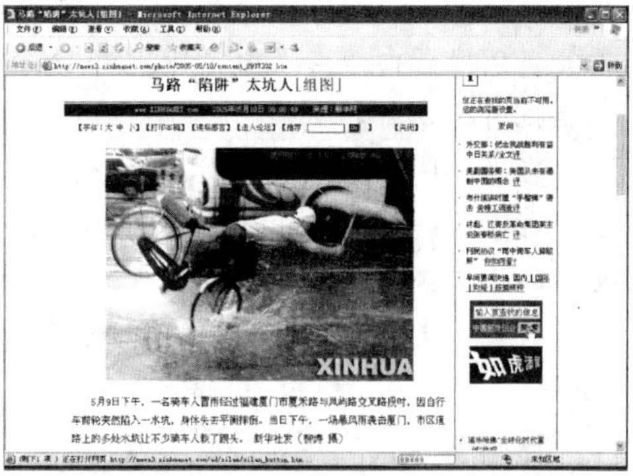

图5-4 网络转载“马路‘陷阱’”报道的编辑形式

当然，如果新闻产生的负面影响比较大，即使它同时也具有很强的正面效果，这种稿件也不能采用，如一些泄露国家机密的新闻。

三、中性效果

新闻对读者、社会产生的影响，既无明显的积极意义，也无明显的不利影响，这就是新闻的中性社会效果，如一些趣味性新闻。这种新闻能调节人们的阅读节奏，缓解人们阅读时的紧张状态，媒体可以适当选用一些。

狒狒大闹布莱梅夫人家①

合众国际社洛杉矶1984年7月14日电 一头狒狒逃走之后溜进杜乐莎·布莱梅夫人的家，又是吃东西，又是喝黑啤酒，还到浴室洗了淋浴，最后在房主人床上打滚。在她尽情享受期间，布莱梅夫人吓得躲在厨房里不敢出来。

这头好心的狒狒名叫伊丽莎白，今年6岁，她从市场上逃走后，游荡了四分之一英里路，来到布莱梅夫人家。当时布莱梅夫人正坐在厨房里喝咖啡，没有听到伊丽莎白从前门溜了进来。

这头狒狒溜进餐室，抓起橘子、香蕉便毫不客气地嚼起来，后来又发现一瓶一品脱装的黑啤酒。她开怀畅饮几口后，便把啤酒夹在臂弯里上了楼。她边上楼，边吃浆果，边把果核越过栏杆吐到楼下去。伊丽莎白喝着啤酒走进浴室，她把所有水龙头都拧开，又爬进浴盆，抓起手提喷嘴把墙壁冲刷了一遍。

这时，布莱梅太太跑到院子里，恰好看到伊丽莎白坐在浴室窗台上手舞足蹈。布莱梅太太赶紧逃到厨房里，把自己锁在那里。与此同时，一位邻居打电话报警。伊丽莎白给自己扑了满身香粉，接着连闯进三个房间，最后用一床粉红绸被子把自己裹好。

当警察闻讯赶来时，她正大模大样地坐在床上，快喝完那瓶啤酒了。最后从市场上来了一个工人，毫不费力地把她带走了，不过伊丽莎白顺手拿走了布莱梅太太的手提包。

布莱梅太太伤心地说："天哪，她把我的钱见人就给！"

这则新闻的社会效果属于典型的中性效果。它体现了一种特别的可读性——趣味性。记者以生动幽默的笔调，报道了一头狒狒闯入布莱梅夫人家，并大闹布莱梅家的经过，新闻妙趣横生，读后让人忍俊不禁。

需要注意的是，对于当前媒体过于关注新闻价值的人情味和趣味性要素，有

---

① 李大卫，石维，艾顿．合众社百年新闻佳作．西安：陕西师范大学出版社，2002. 91

一些学者提出了质疑与批评。台湾学者李瞻就指出："根据传统的新闻自由的观念，新闻价值的标准是冲突性、传奇性、刺激性、显著性、临近性……这些观念大部分都是'黄色新闻'激烈竞争的产品。它提高大众化报纸的销数，却忘记了本身对读者及社会所负的基本责任。"① 对于受众而言，它首先是社会公器，因此，"媒体在精神和文字上都必须清白，它报告每天发生的事情有不少丑陋的东西，但要用洁净的文字来表达"。"报纸有一种选择的责任，它要区分什么是对人有用的，什么是对人没用的；它要区分什么是正当的公共趣味，什么是不正当的公共趣味。"②

总之，对新闻进行社会效果分析是一个复杂的过程，它需要编辑联系社会背景与环境，用辩证、联系的眼光对稿件作出合理、合法的判断。

社会效果分析是新闻稿件选择的第二张过滤网，它体现了媒体的良心和责任感。

第三节 选稿标准之三：媒体特色

编辑在选择新闻稿件的时候，还要考虑媒体自身的特色。媒体特色的形成，有赖于其明确的媒体定位和受众定位。媒体特色一旦形成，对新闻稿的选择就具有了制约作用。

一、选择新闻稿件要考虑媒体定位

不同的媒体有不同的定位，如《南方日报》的定位是"高度决定影响力"，凸现的是其高级主流大报的稳重身份；而《南方都市报》的定位是"做中国最好的报纸"，强调的是其专业精神的张扬与激进。不同的定位，决定了媒体不同的栏目结构与选稿思路。

2002 年 9 月 11 日是美国纽约遭遇恐怖袭击一周年纪念日，"9·11" 纪念特刊是各媒体报道的热点。《南方日报》根据其高端定位提出"内容上不作过多回顾，将重点放在它的影响上"的报道思路，侧重做事件对国际政治、军事、经

① 李瞻. 新闻学. 台北：台北三民书局，1973. 275

② 刘建明. 当代新闻学原理. 北京：清华大学出版社，2005. 194

济等方面的影响，还有反思。如何围绕“高度”和“影响力”选稿，编辑们绞尽脑汁。最后编辑孙爱群得知理论工作室专门就“9·11”周年约请专家撰写了一批很有分量的理论文章，并已拼好版，准备推出，于是与理论工作室协商，拆版，调来稿件，分流到特刊的相关版面上。来自理论工作室的这五篇稿件，其作者均是高层次的专家，他们对“9·11”在国际政治、经济、军事、人们生活等方面的影响作了深入分析，回答了人们关注的一些问题，稿件具有权威性、可读性和耐读性，提升了特刊的质量，是对《南方日报》“高度决定影响力”定位的绝好体现。①

同一媒体，不同时期的定位也有变化，从而也会影响到其报道思路和稿件选择。《南方都市报》初创时是一张小报，其办报口号是“新闻为矛”，广告中是一个小朝天椒；当它壮大起来时（2000 年），口号变为“我来了，我看见，我征服”，显示了新兴报纸的豪迈气概；2001 年，其口号是“办中国最好的报纸”，从此开始了它根本性的改变：从报道吸人眼球的社会新闻的“小报习性”到负责任的“大报风格”的转变。从 2002 年开始，该报提出“要做主流报纸”、“从强大到伟大”的口号。2003 年是集中体现《南方都市报》“主流化”的一年。该报由早期注重煽情、娱乐转向注重深层解读和客观理性。当年“孙志刚案件”的一系列报道在全国引起强烈反响，国务院正式宣布废除《城市流浪乞讨人员收容遣送办法》，2004 年，《南方都市报》提出“成熟源自责任”的口号，在全国都市报中率先创办了时评版，将理念定位于在大转型的时代关注这个转变的国家与社会，因而，其稿件取向与结构设置追求彰显独特的认知价值，甚至倡导“公民写作”的理念。

二、选择新闻稿件要考虑受众定位

受众是新闻产品的最终消费者，他们是决定媒体特色的另一重要因素。编辑在选择新闻稿件的时候，必须考虑他所面对的受众，有关“六一儿童节”的新闻不会成为青年报的重头报道，但这类稿件在儿童报编辑看来，可能是难得的好材料。

以舆论监督著称的《南方周末》，在历史上曾经有过不同的受众定位，这些不同的受众定位带来了《南方周末》不同时期的报道特色。《南方周末》问世时，主编左方把有中学和中学以上文化程度、关心社会、热爱知识的人作为《南方周末》的主要读者，因而，当时的《南方周末》以文化与娱乐资讯为主，受当时盛行的娱乐小报的影响，甚至刊登猎奇的大特写与大纪实，如颇受读者欢

① 杨兴锋．高度决定影响力．广州：南方日报出版社，2004. 35

迎的“人与法”版就曾有《乱伦惨剧》、《离奇命案》① 之类的新闻。这些新闻，甚至没有严格遵循新闻真实性的原则，事件所涉及的人名、地名往往被虚化或省略。1996 年《南方周末》开始向综合性新闻纸转型，其受众定位为具有较高学历、关心社会、关注民生、具有社会责任感的读者群体。这时的《南方周末》在稿件的选择上注重独特的选材及观察角度，强调新闻事件的故事性，在尊重人性及新闻真实性的基础上强调刻画细节、文笔优美等，如陈菊红的《当儿子遭遇死亡：文湘莉在 1997 年的最后三天》、余刘文的《生者》、刘天时的《乡村女教师》等都曾产生了巨大的影响。②

媒体的受众可以分为目标受众和潜在受众。目标受众是媒体所希望吸引的主流人群，他们是编辑选稿时要考虑的第一对象；潜在受众是有可能成为媒体读者的人群，编辑在选稿时对这类读者要给予一定的考虑。近年来，颇受媒体青睐的目标受众一般是“新四有人群”，即“有点权，有点钱，有点品位，有点闲（善于休闲）”的强势群体，这些受众由政府机关、教科文卫单位或企事业单位的公务员、专业人士或“白领人士”组成，又被称为“主流群体”。媒体的这种受众定位趋向与强势群体的消费能力和话语权力有关，但作为社会公器的媒体如果过于追逐这些强势群体，将造成更大的社会不公，这是一个值得警惕的现象。

三、选择新闻稿件还要注意报道的平衡

新闻不仅要符合媒体的个性和特色，还要注意报道的平衡，这样才能真实地反映客观世界。胡耀邦就说过：“我们这样的大国，今天如果有谁专门搜集阴暗面，每天在报纸上登一百条，容易得很！……虽然其中每一条可能都是真实的，但如果谁说这就是代表今天中国社会主义社会的整个画面，那就不真实了。当然，如果反过来硬说我们今天的社会，到处都是光明实在好得不得了，一点阴暗面都没有，一条缺点也没有，那也不真实。”不同特色的报纸，在报道的点与面的平衡上，有不同的要求。

综合性报纸和专业性报纸：综合性报纸要求全面地反映社会生活，如政治、军事、经济、文化、艺术、教育、卫生、体育等方面。现在绝大多数综合性报纸设置了各种版组，开辟了各种专刊，就是为了全面地反映社会各行各业。编辑在选择稿件时，要适当平衡各个方面的稿件，不能一味地为了商业利益而让娱乐新闻、专版专刊挤占时政、经济、民生新闻的空间，同时也要防止由于版面过多而出现刊登雷同稿件的现象。专业性报纸是以特定专业为主要报道对象，它不必像

① 《南方周末》1992 - 03 - 02/1993 - 03 - 26

② 《南方周末》1998 - 01 - 23/1998 - 10 - 02/1999 - 08 - 27

综合性报纸一样全面反映各方面情况，但在它的专业范围之内，也存在一个报道内容平衡的问题。首先是要“专”，“专”才能体现报纸的专业性，一般来说，体育报不会有关于音乐会的报道，而计算机报也很少有关于体育赛事的预告；其次在“专”的基础上要有大视野，要能观照到整个行业局势。

全国性报纸与地区性报纸：全国性报纸的关注视野是全国范围，但是，当某一个省或者地区出现重大事件的时候，它的报道重点就在该省或该地区了；而地区性报纸的关注点在当地，但是对于有关国家的重大事件或者其他地区的重大事件，它也应该给予足够的关注。

媒体特色是编辑选择稿件的第三张过滤网，如果媒体坚守了这种选择，就容易形成自己独特的个性，新闻同质化现象也就可以避免了。

通过三张过滤网的筛选，新闻进入版面（或频道）的最后一道门槛就是新闻的真实性。之所以把新闻真实性的考察放在最后，是考虑到选稿时间的限制与调查核实条件的局限。所以，一般来说，对稿件真实性的判断放在改稿时进行比较合适。当然，实际工作中，编辑对稿件的判断与选择往往是综合各类标准考虑的，以上衡量标准并不截然分开。

思考与练习

1. 在选择新闻稿件时，我们要对稿件进行哪些方面的判断？
2. 什么叫新闻价值？稿件的新闻价值体现在哪些方面？举例说明。
3. 编辑在判断稿件的新闻价值时，应该怎样进行综合考虑？
4. 什么叫新闻的社会效果？如何对稿件进行社会效果的分析？
5. 根据媒体的特色选择稿件要注意哪些方面？
6. 你如何看待当前媒体受众定位趋向“强势群体”的现象？
7. 从媒体特色的角度谈谈在选择稿件时如何尽量避免新闻同质化现象？
8. 为什么编辑选稿时一般把新闻的真实性放在最后考虑？

第六章 新闻稿件的修改

本章重点

□订正事实
□修正观点
□常用的改稿方法
□稿件修改的可读性

茅盾曾赞誉编辑是“披沙拣金”的无名英雄。确实，一个高明的编辑就如同一个淘金者，能从大量的污泥杂沙中发现闪光的金子，并通过千淘万滤、提炼打磨，让金子发出耀眼的光芒。发现金子好比新闻稿件的选择，而提炼金子好比新闻稿件的修改。从整个新闻编辑的流程来看，新闻稿件的选择是一种粗选，新闻稿件的修改则是一种精选，也就是说具体的去粗取精、去伪存真、锦上添花、画龙点睛的工作，是在新闻稿件的修改阶段进行的。

稿件的修改有两种情况：绝对性修改和相对性修改。绝对性修改是改正差错，如稿件的事实有出入、观点有问题，这种修改无论在何种情况下都是必需的。相对性修改是为了适应媒体的特定要求，如符合媒体特色、适应版面容量而进行的改动，因而在不同的情况下，这种修改可能有所不同。编辑在修改稿件的时候，这两种情况的修改都是必不可少的。

第一节　改稿基本任务

编辑的基本修改任务主要有二：第一项任务是改正差错。真实准确是新闻的生命，新闻媒体的立足之本就是准确地传播事实。然而近几十年来，随着传播技术的发展，对报道的时效性要求越来越高，报道的差错率也在不断增高，加之媒体规模急剧膨胀，人员流动更新加快，假新闻也防不胜防。订正事实、修正观点就成为编辑一项越来越艰巨的任务。第二项任务是修饰文章，通过调整结构、润饰文字，编辑可以让新闻事实得到更好的体现。下面将从四个具体方面来对这两项基本任务进行分析：订正事实、修正观点、调整结构、润饰文字。

一、订正事实

新闻事实要真实准确。订正事实首先要判断事实是否真实，经过仔细判断或者调查核实属于事实虚假的新闻，不能选用；其次对于那些事实真实，但表述方面有错或不准确的新闻，要仔细订正其中的差错，防止错误流传。

1. 真实

真实指的就是新闻报道中每一个具体事实必须合乎客观实际，即表现在新闻报道中的时间、地点、人物、事情、原因、经过都要经得起核对；不仅如此，新闻还要反映事实全面的真相，即要把事实放在全局中去考察。

完全虚构事实的新闻不多，大多数新闻都是真假掺杂，因此更难以辨别。面对手中的稿件，编辑要习惯于用质疑的眼光去审读，才不会轻易上当。以下方法有助于编辑识别新闻事实的真假。

（1）消息来源考证

消息来源也叫新闻来源，是指新闻从何处获得，又称新闻出处。[①] 对于记者、编辑而言，引述消息来源不仅可以保护记者、编辑免受诽谤之嫌疑，也表明它们是真实的，从而实现它们特定的修辞功能和效果。[②] 西方国家的新闻媒介大都有明文规定：所有新闻都要交代新闻来源。交代新闻来源的最大目的是让受众了解新闻的权威性和可靠程度。因此，判断事实真实性的一个重要途径就是考证其消息来源。英国《金融时报》对消息来源有严格的规定：编辑必须检查消息来源，只有在确认报道的真实性后才能签发上版。事实或言论越有杀伤力或争议，就越要求标明出处。

对待以下消息来源，编辑尤其要慎重：

①消息来源不明。尤其是在一些关键环节和关键引语上，说不清楚消息来源，只以“据悉”、“据透露”、“据认为”、“坊间称”等代替。

②匿名来源。国外有些报刊主张全面禁止匿名来源，或者一篇报道中不能超过两个匿名来源。我国一些新闻单位也规定，稿件除非常特殊的情况外，应尽量不用匿名新闻来源。因此，当编辑遇到新闻中有“王先生”、“黄某”之类的匿名来源时，一定要向记者了解清楚：是谁说的？身份如何？以确保事实的真实。当然，涉及一些不宜公开报道其姓名、身份的内容，可以使用匿名来源。目前，很多新闻来源并不需要匿名而采用了匿名，这就让假新闻有了可乘之机。

③权威性不够的消息来源。权威性消息来源一般来源于专业人士或现场目击者。专业人士就该领域发表的意见要比外行的评价具有权威性。因此，如果消息来源不够权威，产生虚假信息的风险就相应增大。

④转载其他媒体的新闻。首先，转载过程中信息可能会出现变形、遗漏等，需要特别予以核实。其次，现在网络在新闻信息的传播中发挥着重要作用，它反应迅速，但把关性不强，编辑对于转载来自网络的信息尤其要谨慎。

（2）新闻要素查证

新闻要素是指构成新闻必需的材料，包括发生新闻的主角（Who）、发生的事情（What）、发生的时间（When）、发生的地点（Where）、发生的原因（Why），简称为“5W”。后来有人提出另一个要素：结果（How）。“传统的五

① 李良荣．新闻学概论．上海：复旦大学出版社，2007.33

② ［荷］梵·迪克．作为话语的新闻．北京：华夏出版社，2003.87－90

个W和一个H，是还原事实时一般要具备的。”[①] 新闻五要素必须具体、确凿，可以查证，这样才能体现出新闻的真实性。“所谓可以查证，就是指人们看得见、摸得着、感受得到，有根有据。”[②] 凡是新闻五要素含糊其辞、无法查证核实的，编辑就要引起警惕，否则就有可能为假新闻打开方便之门。一则报道的新闻要素缺失，不论是记者无心失误还是有意造假，编辑对此都要多加追问，直到弄清楚为止。2007年11月20日《南方都市报》社区版有一则小新闻就存在新闻要素含糊不清的问题。

贪玩扎耳洞　错失10万元

征兵体检不过关，大学生阿榆与老爸重奖失之交臂

本报讯（记者　吴志玲）　男孩阿榆最近很郁闷。因为两年前贪玩扎耳洞，使他在征兵体检中被刷了下来，爸爸允诺的10万元重奖也成了泡影。

20岁的大男孩黄宝榆是在校大学生。今年冬季征兵，阿榆的爸爸强哥为了鼓励儿子当兵，当场允诺当兵回来给10万元的奖励。“让他出去好好磨炼一下，省得在家总是衣来伸手，饭来张口。”强哥说。

女朋友阿丽更是双手赞成，“总算能让他远离电脑游戏啦”。在全家人的支持下，阿榆积极去报了名。“当兵很好啊，可以磨炼自己，老爸还有重奖”，阿榆自己也上了心。

上周二，阿丽陪着阿榆去医院参加体检。看着同是参加体检的100多号年轻人，阿榆信心很足。阿榆身高1.78米，体重70公斤，长得端正靓仔，“说不定我是这100人里的佼佼者”。

谁知道医生一来就问“谁有扎耳洞?”阿榆不在意地举手，随即第一个被刷了下来。又意外又失望，阿榆回到家。爸爸强哥“跌埋心水”，妈妈好姐赶着问“点解?”得知因为耳洞，好姐说，“早估到啦”。

两年前看到阿榆穿的耳洞，好姐就预言以后可能没办法去参军了。两年前，阿榆还在上高中时，觉得戴耳环“很型，有个性”，就在右耳穿了两个耳洞。没料到因为小小耳洞，跟参军的机会和10万元奖励失之交臂。

这则新闻的时间、地点都没有交代清楚：什么时候发生的？阿榆是哪所大学的学生？在哪个医院做的体检？这些问题无法查证，读者有理由对它的真实性表示怀疑。编辑对于这样的新闻放行是要冒风险的。

---

① 韩松，黄燕．当代报刊编辑艺术．上海：复旦大学出版社，2006.120

② 李良荣．新闻学概论．上海：复旦大学出版社，2007.26

（3）内容的逻辑分析

首先，虚假新闻多半在细节上经不起严密推敲，难以自圆其说，或者有悖常理。近年来，有名的假新闻有《斗智斗勇：女记者与“狼”共穴61天》、《家庭连环悲剧猪吃娃》、《男子游悉尼因好色两肾被偷》、《千年木乃伊出土后怀孕》等，细看都能发现其中情节离奇、不合常理，具有基本常识并善于质疑的编辑都能看出其中破绽。《千年木乃伊出土后怀孕》首发于国外的超级市场小报，2002年11月7日由新浪网转载，内容明显荒诞，但是仍有一些媒体加以转载。

美传媒称千年女木乃伊出土后怀孕

据美国《世界新闻周刊》报道，一埃及考古小组今年三月在开罗发掘出一具已逝世超过三千年的经防腐处理女木乃伊。但该学院负责人塞尔德最近获得一个惊人发现，证实这具木乃伊竟在出土后怀孕，至今其腹中胎儿看来已有八个月，经超音波检查后得出胎儿正常成长。该学院看守人西塔尔被指是胎儿的父亲，而他也承认自己难以抗拒女木乃伊的美色，不禁对她表达爱意。

这个估计将在不足两个月后临盆的木乃伊，现时存放在学院内。塞尔德表示，他们从未想过木乃伊竟可怀孕，但事实却又发展到如此不可思议的地步。以塞尔德为首的研究员肯定，这具女木乃伊在被发现时没有怀孕的迹象，他们安排了西塔尔负责看守她。

西塔尔坦承，这具女木乃伊对他产生一股难以抗拒的吸引力，是他心目中的可爱美人。为此，西塔尔竟向木乃伊表达爱意，并觉得她对其爱的呼唤作出响应。

据分析，这具女木乃伊应当生存于公元前1206至公元前924年的时代，其皮肤、肌肉组织和血管仍然存有。塞尔德估计这名女子死于24岁左右，应当来自上层社会甚至王室贵族。不过，他无法确定这具木乃伊的真正身份、死因和亲属安排特别安葬方式的目的。

塞尔德表示，这具木乃伊已死去三千年，但她仍能受精怀孕，或许，浸泡这具木乃伊的液体具有神奇功效，竟可令她在死后几千年仍可怀孕甚至生育。木乃伊体内胎儿稳定发出心跳，而且经过检查后已断言胎儿是一名女婴。

木乃伊的陪葬品有不少是婴儿用品，似乎显示她的家人寄望她来世有机会做妈妈。

http：//www. sina. com. cn 2002年11月07日　16：46 新浪科技

2002年11月8日，南京博物院院长徐胡平研究员接受《扬子晚报》记者采访时，对该新闻的评价是12个字：惊天之作，违背常理，不可思议。他表示，木乃伊已经过古代人为防腐处理，其大脑、内脏均已拿掉，人体活的细胞已不复存在，而且木乃伊只有在干燥的特定自然环境中才能存在，怎么可能受孕？南京妇幼保健医院生殖不孕中心李红霞主任医师也指出，“怀孕”必须具备几个最基本的条件：女性卵巢功能正常、体温正常，以及具有维持胚胎生命的液体、激素等，而木乃伊只是一个“标本”，已经没有生命了，根本不能提供怀孕的基本条件，又怎么能怀孕呢？

如此经不起推敲的新闻居然上了媒体的版面（频道），编辑的质疑精神确实值得怀疑。

其次，内容前后矛盾的新闻也要引起编辑重视，这样的新闻中往往隐含着虚假成分。有学者对于可疑性稿件作出以下总结，编辑遇到这些稿件时一定要反复推敲、核实：

①情节离奇又过分巧合的稿件；

②文艺色彩极浓、文字过分生动的稿件；

③赶浪头、时效性特别强、报道口径特别准的稿件（政策文件今天下来，第二天稿件就到编辑部）；

④来自基层作者写的全局性稿件；

⑤来自甲地作者写的有关乙地的稿件；

⑥语意含含糊糊、口气吞吞吐吐的稿件；

⑦转抄、转载甚至反复转抄、转写的稿件。①

对于可疑的稿件，编辑一定要通过各种渠道进行调查核实，如向记者质疑或者要求他再深入了解情况，通过电话或电子邮件联系当事人或者熟悉情况的人，确认事实真伪。

2. 准确

多数新闻的事实真实，但在一些具体的表述上可能有误，或者不够科学，编辑的火眼金睛一样不能放过这些细微的差错。特别在人名、地名、职衔、机构、称谓等方面，有时候差之毫厘，将谬以千里，如“摩洛哥”和“摩纳哥”，虽只一字之差，却远隔万里，一个在欧洲，一个在非洲。据说清代乾隆年间，有个翰林把“翁仲”误写成了“仲翁”，乾隆批以诗云：

翁仲如何做仲翁，十年窗下少夫功。
如今不许为林翰，罚去江南作判通。

---

① 叶春华，连金禾．新闻采写编评．上海：复旦大学出版社，1996. 249

乾隆以诗讽刺了这个不用心的翰林，并把他降职为“通判”。一字之差，这个翰林损失惨重。

1996年山东省莒县法院和该院院长起诉国内几家新闻媒体及记者，也是由“一字之差”引起的。原告称《法制与新闻》杂志于1995年第5期刊发了《戏说“黑社会”》一文（1996年3月1日，《中国贸易报》也刊发了该文）侵犯了其名誉权。文中写道：

前几天在电视中看到山东莒县非法扣押人质后，那个县的法院院长在面对记者话筒时的一副嘴脸，可以想见他平时在上司以外的人面前会是何等骄横跋扈而又无赖。

原来，“莒县法院”系“莒南县法院”之误。一字之差引来一场官司，“文章千古事”，这是一个应该吸取的教训。

此外，编辑也要注意稿件中是否存在以下问题：

①过时、淘汰的习惯用语与不规范的表述方式，如过去常用的“洋油”、“洋灰”、“伙夫”等，今天已经改为“煤油”、“水泥”、“炊事员（厨师）”了。一些译名和计量单位，国内有统一规定的，要按照通用规范使用，如“星加坡”（港台称法）统一写成“新加坡”，“纽西兰”写成“新西兰”。《国务院关于在我国统一实行法定计量单位的命令》中明确规定长度单位以“米”计，过去常用的长度计量单位“尺”、“寸”现在已很少用。

②不科学的表述。新闻稿中往往有些内容会涉及自然科学知识和社会科学原理，编辑要特别注意这些内容的表述是否科学。如一则社会新闻报道一小偷翻窗入室偷窃某中学的电脑，文中有这样的表述：

大肆偷窃电脑软件，在二十九台电脑内窃取了386型内存条五十八根，420M硬盘三片等电脑软件。

这段文字存在表述不科学的问题，电脑软件指的是程序，而内存和硬盘是电脑的硬件。小偷盗窃的是电脑的硬件，用电脑软件来表述就是错误的。

③前后文不统一的用法。一篇稿件或一组稿件中的数字、名称等的写法要前后一致。如：

10多年来，“菜篮子”工程的日渐丰盛，为改善百姓饮食习惯和营养结构提供了充足条件。资料显示，实施“菜篮子工程”的十四年间，是我国城市居民饮食水平提高最快的时期。

这段文字中，“10多年来”和“十四年间”数字前后写法不统一，“‘菜篮子’工程”和“‘菜篮子工程’”写法不一致。

在对稿件进行差错订正时，编辑常需要借助各种权威性资料来对照，尤其是稿件中有关历史、地理等方面的事实差错，很多就是通过这种方法来发现和纠正的。当然，使用资料核对稿件纠正差错时，要确保资料的权威性和正确性，并且最好直接用第一手资料，资料也需要最新的。

二、修正观点

1. 修正观点的重要性

先来看一段文字：

读硕士学位时，高而威和同学们在国内首创了动物体外观察细胞组织的实验，大大推进了生物实验的水平。一天早晨，他的导师推开实验室的门，见到高而威躺在地上，身旁还有一盆煮白鼠。老先生吓坏了，大声叫起来，高而威才一个打挺跳起来。原来，他已经48小时未离开实验室了。饿了就把做实验用过的白鼠煮熟，粘着盐充饥，困得不行才打了个盹。导师不禁老泪横流了：“你不知道这里有同位素吗？要影响身体啊！”高而威怎能不知道呢？白血球降低、脱发、浑身无力，这是他亲身感受得到的呀。可他没把此放在心上。在读硕士和博士期间，高而威完成了12篇科研论文，13篇综述论文，其中5篇被美国《化学文摘》转载。①

这是发表于1988年11月11日某报的一篇新闻《选择只有一个》中的片断，新闻报道了一个叫高而威的博士后的拼搏历程。为了表现主人公刻苦忘我的精神，作者把一些常人难以认同、无法接受的事实都写进来：主人公为了做实验，48小时没有离开实验室，不怕受同位素影响不说，竟然煮食白鼠！虽然“白血球降低、脱发、浑身无力”，但高而威取得了非常优秀的成绩：“12篇科研论文，13篇综述论文，其中5篇被美国《化学文摘》转载。”很明显，作者对高而威流露出的是褒扬之情。然而，高而威的行为值不值得提倡？答案当然是否定的。一个医学博士，不懂得保护自己的身体，明知道实验室有同位素影响而置之不顾，不管白鼠有没有被污染也拿来充饥，他取得的成绩再大，也起不到积极的示范作用。因此，该新闻的观点是值得商榷的。

① 郑兴东，陈仁风．不要这样写——对百篇新闻写法的商榷．北京：中国人民大学出版社，1990. 23

对于这些事实虽然真实准确，但体现的观点或看法不正确的新闻，编辑也要善于进行修正。关于如何推敲主题、改变角度，以修正错误观点或使观点更为深刻、独特，将在下节的改稿方法中谈到。

在修正稿件观点的时候，有一个问题尤其需要编辑注意，那就是新闻稿中的政治性差错。政治性差错指的是一些导向性的或与党和国家的路线、方针、政策不相一致乃至相违背的错误观点和提法，如借反思改革来否定改革，弄错国家领导人的职务，将“中国”与“台港澳”并列，将一些国家与台港澳并称“等国”，等等。这些错误一旦出现，新闻管理部门对当事人的问责也是非常严厉的。媒体对这类差错都非常重视，在规章制度中都强调要杜绝这类差错的出现。新浪网出台的《新浪网编辑手册和主页推荐规范》就明文规定：“不得选用与中央宣传口径不一致，中伤我国，不利于祖国统一，攻击党、政府和国家领导人，违反民族宗教外交及其他政策，以及宣扬封建迷信、色情、暴力和明显失实、泄密的稿件，选稿时要通读全文，绝对保证无上述内容。”

2. “更正”制度

尽管编辑采取了种种严格的办法，然而差错可能仍无法避免，为此，媒体常常需要采取补救措施来消除未尽的差错，很多报纸为此专门设有“更正与说明”栏目。如《纽约时报》的“更正栏”（Corrections），一般在第2页“新闻简要与索引”下面的显要位置。该“更正栏”不仅更正新闻报道、文章、图表、图片注释中的事实错误，也更正讣告、电视新闻、广告中的事实错误。任何错误只要被发现并证实是错的，就会被该报编辑及时地予以更正。指出错误者可能是本报社的雇员，也可能是来自其他媒体、新闻研究机构、社会团体、读者等组织或个人。我国《新京报》、《南方都市报》等近年来也开始实行这种纠错机制。《南方都市报》A02版右下角专开了“实事求是”栏目用于纠错。该栏目由“文字更正”、“事实纠错”（或“说明订正”）和“差错举报联系方式”三部分内容组成。“文字更正”针对文字和词语方面的错误用法，“事实纠错”（或“说明订正”）针对事实方面的出入。以2007年12月28日的更正为例。

文字更正：

1. 12月27日A03版（编辑卫志凌　校对于晓、丰卫平）“关键词”《陵园从商》第16行，“泉下有之”应为“泉下有知”。

2. 12月27日广州新闻A39版《楼价大震荡　反价频繁成交难》一文（编辑邹高翔　校对李尚开）第3段第7行，“价差一半不会……”句中“一半”应为“一般”。

3. 12月27日深圳新闻A44版《送餐员也有护花使者》一文（编辑左志红

校对丰卫平）第3段第12行，“表场”应为“表扬”。

说明订正：

1. 本报12月20日深圳新闻A42版《ANNA 惊世骇俗 葬礼上的婚礼》一文（记者刘晓燕）第8段中，“起诉深圳市二医院医疗事故索赔60多万元”应为“起诉深圳市人民医院医疗事故索赔20多万元”，此外，关于ANNA将招国华的骨灰带回出租屋的表述与事实不符，特此更正。

2. 12月27日广州新闻A62版（编辑江玲 校对于晓），因有关人员疏忽致使“世界城市今日天气”与“国内城市今日天气”表头位置颠倒，特此向读者致歉。

纠错机制体现了媒体实事求是的态度和有错就改的勇气，最大限度地减少了差错所带来的影响，它不会影响媒体的形象，反而会让媒体赢得受众更多的尊重。

三、调整结构

新闻稿件修改的另一项重要任务是修饰文章，让新闻事实得到更好的体现。追溯其原始意义，“文”与“章”是两个单音节字，均指作用于人的视觉、引起美感的概念。大约出现于春秋末期的齐国官书《考工记》，其论“画绩之事”时，从色彩美的角度，谈到“文章”的由来：“画绩之事，杂五色……青与赤谓之文，赤与白谓之章，白与黑谓之黼，黑与青谓之黻，五采备谓之绣……”即在绘画或刺绣上，青与红相间的花纹叫“文”，红与白相间的花纹叫“章”。可见，“文”与“章”最初是同义词，均指错综华美的色彩或花纹。“文章”作为一个词语，表达“书面文辞之意”，直到汉代才流行开来。

刘熙《释名·释义》篇云：“文者，会集众采以成锦绣，会集众字以成辞义，如文绣然也。”以书面的言语辞令之“会集”而“如文绣然”者为“文章”，传统的“文”的观念实现了重点的转移，礼乐为“文”、衣饰之“文”等观念逐渐淡化，“文”的审美意向重点指向言语辞令。刘勰说：“圣贤书辞，总称文章，非采而何厂。”（《文心雕龙·情采》），即文章要讲究语言的艺术性，追求语言之美。

“章”后来引申出文采显现之义，与“彰”同，然后衍生出“结构、条理”之意。《考工记》说画家“杂四时五色之位以章之，谓之巧”，此“章”意谓各种色彩的组合有序地“相次”，呈现如音乐一样的节奏美、韵律美。《易·艮》“言有序”、“不成章则不达”，意即言语、文字需经巧妙的组合、结构，才能使人乐于接受。东汉末荀悦所说“章成谓之文”（《申鉴》）即使用了结构（后谓之“章法”）条理之义。

修饰文章首先要调整结构。按梅尔文·门彻的观点，新闻常用的结构有倒金字塔结构和讲故事结构。[①]

（1）倒金字塔结构

倒金字塔结构，简言之，就是把重要的材料放在开头，最不重要的材料放在结尾。这种结构突出的优势在于能让受众以最快的速度获知最新、最重要的事实，而且有利于编辑修改稿件。时间紧迫的时候，编辑可以从最后的部分开始删除，新闻的主要内容不会受影响。但它也有明显的缺点：缺乏条理性，文采不足，难以体现个性。关于肯尼迪遇刺的一则新闻就是典型的倒金字塔结构。

路透社达拉斯（1963年）11月22日电 急电 肯尼迪总统今天在这儿遭到刺客枪击身死。

总统与夫人同乘一辆车中，刺客发三弹，命中总统头部。

总统被紧急送入医院，并经输血，但不久身死。

官方消息说，总统下午一时逝世。

副总统约翰逊将继任总统。

（2）讲故事结构

按事情发生的顺序讲述，高潮出现在新闻的最后，也就是通常所称的“金字塔结构”。这种结构突出的优点是能把读者吸引到有趣、让人开心或兴奋的事件报道上，缺点是遇到版面不足而需要删减时，编辑必须设法在报道的主体部分加以删减，这样才不会对新闻报道的完整性产生太大的影响，因为主体部分通常呈现的是人物或事件的历史背景。此外，讲故事结构的新闻需要关注首尾的呼应，如报道以某一人物开始，结尾也应以这一人物收尾。文章结尾是全文最精彩的部分，应该和导语紧密结合。如：

3岁的拜伦·哈尔波特是个好奇心强的小家伙，本周二，在他妈妈离开家送女儿上学之后几分钟，拜伦就把二层楼的窗子打开了。

他探着身子往外瞧，结果一下子失去了平衡，从窗口摔了出去，所幸的是他用手指抓住了窗户，这时，他离楼下的水泥路面有20米。

就在这时，一辆警车从这里驶过。警官威廉·瓦尔森一瞧大事不妙，赶紧跑了过去。小孩松了手，刚巧被警官用手接住。孩子安然无恙，但吓得大哭。

---

① ［美］梅尔文·门彻．新闻报道与写作．北京：华夏出版社，2003. 161～162

这则新闻按事情发展的顺序一一道来，高潮部分放在最后。随着事态的发展，读者的情绪一步步被调动起来，一直到最后，读者心头的石块才落地——小孩安然无恙，虚惊一场。

“报道的结构依据事件的性质而定”①，倒金字塔结构适用于突发性的新闻事件。假如新闻报道的是一场导致几十人死亡的车祸，那么就必须以死亡的消息开头，这种消息是不能延迟的。讲故事结构则适合于大量具有故事性、戏剧性、人情味的新闻，读者看这类新闻，或被故事所吸引，或被悬念所驱使，最后推出的高潮往往可以让他们获得很大的满足，如在特写或纪实类新闻题材中，就常用讲故事结构而不用传统的新闻报道结构。讲故事结构现在已经在很多媒体中被使用并取得了成功，这种结构目前越来越受媒体重视。美国《60分钟》、中国《南方人物周刊》等，都是以讲故事的魅力取胜的。

当然，“定体则无，大体须有”。新闻要遵循一定的结构模式，但又不要拘泥于结构模式。模式是对真实世界理论化和简约化的表达方式，而世界是丰富多彩的。所以结构模式应该为内容服务，也就是说，内容决定形式。除了以上新闻结构，还有倒金字塔与金字塔结合式（工字式）、自由式、散文式等，不一而足，编辑可以根据内容的需要给予新闻最好的结构呈现。

四、润饰文字

别林斯基说哲学家用三段论法，诗人用形象和图画说话。那么，新闻工作者用什么说话？就是用具体的叙事语言来反映世界。新闻语言是一种白描性的语言，这是它的主要特征。② 所谓白描，就是运用质朴的文笔，力避浮夸、做作，简练而直接地勾勒出事物特征的一种表现手法。海明威为《堪萨斯城明星报》报道治安法庭时，他习惯把笔记本带回家，然后一个小时接一个小时地简化证人的证词，直到他能用几个字把握证据的实质。这种训练，形成了海明威文章的平实风格，如在《永别了，武器》中，弗雷德里克把护士从凯瑟琳死去的房间里推出去，这样他就能和她单独待着。

但是，在我把他们赶出去，把门关上，关了灯之后，情况并未好转。我就像是在对一个雕塑说再见。过了一会，我走出来，离开了医院，冒雨走回旅馆。

马克斯韦尔·盖斯马尔认为海明威的这种平实风格，是对“事情本来面目”

① ［美］梅尔文·门彻．新闻报道与写作．北京：华夏出版社，2003. 164
② 艾丰．新闻写作方法论．北京：人民日报出版社，2004. 234

的原原本本、实实在在的描述。而还原事实本来面目，就是新闻报道的最高追求。

既然新闻语言的主要特征是白描性的语言，那么，在具体的新闻稿件中，编辑对文字进行加工修饰时，除了确保其准确外，还要注意其文字表达的具体、简明、通俗、生动，也就是说，要重视新闻的可读性。有关问题将在下面两节中详述。

第二节　常用改稿方法

刘勰在《文心雕龙》中说："改章难于造篇，易字艰于代句。"编辑从事的正是这种改章易字的艰苦工作。面对一篇稿件，编辑要从字、句、章、主题各个角度着眼，综合运用各种改稿方法，或者妙手回春，或者锦上添花。所以，人们称编辑是作品的"助产婆"。

新闻编辑常用的改稿方法有删节、增补、改写、分篇、综合。

一、删节

对文稿进行删节也是一种高超的艺术，其难度绝不亚于写作。列夫·托尔斯泰曾说："对于敏感而聪明的人来说，写作艺术之所以好，并不在于知道要写什么，而是在于知道不需要写什么。任何出色的补充也不能像删节作品那样大大改善作品……"①

修改新闻稿有三种情况要用到删节的方法：一是稿件中有差错的部分，需要删节；二是使稿件简洁或者限于版面空间，需要删节；三是出于媒体特色，需要删节。下面我们主要探讨后两种情况：

1. 稿件冗长重复，应大刀阔斧地删削

有些新闻稿件空话、套话太多，文风不正，经过编辑修改后，字减而意留，言简而意明。

以下是一篇新闻原稿的部分段落：

① 古典文艺理论艺丛编辑委员会．古典文艺理论译丛．北京：人民文学出版社，1961．197

北京市技术市场持续稳定发展

……

日益深化的科技体制改革，也使科研院所打破以往闭门造车的旧格局，以生产需要为导向，以技术市场为导向。一些科研院所以技术市场合同登记为手段，主动找用户，找买方，变被动为主动，技术市场更为活跃。1990年，北京市属科研院所围绕为本市本行业进步和产品结构调整服务这一主要任务，进一步调整科研力量，面向技术市场，抓好课题层次结构的优化。市化工院向化工八厂转让两项新产品，创产值2 325万元。市日用化学研究所为丽源公司开发的新原料“聚氧丙烯丁基醚”，是“华姿”发露的主要原料。该原料取代进口，投入生产，为国家节约大笔外汇。

北京市一方面加强日益活跃的技术市场管理，一方面以优惠政策鼓励技术交易。该市规定，在技术交易中，“卖方可从技术交易净收入中提取15%的费用奖励直接参加技术研究、开发、服务和促进技术交易人员”。这一优惠政策，使北京地区的科技人员每年共获得1.1亿~1.2亿元奖酬金。

技术市场调动了广大科技工作者的积极性，也促进了科学技术向生产的转化，推动了国民经济的发展。据统计资料表明，北京市成交的技术商品，进入工矿企业的占60%以上，而且大中型企业所占比例越来越大。

经过编辑删节后的见报稿段落如下：

北京市技术市场持续稳定发展

……

科研体制的改革，使技术市场更为活跃。1990年，北京市属科研院所围绕为本市本行业进步和产品结构调整服务这一主要任务，进一步调整科研力量，面向技术市场，抓好课题层次结构的优化。另一方面，北京市以优惠政策鼓励技术交易。“卖方可从技术交易净收入中提取15%的费用奖励直接参加技术研究、开发、服务和促进技术交易人员。”这一优惠政策，使北京地区的科技人员每年共获得1.1亿至1.2亿元奖酬金。技术市场调动了广大科技工作者的积极性，也促进了科学技术向生产的转化，推动了国民经济的发展。

相比较而言，原稿开头那段文字内容空泛。“打破以往闭门造车的旧格局”，“以生产需要为导向，以技术市场为导向”，“以技术市场合同登记为手段”，“变被动为主动”，都是泛泛而谈，不具体、不实在，而新闻恰恰又忌讳这一点，所以这些套话可以全部删除。

编辑删除的另一方面的内容，就是不能说明问题的例子和重复的材料。原稿列举的两个例子：北京市化工院和北京市化学研究所事例，与该段要阐明的观点联系不紧密，且没有把内容写清楚，读后让人感觉莫名其妙。原稿最后一句“据统计资料表明，北京市成交的技术商品，进入工矿企业的占60%以上，而且大中型企业所占比例越来越大”与稿件第一段（已省略）重复，也应该删除。

2. 因版面或时间限制需要删节

有些稿件本身没有问题，但因版面或时间的限制需要删节。这类稿件删节时要十分慎重，决不能把重要内容删掉，同时也要注意，不要把生动有趣的内容删掉。如：

南斯拉夫丘利亚克姐妹俩在零下十摄氏度的冰天雪地里待了七天七夜，却奇迹般地活了下来。她们1月6日从家里出发，步行返校。途中由于雪大，迷失了方向，不幸落入十多米深的一个洞穴里。

这是一篇经过删节的短新闻，但读者看后会感觉到“遗憾”，因为最重要的材料（姐妹俩究竟是怎样“奇迹般地活了下来”）没有了。

3. 因特色问题需要删节

这类稿件本身也没有问题，主要是因为其中某些内容已被其他媒体报道过，需要删节；或者由于媒体特色（综合性报纸与专业性报纸、全国性报纸和地区性报纸）不一样而需要删节。处理这类稿件要注意的是，删节时应充分保留适合本媒体特色的信息（尤其是细节），同时可以适当增补一些字句，以保持上下文语意连贯。在删节时决不能伤及新闻原稿的文意与内容。

二、增补

有删就有增。增补，就是增加、补充原稿所缺乏的内容。原稿中可能存在的美中不足有：事实不够完整，叙述不够清楚，情节过于简略，议论稍欠深刻。编辑如能适当加以补充，往往能起到画龙点睛的作用。增补的内容一般有以下三个方面：

1. 说明性材料

对新闻中涉及的人物历史、地理环境、历史演变等材料进行介绍说明，能让读者更好地理解新闻内容。

以下是一则题为《并州刀剪誉五洲》的短新闻：

誉满五洲的山西并州刀剪已成为我国外贸出口的热门货。今年，已有24个国家和地区订了货，总数超出了100万把。并州刀剪已有1 700多年的历史。这里的能工巧匠们继承古代山西冶金锻造技术，选用高级钢材精工锻制，刀剪锋利耐久，美观大方；剪刀用以剪毛不沾毛，厨刀用以剁肉不带肉。

这则新闻短小精悍。如果能把杜甫《戏题王宰画山水歌》赞美并州剪刀的名句“焉得并州快剪刀，剪取吴松半江水”补以文尾，不仅能增加该文的文采，而且在对外贸易的宣传上也是很有说服力的。杜甫诗句可以说是一种历史资料的补充，从诗中我们可以了解到，并州剪刀历史悠久，而且锋利灵巧，在古代已经很有口碑。

2. 解释性材料

对新闻中一些涉及科技、经济、艺术等方面的知识和名词进行解释。这些知识和名词由于专业性太强或者受众平时较少接触，因而需要特别予以说明。如：

浦东磁悬浮铁路轮廓初显

新华社上海（2002年）1月20日电（记者吴宇） 没有媒体的声张，没有平常建设工地的喧闹，世界上第一条投入商业运行的高速磁悬浮铁路正在平静中快速推进。

记者看到，10个月前还是一片农舍田地的龙阳路地铁站旁，已矗立起一座钢梁穹顶的巨型建筑；以此为起点，一排混凝土高架拔地而起，蜿蜒伸向30公里外的浦东国际机场；驱动磁悬浮列车的关键设备——轨道梁，正被龙门吊轻舒猿臂，一根根铺设到位……仿佛是不经意间，全球瞩目的浦东磁悬浮铁路已轮廓初显。

据上海磁悬浮交通发展有限公司夏国忠介绍，从2001年3月开工至今，浦东磁悬浮项目的线路下部结构、龙阳路车站、维修基地和两个牵引变电站的土建工程已基本完成，中方负责的制梁基地已生产出500多根轨道梁，占工程所需总量的1/5，从德国蒂森克虏伯等公司引进的设备已到货5 400多吨。

然而，浦东磁悬浮项目迅速“启动”以来，却极少在媒体露面，显得异常平静。对此，夏国忠解释说，由于浦东项目是磁悬浮技术第一次投入商业运营，有大量意想不到的复杂问题需要协调处理，同时，作为一项具有探索试验性质的技术引进工程，浦东磁悬浮项目投资高达近百亿元人民币，其成败对中德两国经济界、科技界至关重要，因此，凡事论证再论证，谨慎再谨慎，少说多做，成了中德双方共同遵守的原则。双方都在默默努力，实现一个共同目标：2003 年初，让浦东高速磁悬浮列车顺利“飞”起来。

2002 年，“磁悬浮列车”对于大多数中国人来说还是很陌生的一个概念，这种高新技术直到现在都还没有普及。这则新闻如果能对“磁悬浮”这个技术名词作一个解释，相信大多数读者心中的疑团会烟消云散。

3. 回叙

回叙多用于连续性报道，指在后续的稿件中对前面已发表的报道内容作简要复述。有了回叙，没有看过前面报道的读者也能顺利地理解新闻内容。

2006 年 9 月 15 日《南方都市报》有两则连续报道的新闻：《双双辞世老夫妇火化》、《朱琪审核代爸爸：只对我感兴趣的我没兴趣》。前一则新闻对以前发生的事情有回叙（见画线部分），读者很容易理解本次报道的内容；后一则新闻则过于简略，朱琪为什么要招聘代爸爸是读者想知道而又无法弄明白的地方，但新闻并没有回叙，读者因而留有疑问。

双双辞世老夫妇火化

警方扣留一肇事车，正追查车主

本报讯（记者周松柏）　本报 9 月 13 日报道了湖南邵东人罗自来老夫妇因一场车祸双双辞世，昨日下午，这对夫妇终于得以送到火葬场进行火化；白云区交警大队一大队已介入调查此事，并正对一辆肇事车主进行追查。

经过多天筹措，罗自来儿子罗小平终于从几个亲戚处借到 5 000 块钱，昨日下午得以把父母送到火葬场火化。

记者昨日获悉，罗自来车祸事故发生后，白云区交警大队一大队已经介入调查此事，追查到当日肇事车之一，一辆挂着牌号为“鄂 A74589”的大货车。据警方调查，当日，该车因故障临时停在兴太路上维修，没有设置警戒牌，是违规停车。白云区交警大队一大队检查在太和的“鄂 A74589”时，发现该车发动机号码和车架号码均被人为打磨得辨识不清，怀疑该车是一辆套牌车。目前，交警已将该车扣留，并正在全力追查该车车主下落。

朱琪审核代爸爸：只对我感兴趣的我没兴趣

昨日，招聘代爸爸的母亲朱琪再次来到广州，对全部应征者的资料进行粗略审核，据悉将有100人参加初试。朱琪强调，应征者应该认认真真地想清楚，自己是否有耐心和精力，在未来的4年内都可以持之以恒地培养凯凯。而对那些表示希望能和她发展进一步关系的应征者，朱琪明确表示，没有兴趣。

……

第二则新闻的导语如能把回叙补充得稍微详细一点，如“因为希望儿子凯凯的成长过程中一直伴随着父爱，昨天为凯凯招聘代理爸爸的母亲朱琪再次来到广州”，就不会让读者费解。好的新闻应该清楚明白地报道事实，不要让读者产生疑问。

三、改写

改写是对问题较多的稿件重新写作。改写是改稿中难度最大、操作最复杂的一种修改方法，通常是因为稿件的表现角度选择不当，材料的详略安排不当，稿件结构有问题，等等。

改写的方法主要有4种：改写导语、改写主题与角度、改写体裁、调整结构。

1. 改写导语

美国哥伦比亚大学新闻学教授梅尔文·门彻专门概括了思考导语的5个问题：

①在发生的事实中，什么是独一无二的、最重要的或是最不同寻常的？

②该事件与谁有关——谁做的或谁说的？

③是开门见山还是藏头露尾的手法（即用直接式导语还是延迟式导语）？

④是否有一个吸引人的词语或生动的短语可以放在导语中？

⑤主语是什么？什么动词最能吸引读者的阅读报道？①

任何导语都肩负着把主要新闻事实及其意义表达出来，并吸引读者阅读该篇新闻的双重任务。从新闻本身来说，导语应该是所要报道事实中最重要的亮点；从读者来说，导语应该是激发他们阅读的一个兴奋点。编辑在修改导语时要注意以上两方面。如：

---

① ［美］梅尔文·门彻．新闻报道与写作．北京：华夏出版社，2003.133～134

藏学研究取得可喜进展

本报讯　藏学是中华民族文化的重要组成部分，现在藏学已成为世界性学科。我国是藏学的故乡，我国的藏学工作者要充分利用这一得天独厚的有利条件，认真研究藏文和藏文经典，脚踏实地，不尚空谈，把藏学研究进一步发展起来。这是阿沛·阿旺晋美和班禅额尔德尼·却吉坚赞两位副委员长在12月6日上午在北京召开的中国藏学研究中心第一次干事（扩大）会议上向70多位汉、藏及其他民族藏学专家提出的要求和希望。

杨静仁、司马义·艾买提等有关方面负责人出席了会议。

中国藏学研究中心是1986年在北京成立的，中国藏学研究中心总干事多杰才旦在会上作了两年来的工作报告。

……

这则新闻的导语长达近200个字，无关紧要的内容过多，没有把新闻中独一无二的、最重要的内容呈现出来。如“藏学是中华民族文化的重要组成部分”、“我国是藏学的故乡”，是显而易见的事实，没必要写进惜墨如金的导语中。“认真研究藏文和藏文经典，脚踏实地，不尚空谈”是官样说法，没有实际意义。如此冗长而空洞的导语，容易把读者吓跑。有学者认为，修改这则导语，如果保持原意，可以考虑采取“删除”和“化整为零”的方法。即删去不太紧要的字，把一段导语截为导语、次导语两段。既不伤原意，又使导语变得简洁明快一些。修改后的导语如下：

本报讯　藏学现在已成为世界性学科，我国的藏学研究应进一步发展。这是阿沛·阿旺晋美和班禅额尔德尼·却吉坚赞两位副委员长12月6日上午在北京向70多位汉、藏及其他民族藏学专家提出的希望。

在这次中国藏学研究中心第一次干事（扩大）会议上，两位副委员长说，我国是藏学的故乡，我国的藏学研究工作者要充分利用这一得天独厚的有利条件。

又如：

85秒！拳王泰森击败挑战者。85秒！历史上最短的拳王卫冕战。85秒！1 300万美元尽入腰包。

这是1989年7月21日新华社华盛顿电《泰森：85秒卫冕成功》的导语。这条导语虽然十分简短，却包含了四条信息：拳王击败了挑战者，比赛仅用85

秒，这是历史上拳王战中用时最短的比赛，此次胜利为拳王赢得 1 300 万美金的巨款。短短几十个字，把这次比赛的主要内容和重要特色全部概括了出来，更重要的是，它新颖独特的表达方式引起了读者强烈的阅读兴趣。

然而，这条导语是编辑改写的。它的原稿却是这样的：

世界重量级拳王迈克·泰森今晚以 85 秒钟的时间，击垮挑战者卡尔·威廉斯，创造了历时最短的一场拳王卫冕战。

原导语循规蹈矩，无可指责，因而也平平常常。从字数上看，它比新导语多了几个字；从信息量上看，它少交代了 1 300 万美元这层意思；从抓特点上看，它虽然抓住了 85 秒这个创纪录的数字，但是给人的印象不深；从效果上看，它很难使读者产生身临其境的感觉。而修改后的导语，由于反复三次使用了“85 秒”，产生了意想不到的效果：减少了过渡性字句的使用，使导语如诗一般凝练，且产生了动感、节奏感和紧张感，让读者体会到了赛场狂热与激烈的气氛。

两条导语所产生的效果有着天壤之别，可见，好导语常需要有“语不惊人死不休”的创新意识。

2. 改写主题与角度

有些稿件材料不错，但主题不够新颖，角度不吸引人或者有失偏颇，这就需要改变原稿主题的报道角度。如：

××省人均寿命 72.25 岁
首次超出全国平均水平 0.15 岁

本报讯 13 日，根据××省统计局人口社科处对外公布的 2005 年 1% 人口抽样调查报告显示，到 2005 年底，该省人口平均预期寿命达到 72.25 岁，比全国的平均水平 72.1 岁高出 0.15 岁。与 2000 年第五次全省人口普查的 70.63 岁相比，提高了 1.62 岁。比世界人口平均预期寿命 65.4 岁高 6.85 岁，比发展中国家 63.4 岁高 8.85 岁，但比发达国家低 3.35 岁。

平均预期寿命表示为一个人口群体从出生起平均存活的年龄（岁），是反映人类健康水平、死亡水平的综合指标。据历史资料统计，建国前××省人口平均预期寿命约为 30 岁，1982 年为 65.97 岁，1990 年为 67.85 岁，2000 年为 70.63 岁，均低于同期全国 34 岁、67.77 岁、68.55 岁和 71.40 岁的平均水平。到 2005 年，××省人口平均预期寿命比全国的平均水平 72.1 岁高 0.15 岁，首次高于全国的平均水平。

统计专家认为，随着人民生活水平和生活质量不断提高，以及医疗卫生事业不断取得新进展，死亡率得到有效降低，这是××省人口平均预期寿命延长的重要原因。

寿命水平提高是一把双刃剑，统计专家对此发出预警，老年人口数量增加加快老龄社会时代到来，将引发出社会保障等许多现实问题，有关部门应及早采取措施应对。

这是某报一位见习记者写的新闻稿。针对这则稿件，一位编辑从主题表现的角度提出以下建议：

从新闻内容看，稿件想表达的主要新闻点是××省人均寿命首次超出全国平均水平。这个点中包含两层意思：一层是“超全国平均水平”，一层是“首次”超过全国平均水平。“超全国平均水平”意义并不大，为什么？因为全国30多个省市自治区中超过平均水平的最少也有十几个，在网上搜索就发现了五六个省市自治区都有“超全国平均水平”的报道，其中超出最多的是北京市。当然，作为地方媒体固然可以以此为新闻点报道，但肯定不是最佳的角度。如果强调“首次”超过，就有些意思了，但新闻中有关“首次”超过的材料又太少，除了几个历史数据外，看不到更多的关于如何“首次”超过的素材。因此，如果要突出“首次”超过全国平均水平，就要在如何“首次超出”上补充采访，了解更多的素材，要写出人民生活水平和生活质量对人的寿命的影响，写出医疗卫生事业发展和人的寿命的关系等。

该新闻稿的倒数第二段说到了人均寿命提高的原因，一共有三条，但这三条是全人类共有的原因，并不能反映出××省的个性化特点。该新闻稿的最后一段说到，“寿命水平提高是一把双刃剑，统计专家对此发出预警，老年人口数量增加加快老龄社会时代到来，将引发出社会保障等许多现实问题，有关部门应及早采取措施应对”，这倒是一个不错的新闻角度。透过成绩，看到成绩带来的问题，表达一种居安思危的思想，写得好了就能增加新闻的深度和张力。

如果要写人均寿命提高带来的老龄化社会问题，就应该补充采访，了解××省老龄化的现状、社会保障的现状及存在的问题、需要改进和完善的方面，如家庭养老和社会养老问题、传统孝道和现代家庭关系问题、社会养老机构和社会养老机制问题、老年人的养老生活和养老观念问题，等等。这样写出来的新闻不仅对××省有意义，在全国范围也有一定的效应。[①]

编辑的建议一针见血，很有借鉴意义。

---

① 枯燥无味的统计数据类新闻如何写得生动形象．西祠胡同驿钊传媒学习小组 http//www. xici. net/6244699/d35549097. htm

3. 改写体裁

将稿件原有的体裁形式改变成另一种体裁形式就是改写体裁。新闻体裁有消息、通讯、述评、调查报告等，每种体裁都有自己的特点。

仍以《××省人均寿命72.25岁　首次超出全国平均水平0.15岁》为例，编辑认为，从写作体裁来看，该新闻若写成新闻述评或者是新闻调查会好些，因为人均寿命的提高所带来的社会问题带有全国普遍性，尤其是家庭养老困难越来越大，社会养老机构不足，机制欠缺，空巢老人数量增多，由此引发的家庭矛盾也越来越多，甚至酿成了一些家庭悲剧，还有老年人的医疗问题，这些都是带有全国意义的社会热点，通过解剖××省这只“麻雀”，其影响面可以辐射到全国。

4. 调整结构

结构不好的新闻稿往往会影响内容的表达，因此，编辑有时需要对一些结构上有问题的稿件进行调整、改写，尽可能按照新闻表达的特点合理安排结构，使其更好地表现新闻内容。

在改变体裁的时候（如把通讯或其他体裁改成消息），也需要改变结构，使之符合相应体裁的要求。例如，中央某报1998年9月在要闻版刊登过这样一条新闻：

本报讯　长江、嫩江、松花江流域的特大洪灾，也给了沿黄河流域的各省区一个很大的警示。日前出席在此间召开的黄河经济协作区负责人第十一次会议的各位代表进一步达成共识：黄河流域各省区在经济发展上要加强协作，在生态环境上更需要加强协作。

近年来，黄河流域内环境持续恶化，已引起各省区的高度重视。“沙患”、“水患”，加上中下游频频出现的“水荒”，已经严重影响了沿黄地区的经济发展和人民生活。出席会议的山东、河南、山西、陕西、宁夏、内蒙古、甘肃、青海、新疆各省区及新疆生产建设兵团等领导人认识到，改善黄河流域的生态环境，上下游、左右岸人民都义不容辞。根据国家今后治黄的工作重点，各省区将主要做好以下工作：一是加大投入，进一步加强水利基础设施建设，控制黄河泥沙，调节黄河水量；二是搞好节水灌溉，发展节水农业，最大限度地提高黄河水资源的利用效率；三是做好中上游植被保护和涵养水源工作，加快黄河中游生态工程建设和下游滩区综合治理；四是在产业布局上要统一认识，严禁未经处理的污水排入黄河。

会议还出台了《关于加强黄河沿岸林业生态工程建设和滩区综合开发的意

见》。其中对从今年起开始启动的中游林业生态治理工程进行了全面部署，提出利用 30 年时间，使黄河流域治理区森林覆盖率由目前的 10.1% 提高到 27.1%，局部地区达到 30% 以上。其建设目标是到 2030 年黄河中游宜林地全部绿化，新增森林面积 7.96 平方公里；黄土高原风沙区新增森林面积 1.50 万平方公里；黄河源头及上游地区新增森林面积 2.84 万平方公里。黄河上游的省区如青海等省决定，全面实施黄河源头生态环境治理工程，计划用 13 年时间，在 8 个重点治理区建设包括造林绿化、治理沙化、建立自然保护区等在内的 96 项生态工程，初步形成黄河防护生态工程体系。位于黄河下游的河南和山东两省，也决定启动黄河下游林业生态治理工程，同时搞好河堤防浪林工程建设，提高抗洪能力。

该稿存在的问题如下：

第一段导语未提炼出新闻最重要、最新鲜的事实。通看全篇，该新闻中最重要、最新鲜的事实应该在第三段：会议出台了《关于加强黄河沿岸林业生态工程建设和滩区综合开发的意见》，从今年起开始启动中游林业生态治理工程等。

第二段包含背景材料即黄河流域环境的恶化，有参加会议的各省区领导人的认识，有根据国家今后治黄重点要做好的四项工作等，诸多事实混合在一起。

第三段包含的新闻事实更多，有五六个。虽然它们都与造林绿化、生态治理有关，但由于把不同地区、不同的要求混合在一起，再加上罗列了诸多数字，新闻的可读性大大降低。而最重要、最新鲜的新闻事实就淹没在这些混乱的材料中。

此外，该新闻的行文八股化严重，多空话、套话。

编辑由此提出应该调整该新闻的结构，使之重点突出、脉络清晰。具体做法如下：一是把原稿打散，将文中搅在一起的数个新闻事实分别拆解出来；二是每个新闻事实用一个自然段讲述，事实清楚分明；三是按照倒金字塔结构安排各个自然段的顺序。

改写后的新闻：

本报讯　黄河流域从今年起开始启动中游林业生态治理工程。30 年后，这里将新增 8 万平方公里森林，两岸宜林地全部披上绿装。

记者从日前召开的黄河经济协作区负责人第十一次会议获悉，一份关于加强黄河沿岸生态工程建设和滩区综合开发的意见已经出台。

与会代表达成共识，在加强协作发展经济的同时，组成生态环境建设的共同体，联手治理这条中国第二大河面临的“沙患”、“水患”和中下游频频出现的“水荒”。

黄河流经的省区包括青海、甘肃、宁夏、内蒙古、陕西、山西、河南、山东。

在长江、嫩江、松花江流域的特大洪灾后迅速面世的这份方案，主要内容是黄河上下游、左右岸将全面实施绿化造林。仅黄河源头青海等省即准备用13年时间在8个重点治理区建设96项生态工程。

对沙化严重的黄河中游地区，会议为今年启动的生态治理工程定下的建设目标为：利用30年时间，使这个流域的森林覆盖率由目前的10.1%提高到27.1%，局部地区达到30%以上。其中“沙患”之源的黄土高原风沙区新增森林面积1.5万平方公里。

黄河流域各省区还决定采取统一行动，根据今后国家治理黄河的工作重点，进一步加强水利基础设施建设，发展节水农业并严禁把未经处理的污水排入黄河。

两稿相比，修改稿无论在结构上还是在语言上，都胜过原稿。

四、分篇

编辑在处理一些篇幅较长、包含内容较多的稿件时，为了方便读者阅读，也为了版面的活泼美观，经常将一篇长稿分成几篇相对独立的稿件。在处理很多重要会议报道时，经常采用这种方法。

会议新闻一般冗长而沉闷，而过去的会议新闻，一般多从领导的角度、工作的角度来报道，因此很不受读者欢迎。近些年的新闻改革提倡新闻要从贴近普通群众的角度、贴近生活的角度来报道，这就要求编辑要善于从长篇大论中提炼出老百姓关注的焦点，并据此分割稿件。现在报纸处理重要会议新闻报道常用的方法是，从会议内容中提炼出重要的或者与老百姓生活息息相关的亮点，再以此为小标题，把长文分割成短文，便于读者阅读。2006年10月12日的《广州日报》和《南方都市报》都对十六届六中全会作了报道（“十六届六中全会勾勒和谐社会建设‘路径图’”），它们对新华社通稿采取了分篇和提炼要点的方法，做得很实在。

新华社通稿：

中国共产党第十六届中央委员会第六次全体会议公报（节选）

中国共产党第十六届中央委员会第六次全体会议，于2006年10月8日至11日在北京举行。

出席这次全会的有，中央委员195人，候补中央委员152人。中央纪律检查委员会常务委员会委员和有关方面负责同志列席了会议。

全会由中央政治局主持。中央委员会总书记胡锦涛作了重要讲话。

全会听取和讨论了胡锦涛受中央政治局委托作的工作报告，审议通过了《中共中央关于构建社会主义和谐社会若干重大问题的决定》。吴邦国就《决定（讨论稿）》向全会作了说明。

全会充分肯定党的十六届五中全会以来中央政治局的工作。一致认为，中央政治局坚持以邓小平理论和“三个代表”重要思想为指导，深入贯彻党的十六大和十六届三中、四中、五中全会精神，全面贯彻落实科学发展观，团结带领全党全国各族人民紧紧抓住发展这个党执政兴国的第一要务，着力加快改革开放，着力增强自主创新能力，着力推进经济结构调整和经济增长方式转变，推动经济平稳较快发展，社会主义经济建设、政治建设、文化建设、社会建设取得新的成就，党的执政能力建设和先进性建设取得新的进步，中国特色社会主义事业取得新的进展。

全会全面分析了当前的形势和任务，研究了构建社会主义和谐社会的若干重大问题。一致认为，社会和谐是中国特色社会主义的本质属性，是国家富强、民族振兴、人民幸福的重要保证。构建社会主义和谐社会，是我们党以马克思列宁主义、毛泽东思想、邓小平理论和“三个代表”重要思想为指导，全面贯彻落实科学发展观，从中国特色社会主义事业总体布局和全面建设小康社会全局出发提出的重大战略任务，反映了建设富强、民主、文明和谐的社会主义现代化国家的内在要求，体现了全党全国各族人民的共同愿望。

全会指出，社会和谐是我们党不懈奋斗的目标。新中国成立后，我们党为促进社会和谐进行了艰辛探索，积累了正反两方面经验，取得了重要进展。党的十一届三中全会以后，我们党坚定不移地推进改革开放和现代化建设，积极推动经济发展和社会全面进步，为促进社会和谐进行了不懈努力。党的十六大以来，我们党对社会和谐的认识不断深化，明确了构建社会主义和谐社会在中国特色社会主义事业总体布局中的地位，作出一系列决策部署，推动和谐社会建设取得新的成效。经过长期努力，我们拥有了构建社会主义和谐社会的各种有利条件。

……

全会审议并通过了《关于召开党的第十七次全国代表大会的决议》，决定党的十七大于2007年下半年在北京召开。这次大会，是在我国经济社会发展进入关键阶段召开的一次重要会议，对我们党团结带领全国各族人民全面建设小康社会、加快推进社会主义现代化具有十分重要的意义。

全会号召，全党同志要紧密团结在以胡锦涛同志为总书记的党中央周围，高举邓小平理论和“三个代表”重要思想伟大旗帜，全面贯彻落实科学发展观，带领全国各族人民万众一心、锐意进取，为把我国建设成为富强、民主、文明、和谐的社会主义现代化国家而奋斗！

《南方都市报》编后稿：

十六届六中全会闭幕　敲定建和谐社会“路径图”
提出构建和谐社会九大目标，十七大明年下半年召开

本报讯　为期4天的十六届六中全会昨天下午在北京闭幕。

这是在我国改革发展关键时期召开的一次十分重要的会议。

全会的一个重要成果，是审议通过《中共中央关于构建社会主义和谐社会若干重大问题的决定》，对当前和今后一个时期构建社会主义和谐社会作出全面部署。为期4天的这次全会，也将因此在中国的发展史上留下浓墨重彩的一笔。

（以下是分篇的内容，分别用小标题统领，限于篇幅，第一、二项具体内容省略。）

社会和谐是党不懈奋斗的目标

……

十七大明年下半年召开

……

九大目标

全会提出，到2020年，构建社会主义和谐社会有九大目标和任务：

社会主义民主法制更加完善，依法治国基本方略得到全面落实，人民的权益得到切实尊重和保障；

城乡、区域发展差距扩大的趋势逐步扭转，合理有序的收入分配格局基本形成，家庭财产普遍增加，人民过上更加富足的生活；

社会就业比较充分，覆盖城乡居民的社会保障体系基本建立；

基本公共服务体系更加完备，政府管理和服务水平有较大提高；

全民族的思想道德素质、科学文化素质和健康素质明显提高，良好道德风尚、和谐人际关系进一步形成；

全社会创造活力显著增强，创新型国家基本建成；

社会管理体系更加完善，社会秩序良好；

资源利用效率显著提高，生态环境明显好转；

实现全面建设惠及十几亿人口的更高水平的小康社会的目标，努力形成全体人民各尽其能、各得其所而又和谐相处的局面。

五方面部署

全会对当前和今后一个时期构建社会主义和谐社会作出以下五方面具体部署：

要坚持协调发展、加强社会事业建设，扎实推进社会主义新农村建设，落实区域发展总体战略，实施积极的就业政策，坚持教育优先发展，加强医疗卫生服务，加快发展文化事业和文化产业，加强环境治理保护。

要加强制度建设，保障社会公平正义，完善民主权利保障制度、法律制度、司法体制机制、公共财政制度、收入分配制度、社会保障制度。

要建设和谐文化，巩固社会和谐的思想道德基础，建设社会主义核心价值体系，树立社会主义荣辱观，培育文明道德风尚，营造积极健康的思想舆论氛围，广泛开展和谐创建活动。

要完善社会管理，保持社会安定有序，建设服务型政府，推进社区建设，健全社会组织，统筹协调各方面利益关系，完善应急管理体制机制，加强安全生产，加强社会治安综合治理，加强国家安全工作和国防建设。

要激发社会活力，增进社会团结和睦，发挥人民群众的首创精神，巩固和壮大最广泛的爱国统一战线，维护香港、澳门长期繁荣稳定，推进祖国统一大业，坚持走和平发展道路。

据新华社电

解读：六大制度建设　保障公平正义

公平正义是和谐社会的基本条件，制度是公平正义的根本保证。

六中全会公报强调，必须加紧建设对保障社会公平正义具有重大作用的制度：

——完善民主权利保障制度，依法实行民主选举、民主决策、民主管理、民主监督，保障人民享有广泛的民主权利。

——健全法律制度，加速构建与社会主义市场经济体制相适应的法律法规体系。

——完善司法体制机制，继续推进司法体制和工作机制改革，建立公正、高效、权威的社会主义司法制度，发挥司法维护公平正义的重要作用。

——健全公共财政制度，把更多的财政资金投向教育、卫生、文化、就业再就业服务、社会保障、生态环境、公共基础设施等公共服务领域。

——改革收入分配制度，着力提高低收入者收入水平，扩大中等收入者比重，有效调节过高收入，取缔非法收入，努力缓解收入分配差距扩大的趋势。

——健全社会保障制度，适应社会发展的客观趋势，逐步建立覆盖城乡居民的社会保障体系。

……

冗长的会议公报经过分篇处理以后，要点突出，内容清晰，不仅增加了新闻的可读性，而且版面也疏朗不少，让人感觉轻松透气。此外，为了让读者更好地了解政策，编辑还为新闻配置了一个“解读”。

五、综合

综合即将若干篇稿件合并，改写成一篇稿件。有时，编辑会碰到若干篇反映同一题材的稿件，各有长处，也各有缺陷。如果用其中任何一篇都觉得不尽如人意，同时用所有篇幅又过长且内容重复，在这种情况下，采用综合的改写办法，就能有效解决问题。定题与选材，是综合的两个关键。一方面要善于概括，也就是从不同的稿件内容中发现共同的主题，以此来统率全文；另一方面需要提炼，也就是要在相似的内容中选择最有代表性、最能说明问题的典型事例，而不能重复使用类似的材料。

第三节　稿件修改的可读性研究

美国传播学者威尔伯·施拉姆曾提出过一个公式：（受众的）选择或然率=报偿的保证/费力的程度。这个公式中，分子“报偿的保证”是指媒体的信息能够满足受众需要的程度，分母“费力的程度”是指受众接受或选择新闻媒体的信息时所需要付出的代价，包括经济负担、精神负担和时间损耗等。公式表明了媒体给予受众的报偿越多，且受众付出的代价越小，那么媒体被受众选择的可能性就越大；反之，越小。要减少公众接受新闻媒体的信息所付出的代价，一个重要的方法就是增加新闻的可读性。

一、什么叫可读性

《新闻学大辞典》对可读性的解释有二：①新闻内容与新闻形式完美结合的尺度，新闻提供的事实与受众利害相关，有新闻价值，是可读性的支柱；表现这些事实的形式——编排、文体、写作、文采、风格优美，是可读性的阶梯。②新闻学名词，由西方新闻学者首先提出，指新闻便于阅读、吸引读者的特性。可读性的内容有：简洁明了、开门见山、形象具体、生动活泼；通俗易懂，亲切感人；遣词造句大众化等。[①] 学者何国璋则在《新闻的可读性辨析》一文中进一步强调："可读性指报纸及其所刊载的各种文章的可接受性。它讲求读者意识，强调要尽量令读者易于清楚、明白地阅读。"这几种解释有所差异，但共同强调了新闻要便于阅读。

要提高可读性，媒体需要在两方面下工夫：一是内容，二是表达技巧或书写方式。只有内容丰富、表达技巧高超的报道，才能为受众喜闻乐见。如这则写跳水运动员吕伟夺取金牌的新闻：

"飞天"凌空

——跳水姑娘吕伟夺魁记

夏浩然　樊云芳

她站在10米高台的前沿，沉静自若，风度优雅。白云似在她的头顶飘浮，飞鸟掠过她的身旁。这是达卡多拉游泳场的8 000名观众一齐翘首而望，屏声敛息的一刹那。

轻舒双臂，向上高举，只见吕伟轻轻一蹬，就向空中飞去。有一瞬间，她那修长美妙的身体犹如被空气托住了，衬着蓝天白云，酷似敦煌壁画中凌空翔舞的"飞天"。

紧接着，是向前翻腾一周半，同时伴随着旋风般的空中转体三周，动作疾如流星，又潇洒自如，一秒七的时间对她似乎特别慷慨，让她从容不迫地展开身体优美的线条：从前伸的手指，一直延续到绷直的足尖。

还没等观众从眼花缭乱中反应过来，她已经又展开身体，笔直地像轻盈的箭，"哧"地插入碧波之中，几股白色的气泡拥抱了这位自天而降的"仙女"，四面水花悄然不惊。

"妙！妙极了！"站在我们旁边的一名外国记者跳了起来，这时，整个游泳场都沸腾了。如梦初醒的观众用震耳欲聋的掌声和欢呼声来向他们喜爱的运动员表达澎湃的激情。

吕伟精彩的表演，将游泳场的气氛推向了高潮。她的这个动作五一三六，从裁判手里得到了九点五分。

这位年方16的中国姑娘，赢得了金牌。

她的娇小苗条的女伴，17岁的周继红，以接近的分数赢得了银牌。

当一个印度观众了解到这两个姑娘是中国跳水集训队中最年轻的新秀时，惊

① 甘惜分．新闻学大辞典．郑州：河南人民出版社，1993. 16

讶不已。他说："了不起，你们中国的人才太多了！"

《光明日报》1982年11月25日

虽然该新闻以文字来呈现跳水现场，但其生动的形象性丝毫不亚于电视画面。该新闻从视觉、听觉方面入手，细腻地刻画了吕伟优美的跳水动作，让读者产生强烈的共鸣。而其动词的运用更是让人叹服，如"她那修长美妙的身体犹如被空气托住了……酷似敦煌壁画中凌空翔舞的'飞天'"（视觉）；"笔直地像轻盈的箭，'哧'地插入碧波之中……四面水花悄然不惊"（听觉）；"轻舒双臂，向上高举，只见吕伟轻轻一蹬，就向空中飞去"（动词准确、精练）。

该新闻不仅准确地还原了吕伟跳水的一瞬间，更重要的是其电影慢镜头画面般的描写，吸引了读者阅读的兴趣。它把一个受众并不熟悉的高难度跳水动作分解得如此清晰可见，让一个瞬间的、受众可能都来不及看清楚的动作留下了优美的永恒，可以说，这则报道是体现新闻可读性的典范。

二、影响稿件可读性的因素

1935年，在一本名为《哪些因素使书好读》（*What Makes A Book Readable*）的书中，美国学者格雷和利里对可读性作了研究，发现很多美国成人并非博览群书，他们认为其原因显然是大部分可读到的文字都太难懂，由此他们力图去发现所有可能影响可读性的因素。最后他们总结了5种主要因素：不同的难字个数，第一人称、第二人称和第三人称代名词的数目，以字为单位句子的平均长度，不相同字词的百分比，介词短语的数目。

20世纪40年代，美国新闻学者弗雷奇和冈宁分别进行了可读性的研究，其中弗雷奇的阅读易读性公式和人情味公式是最著名的，这两个公式均被沿用至今。①

易读性公式：$R.E. = 206.835 - 0.846WL - 1.015SL$

（R. E. ＝易读性的分数，WL＝每100个字的音节数，SL＝每1个句子中的平均字数）

所得分数在0～100，得分越高越容易读（表6－1）。

① ［美］沃纳·赛佛林，小詹姆斯·坦卡德．传播理论——起源方法与应用．北京：华夏出版社，2006. 132～133

表6-1 弗雷奇阅读容易度分数说明表

阅读容易度分数	类型描述	阅读等级评估
90~100	很容易	第5级
80~90	容易	第6级
70~80	较容易	第7级
60~70	标准	第8、9级
50~60	较难	第10~12级
30~50	难	大学
0~30	很难	大学毕业

人情味公式：H. I. =3.635PW+0.314PS

（H. I. =人情味的分数，PW=每100个字中的人称词数目，PS=每100个句子的人称词数目）

所得分数在0~100之间，得分越高越有趣（表6-2）。

表6-2 弗雷奇人类兴趣分数说明表

人情味分数	风格
0~10	枯燥的
10~20	较有趣的
20~40	有趣的
40~60	非常有趣的
60~100	生动的

从西方学者的可读性研究可以看出，词语、句子是影响可读性的重要因素，据此，很多媒体在其写作规则中常有多项是针对词语和句子的。下面是美联社对其编辑和记者提出的写作原则（虽然英文和中文有差别，但这些原则对于中文写作仍然具有相当大的参考价值）：

①用短字，不用长字；

②说话要具体，不要抽象；

③说话要直截了当，不要拐弯抹角；

④不惜一切代价避免盛气凌人；

⑤不用那些听起来不错，实际上无助于发展新闻主体的词和短语；

⑥牢记一个句子中至少有一个实体动词，这个动词应当是这个句子中最主要的词；

⑦通常的规则是尽可能选用及物动词，并用主动语态，因为被动语态常使句子软弱无力；

⑧选用形容词应小心谨慎，要尽量少用形容词，避免使用冷僻的字；

⑨要写短句，不要写长句；

⑩要少用复合词，因为这类句子中的从句和修饰成分往往使句子读起来不连贯。

三、如何增加新闻的可读性

正如前文所说，增强新闻的可读性可从两方面入手：内容上，多从生活角度和受众角度报道，丰富新闻中的人情味因子；表达上，多用短句和肯定句，重视通俗的表述方式并强化感官效果。

1. 多从生活与受众角度报道

从心理学的角度分析，受众对新闻信息的接受是一个不断选择的过程：选择性注意、选择性理解、选择性记忆。这种选择是基于他们以往的生活经验、文化背景和价值立场。从生活角度或者受众角度报道新闻，实际上是尽量与受众的“生活片段”建立起联系。根据人们的经验，“生活片段”对于增强理解和记忆通常都有很好的效果，因为它和过去的经历相关，使人更容易建立与新信息的联系。① 尼葛洛庞帝在《数字化生存》一书中谈到传播的信息接收时，就强调了共同生活经历的重要性：“假如我们有6个人围坐一桌共进晚餐，正热烈谈论一个不在场的人——甲先生。在讨论中，我向坐在对面的妻子伊莲眨了眨眼睛。晚上，你走过来问我：‘尼古拉，我看到你向伊莲递眼色，你想告诉她什么?’我对你解释说，前天晚上我们恰好和甲先生一起吃晚饭，当时他说，和如何如何相反的是，他实际上如何如何，即使大家都以为如何如何，最后他真正决定的却是如何如何，等等。换句话说，我大约要花10万个比特，才能跟你讲明白我用1个比特就能和我太太沟通的话。这个例子告诉我们的是，传输者（我）和接受者（我太太）有共同的知识基础，因此我们可以采用简略的方式沟通。”② 换句话说，正因为有着共同的知识基础，信息的接收才显得更加容易。

从生活角度与受众角度报道，强调的是从受众的生活经历和知识背景出发，

① 郑兴东．受众心理与传媒引导（修订本）．北京：新华出版社，2004. 105～107

② ［美］尼葛洛庞帝．数字化生存．海口：海南出版社，1997. 71～73

因此能增加新闻的可读性，这一点在时政新闻、经济新闻、会议新闻的报道中尤其重要，如多从受众角度确定报道主题，善于用通俗的语言把政策说“白”，用被采访者的个性化语言代替文件语言、捕捉细节、化静为动，等等。

关于从受众角度确定报道主题，南方日报社社长杨兴锋在《高度决定影响力》中讲到一个例子：新华社两位记者去采访6位诺贝尔获奖者与江泽民总书记的座谈。座谈会上，诺贝尔奖获得者建言献策，出了不少好点子。但新华社的这两位记者只注意江泽民的讲话，却没有记下这些献策者的良言。这些诺贝尔获奖者是来自各个领域的权威，他们从自身专业角度出发提出来的治国之策是很有价值的，这也是受众渴望知道的内容，这些内容提供不出来，新闻的可读性何在?

细节是让新闻具体生动的一个有力法宝，一个小小的细节往往能使一则枯燥乏味的会议新闻活跃起来。范敬宜曾在他的《总编辑手记》一书中提到，《人民日报》记者龚雯善于抓细节。龚雯在一次中美知识产权谈判会议的报道中，抓住了一个很有趣的细节：“磋商期间，记者们有一天注意到这样一幅图景：美国代理贸易代表巴尔舍夫斯基女士穿着中式对襟丝缎上衣，而中方代表石广生则是标准的西装革履。当两人一起步入谈判会场时，人们不禁为他们衣着上的‘中西反串’会心一笑。”范敬宜评论说，这看起来是“闲笔”，实际上“闲笔”不闲，而是为了增加正文的感受力。对于龚雯这篇文章，过了几天之后，读者很可能把正文的内容忘了，但是对“中式对襟丝缎上衣”和“标准的西装革履”这两个细节，很可能久久难忘。①

2. 注重新闻表达方式

(1) 多用短句、肯定句和主动语态

新闻报道可读性的关键就是多用短句。美国《全能的记者》一书对新闻报道作出如下规定：“句子和段落应该短些。新闻报道里的每一个段落最好不超过75个词语，每段不超过4个句子。”

在解放战争时期，毛泽东为新华社写了数篇新闻。他所写的新闻气势磅礴、干净利落，其遣词造句功夫使其作品堪称新闻中的珍品。

我三十万大军胜利南渡长江

（一九四九年四月二十二日）

新华社长江前线二十二日二时电 英勇的人民解放军二十一日已有大约三十万人渡过长江。渡江战斗于二十日午夜开始，地点在芜湖、安庆之间。国民党反

① 范敬宜．总编辑手记．北京：人民日报出版社，1998. 245

动派经营了三个半月的长江防线，遇着人民解放军好似摧枯拉朽，军无斗志，纷纷溃退。长江风平浪静，我军万船齐放，直取对岸，不到二十四小时，三十万人民解放军即已突破敌阵，占领南岸广大地区，现正向繁昌、铜陵、青阳、荻港、鲁港诸城进击中。人民解放军正以自己的英雄式的战斗，坚决地执行毛主席、朱总司令的命令。

这则消息只有约200字，却包含了丰富的内容：既有宏观战事的进展，又有局部场面的聚焦。“军无斗志，纷纷溃退”，“长江风平浪静，我军万船齐放，直取对岸，不到二十四小时，三十万人民解放军即已突破敌阵”，这些句子干净洗练、节奏密集、一气呵成、扣人心弦，把紧张神速的渡江战斗表现得生动逼真，充分地体现了短句的魅力。

此外，句子理解的难易程度也与句式、语态密切相关。国外曾有人做过一个这样的实验：让被试者看一只狗追一只猫的图画，然后要求被试者作出“真”或“假”的回答。实验结果证明，人们的反应时间是各不相同的：①狗追猫（真肯定句）：1.55秒；②猫追狗（假肯定句）：1.68秒；③狗没有追猫（假否定句）：1.91秒；④猫没有追狗（真否定句）：2.14秒。[①] 可见，否定句较肯定句难理解。之所以如此，是因为理解否定句需要对接受的信息加工更多一些时间；同理，被动语态比主动语态也更难理解。

如一则新闻稿的导语是：“‘正月十五元宵夜，南湖公园将燃放焰火。’元宵节当天，这一消息即通过无线电波传播给无数市民。”其中第二句话就是被动语态。编辑将它改为：“‘正月十五元宵夜，南湖公园燃放焰火。’元宵节当天，无数市民通过各种渠道获知这一消息。”经过这一改动，语意马上顺畅不少。

（2）采用通俗的表达方式

新闻要多采用通俗易懂的语言来解释政治经济词语和事件，如2004年7月下旬，我国几大中心城市连续遭受恶劣天气袭击，暴露出城市规划和建设的许多问题。曾培炎副总理考察了北京市政基础设施建设，强调要总结近期突发性灾害和应急处理的经验教训，健全城市综合防灾体系。编辑就用曾培炎的原话代替了定稿中的文件式语言：“对城市基础设施建设，现在大家比较感兴趣的，主要是地上，地下的问题考虑得比较少。千万不能只看上面，也要看底下。”“上面”和“底下”都属于通俗化的口语，这种生动的语言比空洞的口号更吸引人，能给受众留下深刻印象。[②]

---

① ［英］雷克奇等．心理学纲要．北京：文化教育出版社，1980. 157

② 郭亮．时政新闻的“翻译”与解读．中国记者，2004（9）

（3）强化感官效果

《纽约时报》的里克·布拉格回忆他在伯明翰初任记者时，一位高级编辑将他带到一边，告诉他一条写一篇优秀稿子的基本原则："要展现，不要讲述。给我看你所看到的一切，用文字来描绘一幅画面，然后，我就可以跟随你的脚步。"布拉格说这一技巧既可以用于写硬新闻，也可以用于写特稿。[①] 人们常说：百闻不如一见，强调的就是身临其境的感受。为了增强这种感受，电视有了特写镜头，报纸也有了特稿，都是为了强化感官效果。

人有视觉、听觉、味觉、嗅觉、触觉五种感觉，"好作品至少要对其中一种或几种产生感染力"[②]。美国名记者雷迈尔·莫林在一篇消息中描述一次会议的热烈气氛时是这样写的："一位农场主用一块红色大印花手帕扇着他的脸；而另一位在欢呼时却噼噼啪啪地拍打着他绿色的裤子背带，以此来代替鼓掌……"寥寥几笔，调动了视觉、听觉等感官，场面气氛马上就渲染出来了，如果用"掌声雷动"、"全场欢腾"等大字眼就很难收到这样的效果。

普利策奖作品《凯利太太的"妖怪"》报道了一次失败的手术。该新闻的精彩之处，除了丝丝入扣的细节之外，还在于报道者从多种感觉方式——视觉、听觉、嗅觉入手，运用比喻（把凯利太太的脑比作迷宫，把这次外科手术比喻成医生与妖怪的战斗）、拟人（把脑瘤写成具有人的特点的妖怪）、对比等手法，绘声绘色地向受众展示了一次复杂的外科手术的完整过程，受众在这里得到的是一次惊心动魄的感官体验。

凯利太太的"妖怪"（节选）

乔恩·富兰克林

……

现在，已作出决定。达克尔医生切开凯利夫人的头皮，露出肉白色的骨头。

半英寸长的钻头的震颤声在手术室里嗡嗡作响，淹没了有节奏的心肌监测器的怦怦声。当达克尔医生将 2×4 英寸见方的三角颅骨递给手术助理护士时，已是上午 9 时。

如同橡胶似的软而坚韧的脑膜切开后，露出灰色的软耷耷的前脑回。

"在那儿！"一名护士嘘的一声。"忙了半天就是为了找它。"

时针指向 9 时 20 分。

---

① ［美］梅尔文·门彻．新闻报道与写作．北京：华夏出版社，2003. 174

② 李法宝．新闻传播方法论．广州：中山大学出版社，2007. 127

这时，达克尔医生往后稍稍让了让。将戴橡皮手套的手高高举起，避免污染。趁其他人把显微镜推向熠熠闪动的大脑上方时，这位神经外科专家再次面对X光片沉思默想。

心脏跳动有力。1分钟70次，1分钟70次，1分钟70次。

他冲着X光片说了一句："今天够我们瞧的了。"

达克尔医生把脸贴到显微镜上。伸手要一件镊子样的通电仪器。助手靠近他，站在辅助目镜前。

一台电视录像机记录下达克尔医生的手术情况。在房间另一头亮着一台彩电，将放大了许多的脑子图像显示出来。光滑的镊子头部渐渐进入画面。

达克尔医生的手术意图是用微型弹簧夹卡住肿瘤底部。但首先必须在凯利夫人右眼上方切口放入镊子，通过一段曲折的路线，最后才能到达深埋在下面的人脑动脉环。

路途遥远。经过放大的头脑有一间屋子那么大。达克尔医生的小巧圆头仪器1毫米1毫米地往前跳动。

他的方案是从前脑——产生意识的地方和脑部一个像拇指那样的凸出物——叫做颞颥叶的地方插入。

达克尔医生小心翼翼地把这两部分拨开，以形成通向纵深的道路。

时针指向上午9时36分。

灰色脑回渗出分泌液，在无影灯下闪动。显微镜中影像随着心脏监测器的怦怦声而上下抖动。

光滑的探头轻轻地、轻轻地挑开小小的灰包脑回，扩成一个小通道，1毫米1毫米地进入闪光的脑回中去。

手术因遇到伤疤组织而受到影响。

每次妖怪引起脑溢血都留下疤痕，使组织发生粘连。达克尔医生必须把它们再挑开。

这位神经外科医生一边手术，一边说凯利夫人头里的妖怪是"AVM"，即动脉静脉畸形。

他说，在正常人体中，动脉形成高压将血液输向肌肉或器官组织。让活细胞吸收氧和养分之后，血液再流回压力低的静脉，再由静脉送回心脏和肺部。

可是在凯利夫人的大脑中，有一组动脉却直接将血液送入静脉，并不经过器官组织。多年来，这些不正常的结缔组织承受不了血液的急速流动，便发生肿胀和破裂。这就形成伤疤组织。

现在是10时58分。

达克尔医生开始顺着大脑动脉环往深处的第二个肿瘤进发。手术难度更大了，因为肿瘤就长在动脉环后，紧靠着头颅里最敏感、最原始的组织结构——脑干。脑干具有生死攸关的作用，它控制呼吸和心跳。

手术越来越难，出血也越来越多。小仪器在凯利夫人头脑中1毫米1毫米地开辟通路，危险性越来越大。一出血，小仪器立刻嗡嗡作响，血唧唧地被吸出。再插再探，血又流出。终于，仪器声戛然而止。

“我什么也看不清，”这位外科医生说。他往下又按了按，又发现一个通道。

达克尔医生精疲力竭。他抽出身，退到后面。他坐到凳子上，眼睛长时间怔怔地盯着前方。脑干就在附近，就在附近。

“真是个令人毛骨悚然的地方，”医生嘀咕着。

他身后的心脏监视器怦怦、怦怦响着。每分钟70次，很稳定。空气中一股臭氧和焦煳味。

时针指向上午11时5分。

……

《巴尔的摩太阳报》1978年12月12日

当然，除了以上常用方法，稿件修改的可读性还可以从其他方面加强，但无论哪种方法，无论是从内容上着眼还是从形式上考虑，它所围绕的核心都只有一个：受众为本。

思考与练习

1. 新闻稿件的修改有哪些基本任务？
2. 哪些方法可以帮助编辑考察新闻的真实性？
3. 怎样看待稿件修改中修正观点的重要性？
4. “更正”制度对新闻媒体有何意义？
5. 新闻写作常用的结构有哪几种？各有什么特点？
6. 有哪几种不同的删节情况？分别应注意哪些要点？
7. 哪些情况下要用到增补的改稿方法？如何增补？
8. 试述改写的几种方法。
9. 分篇的改稿方法适用于哪些类型的稿件？
10. 采用综合的改稿方法时，要注意哪些问题？
11. 什么是新闻的可读性？
12. 怎样通过改稿提高新闻的可读性？
13. 调查分析：查阅、列举近两年有代表性的假新闻，思考如果自己是编辑，怎样才能辨识出其中的虚假成分。
14. 改稿练习：试就学校或学院近期召开的某次会议的新闻公报进行改稿

处理。

15. 综合练习：选择一篇可读性差的见报稿件，分析其写作上的不足之处，提出具体的修改意见。

第七章 新闻标题的制作

本章重点

- □新闻标题的作用
- □新闻标题的结构
- □新闻标题的事实选择
- □新闻标题的语言运用
- □不同类型新闻标题的特点

新闻标题，顾名思义，就是新闻的题目。画龙讲究点睛，给新闻和文章制作标题就是“点睛”。这个“睛”要鲜活灵动，不能是死鱼眼睛，这样才会让人赏心悦目。历来善于为文著述的大师名家，都非常重视“点睛”——制作精彩的标题。刘叶秋先生（《辞源》修订本主编之一）应约写了一篇文章，题目叫做《怎样查找诗词名句》。题目平稳，并无毛病。但刊出时，编辑将原题改成《名句如海，源头何在》。刘叶秋先生看后大加赞叹：“仍用八个字，但活跃而有文采，真如点石成金!”①

新闻以快速准确地报道事实为第一要义，因而其标题的制作更显重要。要了解新闻标题的制作，我们先需要了解新闻标题的基本常识。

第一节　新闻标题常识

今天的新闻标题不仅是新闻内容的重要部分，而且从版面空间来看，它也是非常重要的一种版面语言。然而，这种变化经历了几个世纪的时间。

一、新闻标题的历史沿革

1. 无标题状态

中西方报纸早期都经历过一个无标题的时期。我国最早的报纸——邸报（如唐朝的《开元杂报》），长期保持着“系日条事，不立首末”的形式，即按日罗列事件，如“某日皇帝亲耕藉田，行九推礼”；“某日皇帝自东封还，赏赐有差”等，没有开头也没有结尾，也根本没有使用过标题（图 7－1）。

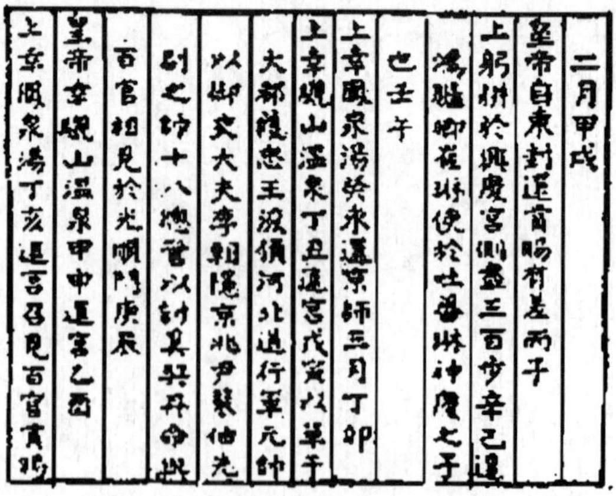
二月甲戌
皇帝自東封還賞賜有差丙子
上躬耕於興慶宮側盡三百步辛己還
鴻臚卿崔琳使於吐蕃琳神慶之子
也壬午
上幸鳳泉湯癸未還京師三月丁卯
上幸驪山溫泉丁丑還宮戊寅以華于
大都護忠王浚領河北道行軍元帥
以御史大夫李朝隱京兆尹裴伷先
副之帥十八總管以討奚契丹命拙
百官相見於光順門庚辰
皇帝幸驪山溫泉甲申還宮乙酉
上幸鳳泉湯丁亥還宮召見百官賞賜

图 7－1　唐朝《开元杂报》

① 左克. 标题一得录. 北京：新华出版社，1998. 263

17 世纪末，美国的第一份报纸 *PUBLIC OCCURRENCES* 没有标题（图 7－2），只有两段起首的字母加大。第一份连续出版的报纸《波士顿记事报》也是没有标题的，仅一段起首的字母加大。后来，广告商为了突出他们的广告，在报纸上使用了较大的字体，标出要卖的商品，这也许给了新闻编辑很好的启示（图 7－3）。一直到 19 世纪中叶，报纸编辑才在新闻上加了标题。这样不但醒目，而且能提醒读者都有些什么新闻。

PUBLICK
OCCURRENCES
Both FORREIGN and DOMESTICK.
Boston, Thursday Sept. 25th. 1690.

图 7－2　美国的第一份报纸

Just Published,
A JOURNAL
For LONDON directly,
THE SNOW
JOHN EVANS,
To be SOLD.
A HOUSE
CALEB RANSTED
To be sold by Caleb Ransted,
ALL Persons indebted
BOOKS
SOLD by B. FRANKLIN.
BIBLES of all Sizes,
WILLIAM REED,
THAT

图 7－3　《波士顿记事报》上的广告标题

2. 类题

印刷术推动了报业的发展，报纸内容较以前丰富，在人们的生活中发挥着越来越重要的作用，版面编排上的一些变化也随之出现，类题就是其中之一。把新闻简单地归类，然后冠以总名的题目，就是类题。其类型可以分为 4 种：

①以新闻来源冠名。如“宫门抄”、“上谕”（来自朝廷）、“地方新闻”（来自地方）、“域外报译”（译自外电）等。

②以地点冠名。如“上林春色”（北京）、“羊城夕照”（广州）、“皖公山色”（安庆）等。

③以部门冠名。如“工事”、“农事”、“商事”等。

④以新闻紧急程度分类。如“紧急新闻”、“一般新闻”等。

国外的报纸同样经历过这样一个类题时期。以美国为例，其类题可分为3类：

①标记日期。即把新闻发生的时间标记在新闻全文之前。

②标明地区。即按国名、城市名排列新闻。

③补遗新闻。即在按一定方式排列新闻之后，将最新收到的新闻另立题加以综述。[①]

类题表意笼统、概括，一般用于说明新闻稿件的种类或者来源，不具体揭示新闻的内容，所以算不上严格意义上的标题。但比起无标题时期，类题则是一个很大的进步，毕竟因为对内容有了大致的分类，在阅读上能给读者带来很多方便。现代报纸也经常会用到类题，如“股市快讯”、“城市速递”、“读者来电”等。

3. 单行题

我国最早的单行题出现于《上海新报》。1870年3月24日，《上海新报》开始打破类题的做法，使用一文一题，如当天的报纸上就出现了“刘提督阵亡”的标题，可以说这是现代新闻标题的雏形，它揭示了新闻的主要内容。

之所以说它还只是现代标题的雏形，是因为其字号与正文一样大，没有特别凸现出来，但较之类题，它已经是一个根本性的改变了。当时类似的新闻标题如“马车伤人”（《新报》1876年11月23日）、“俄贷巨款”（《申报》1878年8月9日）、“池见女尸”（《申报》1878年7月31日），还均为单行题，并没有像现代标题那样形式多样。

一文一题是现代标题的特征。“在分类题盛行的时期，孕育着一文一题的新闻”[②]，由于当时分类题盛行，一文一题未受到应有的重视。

4. 现代标题

现代新闻标题的大量出现是20世纪初的事情。19世纪末期，美国大众化报纸盛行，报纸内容丰富，编排手段多样。印刷技术的发展，使得制作破栏横式标题甚至通栏标题成为可能。标题开始在字体字号上有所作为了。

现代标题的主要特征是标题打破栏的界限，采用比正文大的字号，并出现了辅助标题（即多行标题）。此外，由于是多行标题，新闻标题不仅可以揭示最重要的新闻事实，还可以对新闻事实进行评论，倾注报人的倾向性。新闻标题的这

---

① 刘汉报，傅贵余．时事新闻标题．北京：新华出版社，1997. 16

② 刘汉报，傅贵余．时事新闻标题．北京：新华出版社，1997. 17

一功能，对媒体担负引导社会舆论的重任有着重要意义。由此，现代标题成为一种独特的版面语言。例如：

日本发生地震（主）

震区：在箱根与东京附近（副）
震源：在京西南之湘漠北部
灾情：长野较剧　东京损害微
交通：秩序安定　靖电所渐次恢复

《顺天日报》1924 年 1 月 16 日

这是一个典型的多行标题。标题对这次地震的各个侧面作了详细的叙述，便于读者了解新闻事实。又如：

牛鬼蛇神，一齐上阵（引）
廷试游学生等第单（主）

《民立报》1911 年 5 月 23 日

标题采用多行题的形式，对清廷考试的弊端给予了无情的讽刺和揭露。引题表明态度，主题说明事实。再如：

真个热死人（主）

上海马路上热度达 150 度，中暑倒者三男三女二英人，苏州 18 日一日热死者五人（副）

《晨报》1932 年 7 月 20 日

主题用口语化的方式，表达出一种态度和评价：天气太热了。副题则叙述事实。

二、新闻标题的作用

标题作用于读者不外乎两个因素：其内容对于读者信息需要的满足程度，其形式（包括标题的位置、字号、字体、语言、颜色、空白等手段的使用）对读者的吸引程度。具体来说，其作用有五：提示内容、评价新闻、激发兴趣、美化版面、体现风格。

1. 提示内容

“标题者，新闻之缩影，事实之精髓”，讲的就是标题对新闻重要内容的提示与表现的功能。标题要用最精炼的文字将新闻中最重要、最引人注目的事实报告给读者。

“看书先看皮，读报先读题”，这是读者通过标题对作品所作的第一步选择。很多人阅读媒体的新闻，首先是通过标题来获取最重要的信息，尤其是随着现代社会生活节奏加快，媒体信息量加大，这种“读报（新闻）读题”的现象更为明显。1990 年波因特媒介研究所和盖洛普“追踪眼”研究所的一项联合调查发现，参与调查的读者读过 56% 的标题，相比之下，调查对象只读过 25% 的新闻报道正文①。因此，揭示新闻的内容就成为标题的第一任务。

在一些动态短新闻中，标题更是干净利落，事实一目了然，如“我三十万大军胜利南渡长江”（新华社 1949 年 4 月 22 日）、“伊拉克入侵科威特”（新华社 1990 年 8 月 2 日）、“肯尼迪遇刺丧命　约翰逊继任美国总统”（路透社 1963 年 11 月 22 日）等。动态短新闻以迅速传播事实为主，不仅要求快速发稿，也要求便于读者迅速接受，因此，语言极为简练，事实突出，标题尤其如此。

2. 评价新闻

标题在提示事实的同时，还可以进一步揭示新闻的本质，指导读者了解新闻的意义，借此表明编辑的态度和立场。如果说标题的提示功能着眼于信息的含量，那么标题的评价功能则着眼于对信息的态度导向。这种评价可以是直接表态，也可以通过事实来隐晦发言。

标题“‘天安门事件’完全是革命行动”（《人民日报》1978 年 11 月 16 日）就是鲜明表态的典范。为“天安门事件”平反的这个信息，是在十一届三中全会召开前夕的北京市委常委扩大会议上提出来的。当时对这个事件如何定论，是全国关心、世界瞩目的大事。《北京日报》于 11 月 15 日最早报道这个消息，但是编辑没有对这一重大消息作特殊处理，而是让它淹没在洋洋千言的一般性的长篇会议新闻中，致使很多人没有注意到这一消息。11 月 15 日，新华社的编辑在写电讯稿的时候，单独把这个消息提出来加以报道，并且在标题中给予了醒目的处理：

中共北京市委宣布“天安门事件”完全是革命行动

原新华社社长穆青回忆当时制作标题的情形时说，标题是经过再三斟酌的。

① 陈雪奇．现代媒体编辑．成都：四川大学出版社，2006. 126

社内部曾经定过一个长标题，这个标题是确切的，但不醒目。大家几经反复，最后确定了这个标题。这个标题一加上，就把这个事件的政治意义完全突出出来了。[①]

11 月 16 日《人民日报》在刊登新华社的电讯稿时，则用主副标题进一步突出了这种评价：

中共北京市委宣布（引）

“天安门事件”完全是革命行动（主）

这则标题用主题表态，突出醒目，语气果断坚决，干净利落，是对“天安门事件”的高度评价。

标题也可以通过对事实的不同处理来表达评价，如把新闻事实安排到标题中的不同位置进行评价，通过叙述新闻事实时采用不同的词语进行评价等。我们将在标题制作中具体谈到这个问题。

3. 激发兴趣

标题的内容新鲜、重要、显著，标题的文字生动、优美或者幽默风趣，标题的编排形式活泼、醒目，都可以吸引读者的视线，激发他们的阅读兴趣。如：

《小朋友》今年六十岁

这是《新民晚报》1982 年 4 月 30 日的一个标题。《小朋友》是在上海发行的一个儿童刊物，消息发表时，正值它的 60 周年纪念。标题利用“小朋友”和“60 岁”这一对矛盾来作题，令人拍案叫绝。活蹦乱跳的小朋友和两鬓如霜的六旬翁，是迥然不同的两种形象，标题巧妙地把这对矛盾组合在一起，使人仿佛看到一个小孩儿长着长胡子的有趣形象，幽默、风趣、隽永，很吸引人。

4. 美化版面

标题通过字号、字体的变化，文字排列的变化及其他美术装饰和处理，成为美化版面的一种重要编辑手段。如《北京青年报》的以下这个副刊版面（图 7－4），如果没有标题的装饰，定然不会如此出色。

① 蔡雯. 新闻编辑学. 北京：中国人民大学出版社，2006. 319

天天副刊
品味·宠物大会
第21版
我是一只小小小狗
玩多长时间为宜?
给宠物办身份证
宠YELLOW

图7－4　《北京青年报》副刊版面的标题

5. 体现风格

媒体有不同的风格，同一媒体的不同版组也个性迥异。鲜明的特色是通过很多方面来体现的，标题便是其中之一。中央大报与城市小报、财经报与体育报，同一报纸的时政版与娱乐版或图片版，它们的标题无论从内容到表现形式都是各有特点的。我国四大晚报之一的《羊城晚报》就非常讲究标题的亲切，注重文采与意蕴，绝不粗糙为题。如：

银灯六十盏　装点白云山

《羊城晚报》1981年10月3日

1981年，广州白云山新装了一批路灯，新闻价值不大，却是一条便民的好消息。编辑在为这条新闻制作标题的时候，使用了传统五言诗的形式和表现手法，“银灯”、“白云山”、“装点”等词语搭配在一起，精致，不落俗套，营造了一种优美的意境；同时又通俗流畅、朗朗上口，很适合市民的口味，体现了《羊城晚报》一贯的风格。

此外，标题在表现形式上的不同也体现着不同的媒体风格特色。如《北京青年报》的标题多用大黑体，字号大，喜用铺网等修饰，激情、张扬，符合青年都市报的定位；《中华工商时报》是专业经济类报纸，比较强调严谨、理智、科学、典雅，标题多用粗圆体，字号不太大，少修饰。

三、新闻标题的种类

按不同的标准划分，新闻标题有以下不同种类：

1. 按标题与稿件的关系分类

按标题与稿件的关系分类，标题可以分为主题、引题、副题，其中引题和副题又统称为辅题。

①主题：标题的核心部分，用以说明最主要的事实或者观点。其特点是字号最大，地位最突出。

②引题：位于主题之前，用于交代相关背景，烘托渲染气氛，揭示意义以引出主题，或使主题长句短化。其特点是字号小于主题。也称为眉题、肩题。

③副题：位于主题之后，用于补充、解释主题。其特点是字号小于主题和引题。也称为子题。

下例为一个引题、主题、副题三者齐全的标题：

国防科工委主任张庆伟：

嫦娥1号本月下旬发射

另有专家透露具体发射时间为：10月24日18时05分

《信息时报》2007年10月17日

这条标题的引题原是主题的一部分，为了使主题长句短化，因此把“何人”部分提出来作为引题，副题则是主题的补充。

2. 按内容表达的特点分类

按标题对内容表达的特点分类，标题可以分为实题和虚题两类。

实题指叙述事实的新闻标题，着重表现具体的人物、动作和事件，即如实地表述新闻事实的基本要素。虚题指发表议论的新闻标题，着重说明原则、道理、愿望等。

实题可以独立存在，因为通过它读者可以了解到新闻最基本、最重要的内容。虚题不能独立存在，它必须依附于实题；如果只有虚题，读者无法了解到新闻事实，对于虚题所阐述的道理等也就无从理解。如：

货好招远客

广济造纸厂凸版纸畅销东亚

《湖北日报》1981 年 4 月 12 日

这条标题主题为虚题，阐述一个普遍的道理：酒香不怕巷子深，货好不怕客人远；对于产品来说，质量就是生命。副标题为实题，叙述新闻的具体事实，是对主题的一个印证。虚实结合，说服力强。

四、新闻标题的结构

新闻标题的结构有两种：单一型标题和复合型标题。

1. 单一型标题

单一型标题即只有一种主标题形式的标题，多数是一行，少数为两行或者三行。对于内容比较单一、不太重要的新闻，或仅由主标题就能独立承担标题任务的新闻，均可用单一型标题。如“京汉路工人昨午起大罢工”（《京报》1923 年 2 月 6 日）、“研究生娶个农民妻”（《抚顺日报》1982 年 7 月 31 日）、“重金请设计师规划白云新城”（《南方都市报》2007 年 12 月 30 日）等。

2. 复合型标题

复合型标题由主题和辅题（包括引题和副题）组成。复合型标题常用于内容重要、篇幅较长、比较复杂的新闻，因为单一型标题难以概括较为复杂的新闻内容及其意义，因此需要制作复合型标题。复合型标题因为是多条标题的组合，因此既可以阐释意见，也可以叙述事实，虚实结合；也可以全部做成实题，从不同的侧面立体化地反映事实。

例一：

中华民族永载史册的盛事　世界和平正义事业的胜利（引）

中英香港政权交接仪式在港隆重举行（主）

江泽民主席庄严宣告中国政府对香港恢复行使主权，李鹏总理等中国政府代表团成员及英国查尔斯王子布莱尔首相等出席交接仪式（副）

《人民日报》1997 年 7 月 1 日

例二：

李达同志遗体在京火化（主）

刘华清薄一波张震秦基伟等到医院送灵（副）

《人民日报》1993 年 7 月 21 日

五、大标题、小标题、提要题

大标题、小标题、提要题是新闻标题的特殊形式，它们有各自不同的特点。

1. 大标题

大标题指用来统帅若干篇新闻的标题，通常放在一个版或一个专栏最显著的位置，字号也最大。大标题又称横幅、牌子或刊头。它的主要作用是用来集纳同一主题的稿件，使其集零为整，形成规模效应。

例如，2000 年 12 月 31 日的《北京青年报》（图 7－5）上，“我们为二十世纪最后一刻送行”就是一个大标题，统领着七条小标题：“人大会堂新年乐章”、“世纪坛前焰火绽放”、“三国学生推倒骨牌”、“温岭目击第一曙光”、“世纪直播十个小时”、“世纪婴儿今晚诞生”、“本报明日触摸未来”。

另外，在当前的新闻实践中，字号特别大、通栏设置的标题也常被称为大标题。

图 7－5　《北京青年报》版面上的大标题

2. 小标题

小标题，也叫插题，它穿插在长新闻中，用来概括提示某一段落的内容，或突出事件、人物进程的阶段性，或强调某种思想、观点、措施、问题。因为它具有分段或者分类的作用，因而又叫分题。

例如，《南方都市报》2007 年 12 月 6 日的报道《凌晨围捕　便衣击毙毒贩》，讲述的是前一日凌晨 1 时，广东便衣警察在番禺围捕毒贩的过程。文中用了三个小标题：

①［追逐］银色轿车撞破卷闸门
②［对峙］警察朝轿车开了几枪
③［勘查］一名毒贩被当场击毙

这三个小标题对围捕过程进行了分阶段介绍，生动直观，既使事件的发生过程一目了然，又增加了版面的透气性，使版面形式富于变化。

小标题制作要注意形式整齐、新奇、吸引人，文字长短相差不多，但也要防止另外一个极端，那就是呆板、单调、削足适履、因形害意。

3. 提要题

提要题指在较长或较重要的新闻中，除了标题之外，另将最主要、最核心的内容如事实、做法、经验、问题等提纲挈领地概括出来，放在标题的前面（不同于引题），或者放在标题的后面、正文的前面，起到“内容提要”的作用。

放在新闻标题前面的提要题，有时近乎引题，但比引题详细，介绍事实的梗概，更能吸引读者。

以2007年12月12日《广州日报》A02版的要闻《马思聪骨灰昨抵广州》（图7－6）为例。1987年5月，我国著名作曲家、小提琴家马思聪客死美国费城。2007年正值大师逝世20周年、出走美国40年。按照大师的遗愿，经温家宝总理批示，12月3日晚10：30，马思聪和夫人王慕理的骨灰终于由其子马如龙带回祖国，来到广州。《广州日报》在该新闻的标题前拟了一段提要题：“阔别祖国40年，马思聪的儿子马如龙护送父亲骨灰回国激动不已，感慨：‘我终于还了父亲的心愿！’”这段提要题是对马思聪骨灰回国的一个背景性交代，同时也是一种情感的渲染，以吸引读者往下看。

阔别祖国40年，马思聪的儿子马如龙护送父亲骨灰回国激动不已，感慨：“我终于还了父亲的心愿！”

马思聪：魂兮归来

马思聪骨灰昨抵广州

图7－6　《广州日报》版面上的提要题

放在新闻标题之后、正文之前的提要题，有时近乎副题，有时近乎说明性的编者按，能帮助读者了解文章的梗概、基本要点和关键问题。如2002年9月15日，恰逢党的十六大召开前夕，新华社播发专稿，特邀国家统计局副局长对我国经济和社会发展中的10个显著性跨越进行点评，全文长达5 000多字。《南方日报》刊发该稿时，做了一些编辑处理，其中之一就是在标题下做了一个醒目的提要，把十大跨越的基本点标示出来，让读者一看就非常清楚：

□经济总量已跃居世界第6位，在发展中国家排名第一，进入世界“重量级”阵容

□人民生活从“温饱”跨入“小康”

□国内市场出现从“卖方市场”到“买方市场”的标志性转变，短缺时代基本结束

□经济体制改革实现重大突破，初步完成由计划经济向市场经济的历史性转轨

□外贸总额从世界排名第16位升至第6位，对外开放由局部开放转为全面开放

□国家财政实力由“弱”到“强”，财政体制由“大一统”向“公共财政”转变

□经济结构在战略调整中升级优化，拉动经济增长的主要力量由一产、二产转变为二产、三产

□从优先发展东部地区到实施西部大开发战略，经济布局正在新的广阔空间展开

□经济发展方式由粗放型向集约型转变，可持续发展能力不断增强

□实施科教兴国战略，科技进步日新月异，教育发展成就斐然

提要题能帮助读者阅读，但也应注意以下几方面：一是使用不要太普遍，主要应用于头条、字数较多、专业性较强或较枯燥的稿；二是制作时应注重提供新闻本身有价值的信息，同时注意采用各种方法吸引读者阅读，否则便会失去其存在的意义。

第二节　新闻标题的制作

“文好题一半”，制作一个好的标题最费思量。标题制作既要考虑内容准确、表态恰当，又要讲究标题的生动与优美，内容和形式完美结合的标题才是好标题。

一、准确选择事实

标题最基本的功能是把新闻的内容准确地告知受众。寸金之地，必然要求把新闻中最重要的事实或最重要的观点呈现出来。标题其实就是“将细节和背景忽略之后的报道……它只能突出整个新闻事件的一个方面或一个价值点”①。新闻中的事实往往并不止一个，从何下手才能“抽”出最准确的事实？关键还要靠编辑对事实的观察和鉴别，从千头万绪中“抽”出最核心的事实，概括事实最本质的特点。

1. 提取核心事实

北宋文学家欧阳修与友外出游玩时，见到一匹奔驰的马把伏在路上的一只狗踩死了。友用12个字记下来：“有犬卧于通衢（大路），逸马蹄而杀之。”欧阳修却只用了6个字：逸马杀犬于道。欧阳修抓住了最重要的事实：马在路上踏死犬，而与此关系不大的“有犬卧通衢（大路）”则被舍弃。制作标题，也要有这种抓核心事实的功夫。

例如，2007年12月5日，广州有名的青年志愿者赵广军结婚，当地各报进行了报道。以下为其中三报的标题：

本报参与主办的志愿者爱心婚礼昨在广州日报大院隆重举行（引）

阿军结婚啦！（主）

上午走红毯　中午“认干妈”　下午领奖状　晚上接电话（副）

《广州日报》2007年12月6日

昨日包括赵广军在内的三对志愿者新人喜结连理（引）

婚礼进行曲——《志愿者之歌》（主）

《信息时报》2007年12月6日

赵广军结婚了！（主）

婚礼进行曲为《志愿者之歌》（副）

《新快报》2007年12月6日

① 于十三. 标题改革初探. http://www.chuanmei.net

这三个标题都属于复合型标题。《广州日报》和《新快报》都以主题突出赵广军结婚这一核心事实，充分体现了主题是“标题的核心部分，用以说明最主要的事实或者观点”的特点。但《信息时报》的主题着重于介绍“婚礼进行曲”，引题中的“赵广军”则被淹没在一个长句里，整个标题都没有把新闻最重要、最核心的事实凸现出来。

2. 准确概括事实本质

标题还要善于概括事实的本质。如1983年2月24日，48次特快列车行驶在京广线南段大长滩站与永济桥站之间，突然遇上塌方，土石淹没了10号车厢的车轮部分。车上除了一个小女孩脸上轻微擦伤外，其余人员均平安无事。《羊城晚报》在报道这件事情时，标题为“48次车有惊无险”，而另一家报纸则拟标题为“48次特快客车安全脱险”。很显然，前者对事实概括得更为准确。列车本来就没遭遇“灾难”，没有造成什么损失，谈不上“脱险”，用“有惊无险”概括更为准确。

再如，20世纪70年代中期到80年代初期，越南开始排华，加之领土纠纷问题，中越关系开始恶化。越南对中国反目，本已理屈词穷，但仍要制造国际舆论混淆视听。1980年10月，越南外长阮基石在联大举行记者招待会，张皇失措中把越南比作一条狗，说中国不敢喂饱它，以防跑掉。新华社记者就此写了一篇特稿。北京某报将之改作消息时，标题为：

语无伦次　丑态百出（主）

越南外长阮基石在联大举行的记者招待会上（副）

而10月6日《解放日报》在发表该消息时，则题为：

越南是什么？一条没喂饱的狗！（引）

越南外长妙语惊人（主）

两者相比，优劣明显。前者主题和引题失之抽象空洞，没有抓住新闻事实的本质内容，后者则抓住了事实的本质，通过具体的细节体现出来。一条好的标题，要善于从事实中概括出本质的东西来。所以人们常说，标题来源于新闻，但又高于新闻。

历史上经典的新闻标题都是对新闻进行了准确选取和概括，开门见山地传递其中的核心事实的。如：

日本无条件投降

美联社 1945 年 8 月 14 日

“挑战者”号爆炸

合众社 1986 年 1 月 31 日

河南 21 万农户用上新式厕所

《健康报》1990 年 7 月 24 日

凤凰卫视女主持人刘海若从深度昏迷中苏醒

新华社北京 2002 年 8 月 9 日

二、恰当表达意见

标题的首要功能是提示新闻中最重要的事实，此外，标题还是一种重要的表达意见和态度的手段。不管是通过事实来隐晦地表达意见，还是通过议论来鲜明地表达立场，总之，标题的意见功能是不容忽视的。

1. 用事实来表达意见

版面是一种无声的语言，这同样适用于标题。很多时候，标题是通过事实的选择与组合来表达无声的意见的。如：

石景山区环卫局副局长袁树森离休后（引）

要了三大件　扫帚　铁锹　平耙（主）

干着三件事　植树　栽草　种花（副）

《北京日报》1983 年 5 月 18 日

这个标题如实地摆出事实，没有任何倾向性词语。但是通过事实，读者心中自有判断，而正是通过这种“清水出芙蓉，天然去雕饰”的方式，编辑对袁树森行为的赞许无声地表达了出来。标题顺文达意、质朴无华，不失为一条好标题。

2. 通过议论来发表看法

标题平静如水是一种态度，汹涌澎湃则是另外一种态度。有时，标题需要明确地表达感情或者立场。著名编辑左克曾在《标题一得录》一书中谈到这样一件事：1989 年他在《扬子晚报》的时候，一位记者给他发来一条消息，写的是一位台胞在游览南京梅花山时钱包掉了，被一位解放军军官拾到，军官找了很久才找到这位台胞，并将钱包归还了失主[1]。原稿标题是：

台胞赏梅失巨款
中尉排长还失主（双主）

左克在新闻见报前，把标题改为：

赏梅更赏人情美（主）
一台胞游梅花山时丢掉的钱包又找到了，他称赞大陆军人思想好（副）

这么一改，标题生色不少，无论内容还是形式，都更胜一筹。前一标题只是叙述事实，没有任何评价；而后一标题，则对军官的这种美德加以了鲜明的肯定，起到了一种很好的社会舆论引导作用。此外，标题从文字上来看，韵律感强，更具有意蕴美。

3. 意见表达要恰当

标题所用词语不同，表现形式不同，所表达的感情色彩和态度也是不一样的。因此，制作标题时一定要考虑用恰当的方式来表达意见，需要含蓄的时候就要含蓄，需要旗帜鲜明时就要旗帜鲜明。当然，某些时候，保持中立也是一种表态，如尚未判定的法律案件、一些尚不知我国政府如何表态的国际争端、一些出现不久尚看不出结果的新现象，宜用不偏不倚的标题。

新闻史上曾有“两条标题打垮一个党”的佳话。1946 年旧政协闭幕后，国民党当局为了迷惑群众，制造“民主”假象，同时也为了扩充派系势力，唆使重庆的一些政客、流氓、社会渣滓组织新党。有一个有些“来头”的舞厅女老板，纠集了一批人，组织了所谓的“民主党”，成立会就在她的舞厅举行。开成立会那天，她自称“女党魁”，并宣布此“民主党”与国民党是儿子与父亲的关系。重庆《新民晚报》在社会新闻头版未加任何评论地转发了这个“趣闻”，标题如下：

舞影翩翩新党出（主）
自称“父子党”（副）
还有“女党魁”

① 左克．标题一得录．北京：新华出版社，1998.116

报纸一出，舆论哗然，人们把此传为笑谈。“民主党”又气又恼，但又从新闻中抓不住什么把柄，于是赶紧写信致报社，否认说过和国民党有“父子关系”，否认有“女党魁”，要求报社更正。几天后，编辑把这封信原封不动地照发在同版同一位置，并拟了一个与前次的标题字数、字体、风格一样的标题：

民主党来函照登（主）
并非“父子党”（副）
亦无“女党魁”

前后两个标题，相映成趣，寓辛辣的讽刺于不动声色中，给予了“民主党”致命一击，不久这个“民主党”也就销声匿迹了。含蓄发言，绵里藏针，这是进步报纸在严峻的政治环境下所经常采用的策略。

当然，在需要明确表态或者表达强烈感情色彩的时候，标题也不要吝啬用词。如：

徒步考察黄河全程（引）
壮哉！杨联康（主）

1981—1982 年，我国地质工作者杨联康从黄河发源地徒步考察黄河，历时 315 天，行程 5 500 多公里，到达黄河入海口，成为我国徒步考察完黄河全程的亘古第一人。这一壮举是令人钦佩的，标题的风格色彩应该与新闻内容一致，对事实加以鼓励和肯定。上述标题感情充沛，主题打破常规，用倒装的结构，表达出强烈的抒情色彩和感染力量。如果标题做成：“青年工作者杨联康徒步万里考察黄河全程”，就没有任何感情波澜，也逊色不少。

此外，标题的构成方式、排列形式、字号、字体、装饰等，也都是一种表态方式。

三、生动运用语言

制作标题是一门运用语言的艺术。标题作为一种独特的“文体”，它语意跳跃，惜墨如金。因此，在语言运用方面，尤其要具有高超的技巧才能驾驭好标题。

1. 简练

“文约而事丰”，即写文章不要啰唆在，要用简洁的文字传达出尽可能多的信息。标题作为新闻的眼睛，更应该文字简练。例如，1956 年 2 月 4 日，新华社报道：一艘前苏联海轮在印度洋夜航时，忽然一块陨石坠落在它的桅杆上。当时我国几家报纸转发了这一新闻，标题分别为：

陨星巧落夜航轮

《文汇报》

航海佳话：

陨星飞来　正中船桅

《工人日报》

历史上第一次：

陨石落在一艘航行中的苏联轮船上

《大公报》

陨石落在轮船上

《南方日报》

比较一下，可以看出《文汇报》的标题更为出色。它简洁凝练，文字优美，声韵和谐。寥寥七字，传达出丰富的信息：写出了陨星落在什么地方，什么时候落下的，船是停泊的还是航行的。特别是“巧落夜航”真正做到了“文约而事丰”。

标题要简练，首先要精练动词，因为富有表现力的动词能最直接地把信息传达给受众。如：

天山花茶　香飘海外

《工人日报》1980 年 3 月 29 日

福建省宁德地区茶厂的茉莉花茶——天山花茶是全国茶样评比中的获奖产品，畅销海外，享有盛名。标题用“飘”字，把茶叶销往海外的事实写出来了，不仅如此，“飘”字还把喝茶时的感受描绘出来，仿佛一缕缕茶香从茶杯中袅袅升起，芳香扑鼻，沁人心脾，茶叶的品质不言自明。一个“飘”字，既点明畅销的事实，又说明茶叶的品质，既有事实又有神韵，丰富的信息尽在一字中。

类似的标题还有“让措施从墙上‘走’下来”（《辽宁日报》1981 年 5 月 1

日）、“丛林密树锁黄沙（《人民日报》1963年10月23日）”、“盟军饮马多瑙河”（《新华日报》1945年4月25日），等等。

其次要精简字词。标题中多余的、重复的内容要删减。此外，还可以通过改变叙述方式或者适当采用简称来精简标题。要注意的是，采用简称要防止矫枉过正，如果词语简化到受众看不懂的程度，就是失败的。如2007年12月5日，一个美国青年因失业、失恋，在美国一大型购物中心制造了枪击事件，广州《信息时报》的标题是：

美国“双失”青年血洗商场（主）

连开30多枪射杀8人后自杀，遗书中称“我要出名了”（副）

如果不看新闻只看标题，受众对于“双失”一词的意思会摸不着头脑。

近十多年来，我国报纸头版新闻标题短化是一个值得关注的现象，有的时候甚至只有一个字。西方报纸早就有此传统，“9·11”事件发生后，美国各地报纸纷纷使用一两个词的标题报道这条新闻，然后配上大图，非常具有冲击力，如“WAR”（战争）、“U. S. ATTACKED”（美国遭袭）。现在我国报纸上这种用法也很普遍，如2007年12月13日，《南方都市报》头版的一个醒目的大标题是：“年关火警。”当天的报纸报道了温州和东莞两地发生的火灾。在平常的速览版，《南方都市报》也会用一两个大号字来突出当天的一两条重要新闻。

2. 生动

有人形象地称标题为“一瞥的艺术”，这是有道理的。要在一瞥的时间里抓住读者的视线，标题一定要形象生动、活泼有趣。各种修辞手法的运用，如拟人、比喻、借代、顶真、回环、对偶、排比等，往往能使标题“活”起来。如：

埃菲尔铁塔“减肥”

《文汇报》1983年8月13日

法国著名的埃菲尔铁塔初建时只有7 500吨，以后人们不断为它增加多种设施，使其重量增至11 000吨，铁塔变得越来越臃肿。为此，法国政府决定削减其重量的十分之一。该项工程完成后，《文汇报》报道了这则消息，使用了这个拟人化的标题，形象幽默、确切简练。又如：

见肉吃肉　见酒喝酒　个个“狮子大张口”（主）

四明村干部上任一年多吃喝万余元（副）

北京煤气 上气不接下气

田中深情赠樱花 樱花开时忆总理（主）
两千株树苗将栽在周总理家乡等地（副）

马歇尔歇马 华莱士来华

这几则标题分别运用了暗喻、双关、顶真、回环的修辞手法，都是让人过目不忘的好标题。

此外，巧化古诗佳句，也可增强标题的表现力和生动性。中国文字讲究意境，古代诗词佳句颇多，很多标题巧取这些名词佳句，或借其本意，或重赋新意，使标题含义深远、寓意深刻。

左克在《标题一得录》一书中谈到这样一则标题：1937 年我空军击落一架日寇轰炸机，在驾驶员尸身衣袋中，发现一封该驾驶员妻子写来的信，并附有她的近照，看上去其妻漂亮多情。不久，上海一家画报刊登出了驾驶员尸体与被击落的飞机残骸，同时也登出了死者妻子的玉照与原信。标题为：

可怜无定河边骨
犹是春闺梦里人

这是引用唐代诗人陈陶《陇西行》中的两句诗。“无定河”是指发源于内蒙古又流经陕西入黄河的无定河。两句诗的意思是征人早已在战场丧生，尸骨已寒，而妻子却仍在萦思梦想之中。编辑化古诗为题，把日本军国主义发动的这场战争给老百姓带来的伤痛表现得深刻透彻，同时又词句文雅，韵味无穷。这无疑比“我空军击落一架日寇轰炸机”的标题更具有人性冲击力。此类标题还有：

人面不知何处去，夜半大门八字开

《文汇报》1984 年 1 月 20 日

卅载冷暖岁月 当代冰霜爱情（引）
少帅赵四 正式结婚
红粉知己 白首缔盟（主）
夜雨秋灯 梨花海棠相伴老
小楼东风 往事不堪回首了（副）

《联合报》1964 年 7 月 21 日

当然，无论标题使用何种表现形式，采用何种修辞方法，都要遵循一条原则：形式为内容服务，切不可为了一味追求形式而损害内容。

四、标题制作要注意的方面

标题制作要注意三个方面：题文一致，虚实得当，逻辑合理。

1. 题文一致

所谓题文一致，就是标题选择的事实和观点要与新闻内容的本质相一致。具体来说就是：第一，标题所写的事实，应该是新闻中本来就有的，不能选择新闻以外的事实，更不能无中生有，加以虚构。第二，标题从新闻中选择某一事实，但是这种选择不能不顾及事物的全貌，不能歪曲整个新闻的基本事实。[①] 如：

上海人送礼花样多

白色的番茄左看右看像鸭蛋，赤橙黄黑紫，色泽鲜艳的五彩辣椒个儿大，表层亮光光好似打了蜡。这样的精品蔬菜篮昨天初次在申城上柜，没多久就卖出了一千多篮。

据悉，篮内的精品蔬菜来自本市浦东孙桥、五四农场、松江锦菜园等 18 家现代化园艺场。这些能在冬天出生的蔬果都在温室中长大，从小就开始接受电脑控制和无土营养栽培。蔬果篮也是上海现代农业科技献给申城百姓的一份厚礼：黄番茄又大又圆赛过柿子，这是采用基因转移技术培养出的抗病毒番茄。日本菜花、紫甘蓝、彩色西葫以及甜椒等，大多能生食或做冷盆色拉。

《新民晚报》2000 年 1 月 2 日

该新闻的标题明显文不对题。新闻的内容主要讲的是上海 18 家现代化园艺场，采用现代科技生产出新颖多样的精品蔬菜，这些精品蔬菜可以用于送礼，也可以自家吃。报道并没有提到上海人买蔬菜是为了“送礼”，但标题却用“上海人送礼花样多”来概括，显然是比较牵强的。例如：

加密电视
今晚粉墨登场

《昆明日报》1995 年 11 月 30 日

① 郑兴东，陈仁风，蔡雯．报纸编辑学教程．北京：中国人民大学出版社，2001. 156

1995年中央电视台开始推出加密卫星电视，以极其低廉的收费更好地服务于各地有线电视用户。这是一件大好事，但标题却用含有贬义的“粉墨登场”来评论它，用词不当。

2. 虚实得当

复合型新闻标题要注意虚实结合。实题可以独立存在，而虚题不能独立存在，它必须依附于实题。如1982年8月24日湖北某日报的一则标题是：

武汉杂技团艰苦奋斗精神名扬海外（引）

出入花花世界　永葆清白家风（主）

这个标题的主题和引题都是比较虚的，人们只知道其艰苦奋斗的精神，而不知道其具体内容。读者看过标题不明白其意，标题也就失去了应有的作用。

虚实结合得好的标题，其表现力更强。一般来说，如果要强调的是新闻中的事实，则宜把主题做成实题；如果要突出的是新闻中的思想、观点、愿望等，则可以把主题做成虚题。主题是做成实题还是虚题，要根据报道意图来决定。

当然虚题也不可滥用，并不是“无虚不成题”。能用实题说明问题的尽量用实题。著名报人安岗早在20世纪80年代初就指出：“我们报纸上一行的标题很少，特别是头版头条……能做好一行题的，最好不要再加眉题、副题等等。”如1981年9月1日《湖南日报》的一则一行标题获得好评：“短秤一两　赔罚一斤。”标题实在，语意明确，无须再加虚题发表不必要的议论了。

3. 逻辑合理

标题由于没有关联词、少用标点符号、语意转换跳跃比较大，各行标题之间的关系只能由读者去意会，因此，制作标题一定要注意各行之间的逻辑关系连贯，才不致让人产生疑惑。如：

足球场重演翻车惨剧（引）

西德队四年后大胜法国队（主）

这则标题，引题从法国队的角度描写——惨败，而主题却从西德队的角度表述——大胜，引题和主题之间的逻辑关系不连贯，让人理解起来很费劲。

再如，2007年年底委内瑞拉举行修改宪法全民投票，总统查韦斯对于美国干预投票表示不满，他于12月2日在一次万人大会上发表演说，声称如果美国插手当日在委内瑞拉举行的修改宪法全民投票，他就停止向美国供应石油。广州几家报纸的标题分别是：

警告美国不要插手委国修宪全民投票（引）
查韦斯威胁切断对美供油（主）
《南方日报》2007 年 12 月 2 日

查韦斯警告美国
插手投票就断油
《南方都市报》2007 年 12 月 2 日

美国约 12% 进口油由委内瑞拉提供（引）
查韦斯威胁给美国断油（主）
《广州日报》2007 年 12 月 2 日

《南方日报》、《南方都市报》的标题抓住了主要事实：如果美国插手，查韦斯就对美断油，条件与结果两个方面紧密相扣。而《广州日报》引题与主题之间的逻辑关系却不是很清楚，主题的直接前提是“美国如果插手”，而不是引题所列的事实。如果读者事先不了解新闻事实，粗看标题就会心存疑惑。

此外，标题各行之间的分行也要合理，才不致产生歧义。如：

外交部发言人沈国放说（引）
中国对美再次袭击
伊拉克深表不满（主）

这则标题主题分行不合理，让人以为是“中国袭击美国”，细看才明白原来是美国袭击伊拉克，中国表示不满。

第三节　不同类型新闻标题的特点

不同文体或不同新闻题材的标题，呈现出不同的特点。

一、不同文体新闻标题的特点

广义的新闻包括消息、通讯、新闻评论等，这是按照不同的文体特征所作的划分。各种新闻体裁，有各自的表达方式和特点，也有与之相适应的标题。

1. 消息标题

消息是迅速报道新近发生事实的新闻，它以迅速及时见长，因此，要求其标题具有快捷、直接的告知功能。

消息标题的特点包括：标明事实，即使是就实论虚的标题，也要摆明事实；显现动态，即告诉读者现在正在发生什么事情、有什么进展等，一般用“主谓”或者“主谓宾”的结构，即使是最简洁的标题，也一定少不了核心动词。标出含有变动的新闻事实，是消息标题的显著特点。如：

中国向毛泽东告别的仪式非常感人 (1)

法新社北京 1976 年 9 月 18 日

数风流　看“公牛”（主） (2)

芝加哥公牛队再获 NBA 总冠军（副）

美联社 1998 年 6 月 14 日

跑！跑！跑！（主） (3)

东北华北敌军官兵纷纷跑到解放区来（副）

《人民日报》1948 年 9 月 11 日

标题 1 事实明确，为“主谓”结构，简明扼要地向读者报告了新闻最重要的信息：谁、干什么。标题 2 主题为虚题，但有副题支撑，副题为实题，“主谓宾”齐全，事实一目了然。标题 3 主题简短明快，动态明显，它从新闻事实中选用了一个能反映主要行为的核心动词——“跑”，连续重复三次，体现了国民党官兵逃出苦海的迫切心情，也让人看到了解放区的发展势头似滚滚洪流势不可当。

2. 通讯标题

通讯是运用叙述、描写、抒情、议论等多种手法报道事实的新闻，它以详细、深刻见长，比消息详尽、具体、形象。因为通讯不以迅速、及时报告事实为主要任务，而只是在新闻事件发生后提供更详尽的细节和背景材料，因此，其标题的节奏和速度不必像消息那么突出，可以更为从容和含蓄。

通讯标题的特点包括：表达含蓄，不要求把新闻事实在标题中标明，尤其对实体动词没有硬性要求；对事实的呈现不要求动态，多是一种静态的表述，其结构常为“……的……”、“……是……”、“为了（让）……”等。如“生命的支柱——张海迪之歌”（《中国青年报》1983 年 3 月 1 日）、“我是‘蜘蛛人’”（《江南都市报》1999 年 10 月 10 日）、“让历史警示未来——在日本看 815”（《人民日报》1995 年 8 月 16 日），等等。下面来看几则通讯标题：

爱国烈焰（主） （1）

——世界杯女足赛决赛追记（副）

新华社华盛顿 1999 年 7 月 13 日

夜探“虎”穴 （2）

《福州晚报》1997 年 11 月 20 日

红豆杉被毁真相 （3）

《南方周末》2002 年 12 月 5 日

标题 1 的主题是一个带有强烈感情色彩的名词词组，它没有呈现具体事实，虽然有副标题作补充，但副标题所述事实也不详细，没有表述“正在发生什么”，属于典型的静态标题。标题 2 虽然是“谓宾”结构，但动词“探”的意思并不明确，它和名词“虎”都有比喻意义，整个标题比较虚，给读者留有悬念，这正是通讯标题的特点。标题 3 是典型的通讯标题，“红豆杉被毁真相”重点在“真相”，而不在“被毁”，它要探寻的是“红豆杉被毁”背后的事实。

我们可以通过下面两组标题的比较来体会消息标题和通讯标题的不同之处：

肯尼迪遇刺丧命
约翰逊继任美国总统 （1）

路透社 1963 年 11 月 22 日

我看见历史在爆炸…… （2）

合众国际社 1963 年 11 月 23 日

日本签署投降书 (3)

法新社东京湾 1945 年 9 月 3 日

落日 (4)

《大公报》1945 年 9 月 3 日

标题 1、2 同是关于美国肯尼迪总统遇刺的报道，标题 3、4 同是关于 1945 年日本签署投降书的报道。标题 1 是消息的标题，直截了当地摆明新闻事实；标题 2 是通讯的标题，修辞手法的运用使它成为一个宏大的历史场景，事件的历史意义得到昭示，一串省略号给读者留下一个巨大的疑问和想象的空间，体现了标题含蓄、曲折的特征，与通讯文体很相符，因为通讯要表现的就是事件背后的细节和材料。标题 3 是消息的标题，它用一个简洁的“主谓宾”句子直指核心事实，“签署”二字动态确定、明白；标题 4 则是通讯的标题，“落日”二字重在静态的意象，意味深长，而不以直叙事实为任务。

按传统新闻学的观点，动与静是消息标题与通讯标题的主要区别，但这种区别并不是绝对的。在实际工作中，由于报道上的某种需要，通讯运用消息标题，消息运用通讯标题，只要运用得当，都是可以的。西方的消息标题就经常使用一些更接近于文学作品标题的制作手法，如 1998 年 11 月 25 日《俄勒冈人报》有一则关于安乐死的消息，其标题是“希望在最后一夜破灭”。再如《奥斯威辛没有新闻可写》(《纽约时报》1958 年 8 月 31 日) 是一则消息，但标题看上去却是通讯标题。

有研究者认为，目前我国新闻文体逐渐融入了西方的风格（西方新闻文体基本上被分为消息、评论、特稿三大部分)，消息与通讯之间的鸿沟正在逐步消除，其标题也应走向合流。①

3. 评论标题

新闻评论是对现实生活中的新闻现象进行议论、说理的文体，它的特点是新闻性与议论性相结合。因此，其标题也就体现出直示主旨、旗帜鲜明地发表议论的特点。如：

构建社会主义和谐社会

《人民日报》2005 年 2 月 26 日

① 于十三．标题改革初探．http：//www. chuanmei. net

弘扬伟大的载人航天精神

《光明日报》2005 年 11 月 28 日

小举措需要大勇气

《人民日报》2005 年 12 月 23 日

这些新闻标题都是直接表明态度，观点鲜明，掷地有声。要注意的是，新闻评论不同于一般的议论文，它往往以某一新闻现象为议论的由头、背景、对象等，因此，标题既要紧扣新闻事实的本质，又要有升华和提高。上面三则标题都很好地体现了这一点。如《弘扬伟大的载人航天精神》的新闻评论，以 2005 年 11 月“神舟”六号载人航天飞行圆满成功为背景，标题紧扣“载人航天精神”，明确提出应对这种精神加以“弘扬”，起到了旗帜鲜明的舆论引导作用。

二、不同题材新闻标题的特点

目前，媒体上常见的新闻类型有时政新闻、经济新闻、体育新闻、娱乐新闻、民生新闻等，这是按题材的不同来给新闻分类的；而不同题材的新闻标题，其特点也各不相同。限于篇幅，这里的新闻仅指消息，即狭义的新闻，因为这是媒体经常大量使用的文体。

1. 时政新闻标题：庄重权威、直接准确

时政新闻是指党、政、人大、政协等政治性机构召开的重要会议、重要纪念活动或者重要的政治性节日活动，以及领导人的活动，一般由于主题重大或者出席人员层次较高而引人注目，具有较强的新闻性。[①] 由于题材严肃、重要，一般来说，其标题显得庄重权威，其语言直接准确、宏大开阔。如：

中共中央国务院中央军委举行大会
隆重庆祝神舟六号载人航天飞行圆满成功（主）

胡锦涛发表重要讲话并为费俊龙、聂海胜颁发奖章和证书

吴邦国主持　温家宝宣读决定　贾庆林曾庆红黄菊吴官正李长春罗干出席（副）

《人民日报》2005 年 11 月 27 日

① 张宿堂．探索新形势下时政报道的规律性．中国记者，2007（1）

中国核准《京都议定书》

《北京娱乐信报》2002 年 9 月 4 日

这两则标题语言庄严准确，直叙其事，不事修饰，尤其是前者，一系列机构和国家高层领导人的名字，增强了严肃的氛围，昭示新闻的重大政治意义。这种制题方法一般用于有关国家重大事件的新闻报道。当然，时政新闻也讲究接近性，对于一些非重大事件的报道，或政治色彩不浓的工作报道，标题亦可以生动活泼。如：

有个好消息告诉市民：广州北郊帽峰山悄然长出一个“供氧”大肺啦！（引）

噢，新鲜空气南来侍候（主）

《羊城晚报》

这则新闻写广州市白云区十年坚持绿化，使昔日荒山变成了山清水秀的风景胜地，成为源源不断向市区输送新鲜空气的“大肺”。本来可能枯燥的工作报道，标题却让人感受到洋溢着的喜气和亲切氛围。

2. 经济新闻标题：专业、理性、善用数字说话

随着经济的发展，经济新闻也成为媒体报道的主角。经济新闻具有一定的专业性，此外，它与时政的关系也很密切。因此，其标题一般比较专业、冷静、理性，不像娱乐、体育新闻标题那样张扬恣肆。如：

巢湖污染综合治理方案将出（主）

国开行承诺 200 亿贷款支持（副）

《21 世纪经济报道》2007 年 10 月 1 日

同时，经济新闻又与老百姓的生活息息相关，因此，在坚持专业性的同时，标题也应注意体现社会性，这一点突出表现在经济新闻标题对数字的运用上。如：

明年 CPI 预计涨 4.5%（主） （1）

社科院《经济蓝皮书》发布 明年应将缓解通胀压力、稳定物价作为调控的首要任务（副）

《城市晚报》2007 年 12 月 5 日

中国社科院发布2008年《经济蓝皮书》，预计今年GDP增11.6%，CPI涨4.5%（引）

明年股市短期大调长期向好（主）　　（2）

《南方都市报》2007年12月5日

成品油今起提价（主）　　（3）

全国平均零售价：汽油每升提0.4元，柴油每升提0.46元

机票液化气价相应调整　火车票、公交和民用天然气价不涨（副）

《广州日报》2007年11月1日

上述三个标题的共同特点：一是用数字说明问题，简单明了；二是注意专业性与社会生活相结合。标题1补充了老百姓所关心的通货膨胀、物价等问题。标题2则以股市行情走向为主题，这是切合股民需求的。标题3副题所述内容与百姓衣食住行息息相关，都是老百姓所关注的。

3. 体育新闻标题：竞争、激情

近年来，体育运动成为全民娱乐运动，关于体育新闻的报道成为媒体的重头戏。体育新闻标题与体育赛事一样，充满了竞争气氛与激情色彩，其标题的表现手法也花样百出。如：

领先17分反遭尼克斯逆转（引）

雄鹿毁于失败“二人转”（主）

《南方日报》2007年12月2日

宏远今晚再战八一（引）

华南虎要报仇雪恨（主）

《信息时报》2007年12月2日

乌兹别克千古奇冤

赢了：1：0

本应：2：0

想要：3：0

被判：0：0

《重庆时报》2005年9月7日

4. 娱乐新闻标题：个性张扬、善用修辞

娱乐新闻标题没有太多的条条框框约束，因此，无论从内容还是形式上，它都可以做得张扬而有个性，且善用修辞。如：

今年贺岁电影谁最大？打仗最大！（主）　　（1）

《投名状》、《集结号》前日广州试映，本报记者直击两部影片共同点（副）

《南方都市报》2007 年 12 月 5 日

“亮剑”风采叫好一片，“韩流”令人无心入眠　　（2）

《大众日报》2005 年 12 月 14 日

标题 1 主题用了设问，并且诙谐地把《投名状》、《集结号》概括为“打仗”二字。标题 2 用了对仗的修辞手法，韵律感强，读来生动有趣。

但是，过于追求标题抢眼出位，以致不少娱乐新闻题不对文，或标题夸大其词，这种现象应该引起重视。

5. 民生新闻标题：亲切活泼、富有生活气息

从内容上来看，民生新闻是关注人民生计、关心市民生活的新闻，从广义上说它属于社会新闻。它主要关注的是普通百姓的生存状态与生存空间，所以标题的特点便体现出接近性，风格亲切活泼，语言富有生活气息，表达上也喜用各种修饰方法。如：

广州的“电话小姐”有不同的开头用语（引）

“您好”热辣辣　“阿喂”冷冰冰（主）

各大宾馆、商字号企业总机多有上佳表现，一些机关单位、机场、车站、学校却不尽如人意（副）

《羊城晚报》1990 年 8 月 20 日

这则新闻报道了宾馆、企业的电话总机服务，标题嵌入了打电话的两种称呼“您好”和“喂”，“热辣辣”和“冷冰冰”的评语既对比强烈又活泼生动。再如：

2007 广州国际设计周开幕　首次全面展示广州工业设计成果（引）

泡泡糖垃圾箱你见过未？（主）

《广州日报》2007 年 11 月 30 日

该标题突破常规，并用粤语方言“未”入题，富有生活气息。此外，第二人称让读者产生参与意识，拉近彼此的距离。

思考与练习

1. 新闻标题的发展经历了哪几个阶段？
2. 新闻标题有哪些作用？
3. 在一则标题中，主题、引题、副题各自起到什么作用？
4. 大标题、小标题、提要题各有什么特点？
5. 制作标题时要准确选择事实，应抓住哪些要点？
6. 通过标题来发表意见有哪几种方式？
7. 要生动运用语言，标题制作可从哪些方面入手？
8. 新闻标题制作中要注意哪些方面的问题？
9. 通讯标题与消息标题有哪些区别？
10. 不同题材新闻标题各自有什么特点？
11. 综合分析：收集 2～3 家报纸对同一新闻报道的标题，对比、分析其标题制作的优缺点。
12. 综合练习：选取若干不同文体、不同题材的新闻稿件，为其制作新闻标题。

第八章 新闻图片的编辑

本章重点

- □读图时代新闻图片的作用
- □新闻照片的遴选和编辑
- □新闻图表、漫画等的编辑
- □新闻图片编辑的伦理问题

第一节　新闻图片的地位和作用

一、新闻图片的地位

1. “读图时代”的新闻图片

随着读者阅读报纸的时间日益缩短，而报纸的版面普遍增厚，读者在版面上停留的平均时间下降，越来越多的受众是“浏览”报纸而不是“阅读”报纸。另外，传媒技术飞速发展，图像的信息传播功能被各种介质的媒体充分开发利用。因此，新闻图片成为“读题时代”、“读图时代”报纸吸引读者眼球的重要手段，在版面中的地位越来越受到重视。

1982年创办的报纸《今日美国》，吸收电视媒体图像传播的特点，开创了以大量富含信息的照片和图表来表现新闻信息的先河，宣告了“读图时代”的来临。该报普遍运用“文字＋照片＋示意图”的形式来完成一个报道，在受众心理上制造出“多媒体”的印象。根据爱德华·史密斯和唐纳·哈雅西的统计，《今日美国》平均每个版面的“视觉要素”达7.2幅，其中74%是新闻照片，7%是图画，19%是新闻图示。

2. 我国报纸新闻图片的刊用原则

1983年10月，中国新闻摄影学会成立，第一届全国新闻摄影理论年会召开，中国新闻摄影工作和理论研究由此进入新闻摄影改革时期。报纸的图片编辑状况发生了巨大的变化，不仅从办报方针的高度确定了摄影在新闻传播过程中的地位，在实践上也逐渐形成了一套图片刊用原则。

首先是确立了“图文并重”、“两翼齐飞”的办报指导方针，并在实践中得到贯彻实行。1988年第三届全国新闻摄影理论年会上，穆青的《新闻摄影是报纸通讯社新闻事业的“一翼”》、蒋齐生的《更新观念，改革领导体制，加快新闻摄影改革》中提出：报纸、通讯社总的业务指导方针，应是图文并重，而不再是陈腐的重文字、轻摄影；新闻摄影作为新闻的一个“兵种”，有它自己的特性和规律，只有从文字报道和艺术摄影的框框中跳出来，才能发挥它的特长和优势；在报纸版面上，新闻照片不应是文字报道的附庸，而应是一种视觉新闻形式，在版面构成中，它是有机的一部分，是使版面生活化、立体化、生动活泼、引人注目的一种新闻体裁。接着，全国报纸总编辑新闻摄影研讨会、全国地市州盟报纸总编辑新闻摄影研讨会陆续召开，这对改进我国报纸的新闻摄影工作、提高新闻摄影整体水平和新闻摄影队伍的整体素质、确立新闻摄影在当代报纸上的地位起到了积极的推动作用。同时，为了鼓励和奖励编辑对新闻摄影工作的贡献，1985 年 3 月，在重庆举行 1984 年全国新闻摄影优秀作品评选期间，中国新闻摄影学会接受内蒙古《乌兰察布日报》潘秀峰的建议，设立了“总编辑慧眼奖”，表彰重视新闻照片的运用、重视培养摄影记者的报纸总编辑。后来还设立了“总编辑新闻摄影奖”，鼓励其亲自进行摄影采访活动。《中国日报》的总编辑冯锡良获得了第一个“总编辑慧眼奖”。

其次是确立了“幅大量多”的新闻图片刊用原则。1981 年 6 月创刊的《中国日报》是我国第一家按照国际通行的标准使用图片的报纸，确定了在版面“心脏”部位刊用大幅照片的做法的报纸。20 世纪 80 年代中期，部分报纸如《中国青年报》、《解放日报》、《南方日报》等开始重视新闻摄影。1994 年 7 月，《中国摄影报》对中央、省、市 40 家大报的不完全统计显示，月采用照片量超过 300 张的有 10 家，超过 400 张的有 15 家。1995 年以后，新闻图片在报纸版面上的数量和质量进一步显著提高，单幅照片的篇幅扩大，放在一版头条或加以突出处理，用以形成版面视觉中心的大照片在报纸上越来越多。如今，越来越多的报纸采用以图片带版面、版面设计以图片为中心的理念。

图片编辑是新闻图片传播工作流程的终结者和总把关，既是对先期拍摄的照片素材的选择和使用，又是对新闻图片形象表现力的最后控制环节。在一定程度上，图片编辑与前述的各环节一样决定着新闻图片的形象表现力，它既可以变“废”为宝，也可以变宝为“废”。

二、新闻图片的作用

1. 新闻图片传递信息的作用

图像一直是人类传递信息的重要形式之一，随着图像技术的飞速发展和“读图时代”的到来，新闻图片在信息传递功能中的作用更加凸显和丰富。

（1）图片是新闻报道的重要载体

和文字一样，图片是版面上一种具有独立报道功能的新闻载体。图片新闻是新闻图片使用最频繁的一种体裁，它以定格新闻事件过程中的高潮瞬间或典型瞬间再现新闻事件的现场，现场感极强，给读者“身临其境”的感觉。与文字相比，图片传播信息具有瞬间性和直接性，图像可以在一瞬间让读者直接地接受到相对完整的信息，因此，图片在吸引读者阅读兴趣上就具有明显的优势，这也直接促进了报纸版面设计“幅大量多”原则的出现和普及。

（2）加快信息的阅读节奏

全国各地的多项调查表明，当前读者的平均读报时间在30分钟左右，而当前绝大多数的报纸都是厚报，所以很多读者不再是传统的报纸“阅读者”，而是“浏览者”。要适应他们这种阅读习惯，报纸就要比以前更多地采用非写作的方式，更多地以视觉方式传递新闻信息，多用、用好新闻图片来加快报纸的阅读节奏。

（3）传递信息更加真实、丰富

“眼见为实”，图片更容易给人客观真实的感觉，并能弥补一些人物长相、地形、地貌等文字难以表达的信息；图片是对瞬间的记录，在一些细节信息的传递上比文字更有优势；而且有些场合，图片还能够提供一些文字不利、不宜、不便披露的信息，而这些信息却是读者感兴趣的内容。①

（4）拉近与读者之间的距离

新闻图片把新闻事件、新闻人物等因素直接呈现在读者面前，在传递信息的同时也传递着情感，一些特写画面包含的情感更加丰富，这样就能直接与读者进行情感交流，产生阅读亲和力，拉近与读者之间的距离。

（5）表达主观意识更加隐性

摄影记者和图片编辑都是图片信息的“把关人”，最后跟读者见面的图片或多或少都带有他们的立场、看法和评价等主观意识，这些主观意识在再现现场、真实记录的掩盖下常常不为读者感知，有“润物细无声”的传播效果。

2. 新闻图片在版面设计中的作用

图片和文字是报纸版面的两个组成因素，文字曾经统治了报纸版面设计几百年，随着图像技术的发展，报纸的视觉传播模式逐渐受到人们的重视。新闻图片在版面设计中起着举足轻重的作用。

（1）形成版面的视觉中心

版面是报纸的包装，而图片是现代报刊版式设计中最重要的元素。美国韦伯州立大学的希乐·约瑟夫博士所做的一项关于读者浏览图片时眼球运动轨迹的实验表明，在一个版面中，首先吸引人的是图片，然后是标题，最后才是大块的文章，读者浏览一张图片所用的平均时间只有0.71秒。② 使用图片的版面能明显地提高阅读率，应用图片营造视觉中心成为目前版面设计中最常用的手法。对新闻图片和其他版面元素（如文字、标题、线条、色彩等）进行合理搭配形成版面主次结构与版面逻辑意义，能体现编辑者的意图。

---

① 何龙盛. 新传播时代的图片应用与编辑理念. 中国记者，2007（7）

② 何龙盛.《新京报》的视觉传播模式. 美编之家网站 http：//www. aehome. cn/bbs/viewthread. php？tid = 27447&extra = page%3D174

（2）体现报纸的风格和形象

现在报社纷纷成立视觉中心，统一管理图片的摄影、编辑和出版工作，形成了各自不同的图片使用标准。因此，在统一、固定标准下，新闻图片的版面运用，有助于打造出报纸整体风格与形象气质。

新闻图片在新闻传播过程中的流动，既不是单向性的，也不是单一性的。这表现为同一新闻事件会生产出不同的新闻图片；而同一新闻图片，不同的版面使用会产生不同的价值；这些不同的价值反馈到下一轮图片生产和版面使用时，会有不同的结果和影响，甚至对这些结果和影响进行价值判断，也因时、因势、因事的不同而有相当大的差异。因此，同一事件，对不同图片的选择，按照不同的逻辑关系编辑图片上版，体现的是报纸的风格和形象。①

（3）提升报纸的品质

“细节决定成败”，报纸的版面设计就像“针线活”，细节是否精致，某种程度上代表了一份报纸的品质。精致的图片可以为报纸营造高品质的外观，体现报纸的传播水准。

第二节　新闻照片的遴选与编辑

有效的新闻摄影在于它的照片编辑者而不是摄影记者。美国著名新闻摄影教育家Kenneth Kobre认为，要实现新闻图片传播的目的，图片编辑就要有“慧眼”，能在千万张照片中遴选出出色的照片，再用“巧手”对照片进行编辑，在版面上以适当的方式展现给读者。

一、新闻照片的遴选

图片编辑每天都可能要面对上千张照片，而且现在很多报社都和图片社建立了合作关系，每逢重大新闻，可挑选的照片更多。遴选照片的标准是什么？

（1）包含丰富的新闻信息

美国《棕榈海岸报》前图片编辑 Mark Edelson 曾说过，最理想的照片能让读者看到平常看不到的人或事，能把读者带到无法亲临的地方。新闻图片反映的

① 李楠．新闻图片版面价值与报纸视觉传播能力．中国记者，2006（2）

内容要有丰富、充实、新鲜的信息，能交代新闻的基本事实，要尽量包含新闻的五个要素，使信息的传递具有完整性。读者通过画面里的图像，可以对画面所反映的新闻人物、新闻事件有比较全面的了解。当然，一般情况下照片很难通过形象符号完全表明或暗示出五个要素，但“Who，Where，What”三个要素基本上都可借助形象语言来表达。

（2）要有典型的瞬间和细节

新闻照片展示的是新闻事件的某个瞬间，这个瞬间要能抓住事件中最有传播价值的新闻亮点，我们把这个瞬间称为典型瞬间。有典型瞬间的新闻照片才有视觉冲击力，才能抓住读者的注意力。另外，新闻照片必须具有合乎事件发展时空逻辑关系的真实性和准确性，表现典型细节的照片最受欢迎。不管是记录的瞬间还是细节，画面上最好有人的活动，这样照片才生动感人。

（3）反映的题材要有新闻价值

编辑在遴选新闻照片时，要看其主题内容是否符合当前的报道要求，是否反映当前社会的重点、热点、难点等重大问题，是否具有较大的社会影响性。不同性质的媒体具有不同的受众和传播范围，对照片的评价标准也不同。一般情况下，和平与战争、贫穷、环境保护等带有终极性的重大题材是图片编辑选择照片时的首选目标。

（4）符合技术层面的要求

好照片必须具备能够被相应媒体所接受的技术质量，要曝光准确，画面清晰，构图合理，光线讲究，角度运用得当，反差适中，亮部和暗部的光比不能过大，色温调控要适度，避免过分夸张和失真。技术指标不够好肯定会影响信息的准确传达和视觉感染力。另外，拍摄难度较高的作品要优先选用。

（5）要有美感和感染力

新闻照片要给读者美感，这就要看新闻照片的视觉构成是否有趣，照片是否具有视觉冲击力，视觉构成是否有利于传达新闻信息。在获得美感之外，新闻照片要使读者得到情感的扩张和共鸣，还要有冲击力和能打动人情感的扩张力。照片中的形象越具有感染力，对新闻摄影作品的评价就越高，“瞬间动人”就是荷兰世界新闻摄影比赛的五项标准之一。

（6）具有创新性

摄影师要独具慧眼地诠释新闻事件，创造性地安排构图，文字说明要准确、生动。要使新闻照片成为报纸版面上的“亮点”，具有创新性的照片是编辑遴选的优先对象。①

① 何龙盛．新传播时代的图片应用与编辑理念．中国记者，2007（7）

二、新闻照片的编辑

著名图片编辑曾璜先生曾说过："一张技术指标达不到刊登出版标准的照片就像文字报道中的别字，一张没有经过剪裁编辑的照片就像文字报道中语法不通的句子，一张视觉语言杂乱无章的照片就像一段随意堆砌的文字，而在版面上没有得到妥善安排的照片就像一篇结构混乱的文章。"① 图片编辑对遴选出来的照片往往还要再进行修改才能上版。

1. 剪裁

剪裁的目的是去除照片中的视觉干扰，让新闻信息得到更准确的传达，获得更好的视觉冲击力。现代报纸版面设计的先驱埃德蒙·C. 阿诺德认为，报纸上的图片应该被"狠狠地剪裁"。在他看来，读者的视觉注意力应该被完全利用和集中起来。为了使读者的视觉注意力不分散和浪费，就应该把图片中所有的非主要部分统统裁掉。"狠狠地剪裁"后，要传播的信息高度集中，图片的传播力度大大加强。但也有一些国外的报纸是很少剪裁照片的，如法国的《解放报》将"尽量不剪裁照片"作为他们图片编辑的一项原则，他们认为这是对摄影师的尊重，是维护摄影的权利。实际上，图片编辑拿到的多数照片，很难不被处理就可以直接使用，而且很难完全满足版面的需要。剪裁的形式和效果主要有以下几种：

（1）纠正原图的构图缺陷

摄影记者在采访时，因为受各种因素的影响，拍到的画面景物太杂，主体不够突出，这时就需要对照片进行剪裁。如果照片中的新闻要素很多，就会干扰对主体对象的刻画，裁掉那些与核心信息无关或相对不重要的部分，去掉干扰因素，减少陪体，突出主体对象，可以使照片的感染力大为提高。如 2004 年 12 月 29 日，国内第一批由广州白云机场运往印尼海啸灾区的救援物资起运。广州《新快报》当天派出记者拍摄了现场照片，但记者交回的照片上，主体人物不够突出，几乎被大堆的待运物资掩盖。停机坪上承运这批物资的飞机也显得很不起眼（图 8－1）。编辑对照片进行了剪裁，把大部分待运物资都剪掉了，照片中心的人变得突出起来，后面那架飞机也比较醒目了（图 8－2）。②

① 转自解琛．适应读图时代　做好编辑工作．对外大传播，2004（5）

② 朱敏，夏莹．剪剪裁裁出精彩．影响电子杂志，2005（3）
http：//voice. chinafotopress. com/3rd/behind. htm

图 8－1　“海啸救援物资起运”未剪裁前的照片

新快报

反分裂法草案明年3月审议

新广州火车站今天动工

地震海啸　死亡人数可能过10万

我国第二批救援物资广州启运，今日抵印尼

两同胞在泰国海啸中遇难

广州“本土院士”仅有两位

银联卡下月起“走出国门”

图 8－2　“海啸救援物资起运”剪裁后的照片及版面

（2）剪裁并放大需要的部分

将照片中需强调的，或不易被看清楚的重要部分裁出来，然后放大，使读者看得更清楚。这种剪裁往往伴随较大的放大倍率，因此，图片编辑事先要了解照片的像素、锐度或者胶片的颗粒度等，看图像质量是否足够好，以免放大后图像模糊不清，造成视觉噪音。如 2006 年 7 月 7 日，在德国世界杯法国队与意大利队决赛中，马特拉奇攻进一球，帮助意大利扳平比分，进球后马特拉齐和队友庆祝。图 8－3 中，裁判、齐达内以及背后的观众分散了画面的重点因素，意大利球员的欢喜表情没有被强调出来。而经过剪裁、放大的图 8－4 就好多了，裁判、齐达内以及大部分观众都被排除在画面之外，画面中只剩下欢庆的意大利球员。马特拉齐“剑指蓝天”的庆祝动作清晰地展现在画面上，其周围的意大利球员的兴奋心情也很好地表现出来了。

图 8－3　“意大利队庆祝进球”剪裁前的照片

图 8－4　“意大利队庆祝进球”剪裁后的照片

（3）改变照片的形状

基于传递信息或者版式设计的需要，图片编辑还可以对照片形状进行剪裁。改变形状后的照片会产生不同的视觉冲击力，给读者的视觉感受也会不同。如可以改变照片的长宽比例，使照片在横幅和竖幅之间转化。长宽比例悬殊的横幅或竖幅照片的视觉冲击力最大。横幅照片有广角镜头甚至摄像机环视的感觉，视野极其开阔，可以用来展示某个场景的全貌。

（4）抠底

把照片中所有的背景去除，只剩下主体的“抠底”操作，是对照片最彻底的剪裁。抠底后主体本身的线条非常凸显，因此，报刊常常利用主体线条的变化来创造某种特殊的视觉效果。图片编辑在裁剪照片时，要使主要人物尽可能靠近读者，突出人物的表情，展示人物的情感，去除照片上不传播新闻信息的内容，使画面简洁，每个元素都承载相应的信息。

2. 新闻照片的特技处理

对新闻照片进行色彩、锐度等方面的修改可以使照片更具有视觉美感。对照片进行特技处理也是图片编辑的一个主要方式。以 Photoshop 为代表的数字化图像处理技术的特技功能丰富，新闻照片允许采用的处理技术有剪裁，亮度、对比度调节，锐度调节，色彩平衡，色相、饱和度调节等。

如 2005 年 10 月 26 日，《今日美国》网站在报道赖斯不排除驻伊美军在十年内仍将驻留伊拉克的可能性的新闻时，配发了赖斯的照片（图 8－5），但被公众批评涉嫌把赖斯妖魔化。批评者还通过和原始照片的对比分析，称该照片经过 Photoshop 的处理，对赖斯的脸部进行了亮化，使她的眼睛出现了异化，双目透着寒光。《今日美国》很快更换照片并作了道歉，称编辑对照片的修改歪曲了原图，不符合他们的编辑标准。

修改前　　修改后

图 8-5　赖斯的原始照片和修改后的照片

新闻的真实和影像信息的真实，是图片编辑对照片进行特技处理时必须遵守的底线，具体来说，就是不能改变照片中影像主体形象的真实性；不能改变照片中影像信息的结构和布局；不能对影像进行变形处理；不能进行张冠李戴的“换头术”；不能进行移花接木的合成，等等。为了防止在后期处理中破坏照片的真实性，国内外各大媒体都制定了相关的细则，规定图片编辑的工作。

3. 撰写文字说明和制作标题

新闻照片在上版之前，图片编辑还要对照片进行适当的文字处理，即编写文字说明；如果是图片新闻还要制作标题。

（1）新闻照片的文字说明

新闻照片的说明文字按其性质，可分为以下三种：①客观报道式。实际上是简讯式的报道，文字朴实，要言不烦。如配上标题，本身就可成为一则简短的报道。只交代主要的新闻要素和必要的背景材料，不作渲染、描述。②介绍说明式。采用说明手法，介绍画面上的人物、场景、情节等内容。不宜过长，以帮助读者看懂画面为准，不可节外生枝，把一些画面上没有的内容硬塞进去。③评论点题式。对照片上的新闻事实评头论足一番，把拍摄者或发表者的感受和见解表现出来，或赞颂，或针砭，态度鲜明，情感流露自然。

新闻配图一般与文字报道相配合，其文字说明讲究简洁，内容上要避免与文字报道重复，写出新意和特色。图片新闻是由图片和文字来传递新闻信息，其文字说明就要形象、简洁地交代新闻的五要素，还可以运用散文、评论、对比等多种手法。在内容上要与画面相互补充，画面没有或无法表现的内容就应该在说明中点出，两者之间要贴切。

图片专题是由两幅或两幅以上的图片组成，其文字说明分总说明和分说明。总说明是对该专题的概括性介绍，要写清楚新闻事件的时间、地点、背景、经过、结果、意义等，体裁不受限制，但要直截了当地表达拍摄的主题，不使用模糊、抽象的词语；分说明是每幅照片的文字说明，与画面形象相结合，说明事件的某个细节和情节。如《南方都市报》2007 年 6 月 3 日的 A12 版、A13 版，用通版的形式制作了广州市恩宁路的摄影专题（图 8 –6）。专题共 7 幅照片，总说明交代了“岁月见证变化”的主题；每幅照片的分说明则就恩宁路的路灯、骑楼石柱、市民自制的信箱、木炭炉和居住在那里的老人的状态作了说明，具体表述分别如下：

图①：两位老人以自己的方式延续着老巷的闲静生活。

图②：恩宁路平常的老巷、古朴的石板路记载着西关多少人情世故。

图③：路灯下，恩宁路两旁骑楼上的彩色玻璃窗更显绚美。

图④：恩宁路两旁整齐有序的骑楼石柱在光影中延续着西关的风韵。

图⑤：一只小猫小心翼翼地窥视着门外老巷的动静。

图⑥：自制的信箱在光影下，有着一种别样的韵味。

图⑦：路边烧得正旺的木炭炉，飞出的炭花随风飘散在老街老巷中。

图 8 –6　《南方都市报》2007 年 6 月 3 日 A12、A13 版

照片文字说明还包括其他几方面的内容：如果被摄体是摆拍的，文字说明要作必要的交代；如果照片是用特殊镜头拍摄的，或者是用电脑制作的画面、电视截屏图、合成照片、插图、资料图片等，要在文字说明中注明。

（2）照片新闻的标题

照片若是新闻信息的一个独立载体，独自承担报道新闻的任务，标题便是这则完整的照片新闻的重要组成部分。新闻照片的标题是用简短的语句表明所报道事实的主题或内容，帮助读者阅读和理解照片的意义。一条好的标题，能起到画龙点睛的作用，为新闻照片增色。

新闻照片的标题可提示新闻事实中最主要或最值得注意的内容，帮助读者了解新闻事实。这类新闻标题是实题，以客观陈述的表达，开门见山，直叙事实。新闻照片的标题还可以提炼新闻事实的影响、意义，评价新闻内容。这类标题是虚题，它以简明扼要的语言概括、提炼新闻事实的影响及意义，与写实的影像信息互相补充，虚实结合。如2007年12月30日，一安徽籍货船在通吕运河避让交会船只时不慎撞上江苏海门一运河大桥，并被卡在桥下，导致大桥3根拱梁被拉脱，撞桥的船成了桥的支柱，航运中断。《南方都市报》对此做了一条图片新闻（图8－7），该图标题“桥被撞船当墩”六个字把事件的前因后果交代得清楚、简洁明了。

桥被撞
船当墩

大桥3根拱梁被拉脱，撞桥的船成了桥的支柱。2007年12月30日，一安徽籍货船在通吕运河避让交会船只时不慎撞上江苏海门一运河大桥，并被卡在桥下，导致大桥3根拱梁被拉脱，造成航运中断。目前，被卡货船已安全驶出，航道恢复间歇性通航，海事、交通部门已确定事故处理方案，危桥将于10天内被拆除。

据了解，该桥始建于1977年4月，因年久失修，已被列为危桥。 《扬子晚报》供图

图8－7 《南方都市报》2008年1月3日A14版

中山大学新闻传播学系主任杨小彦在“2005《东方早报》视觉传播研讨会”上指出，寻找报纸视觉传播的有效表达和独特表达，不能仅强调照片的拍摄，还要强调编辑的策划、选择，强调后期的技术制作。摄影、图片编辑、版面设计、后期制作等多个环节一起构成了一个完整的视觉传播。[1]

① 陈佳，徐锐锋．反思图片与文字地位 纸媒探索视觉传播模式．东方早报，2005－07－18

第三节　新闻图表、插画、漫画及美术装饰的编辑

报纸版面上的图片除了新闻照片之外，还有新闻图表、插画、漫画和美术装饰等，它们不仅和新闻照片一样承担着传递新闻信息的重要任务，还起着美化版面、调节报纸视觉效果、吸引读者注意力的重要作用，它们和新闻照片一起支撑起报纸视觉传播的框架。

一、新闻图表

1999 年 3 月，新华社专门成立图表新闻编辑室，利用计算机绘画手段，以图形、表格的方式解释新闻现象，形象直观、简洁生动、时效迅速；以通稿和专稿两种形式向全国各大媒体提供图表新闻。随着报纸新闻报道形式的多样化，图表在新闻报道中的功能日益得到体现。

从表现形式上看，报纸新闻图表多为平面显示图表，主要是用几何图形（点、线、面）报道新闻，常见的形式有表格和图形等。一幅新闻图表往往包括数字、线条、图案和色彩等多种视觉信息元素，运用得好，可以弥补照片无法反映而文字又表述不准的缺憾。①

新闻图表传递的新闻具有直观、准确、翔实、灵活和生动的特点。科技新闻、财经新闻报道由于专业术语多、数据多，只用文字报道显得枯燥、可读性差，容易给读者造成阅读障碍。运用新闻图表，把文字转化为图表，可以把新闻事件以及相关背景直接呈现给读者。在这两类新闻报道中，新闻图表的运用最为常见。如 1986 年 1 月 28 日，美国“挑战者”号航天飞机升空后爆炸，7 名宇航员不幸罹难，以运用图表著称的《今日美国》在报道这则新闻时，利用电脑制作了新闻图表，详细解释了飞机的结构，再现了飞机爆炸的过程，清晰直观（图 8 – 8）。

如今，简单的统计性图表越来越少，分析性图表开始成为主角，图表已经摆脱了单纯地验证文字、填补空白的作用，而成为独立传递信息的新闻手段；从外

① 南山．图表在财经新闻传播中的运用——国外报纸“227”全球股灾报道分析．中国记者，2007（4）

在形式上看，图表已经成为真正意义上的图表，有图有表，图与表呼应，生动地反映主题。现在，随着计算机技术的发展，图表的制作也变得更加精致和复杂，传受双方都不再满足于那些简单的“折线图”、“饼图”、“柱形图”等，而是将这些图形与漫画有机地结合起来，更重视图表的视觉效果和表现力。①

USA TODAY
NEWSLINE
"OH MY GOD, NO!"

图8－8 《今日美国》1986年1月29日对“挑战者”号爆炸的报道版面

二、新闻插画

插画在19世纪初随着报刊、图书的变迁发展起来，后来成为一种美术创作形式。新闻插画是报纸版面上插在文字稿中的图画，形象地说明文字报道中的重要内容以增强感染力，加深读者对文字报道的理解。

在报道一些时政新闻、科技新闻、财经新闻等抽象新闻时，如果没有相关的配图，版面会显得比较呆板、不美观。此时，报社美编便可根据文字报道的内容创作新闻插画。因为某些抽象的命题是能够转化为视觉形象的，因而完全可以形成一个形象概念。② 报纸的新闻插画，一般都由美编经与文字和版面编辑沟通后创作出来，它要符合文章内容、风格及版面要求。然后由版面编辑按自己的想法利用插画，制作出一个精彩版面。如2007年7月8日，正值2008年北京奥运会倒计时一周年，《温州都市报》在C叠中做了专版，其中C41封面版就采用了奥运五环和各个运动项目的图示组成一幅新闻插画，占据整个版面空间，表述清楚又意趣盎然（图8－9）。

温州都市报
C41-56
我们准备好了
WE ARE READY

图8－9 《温州都市报》的奥运倒计时一周年版面

新闻插画是从属于文字内容的，是为文字报道服务的，可能一个新闻事件只有一张插画。文字

① 潘攀．图表新闻：一图胜千言．新闻传播，2006（10）

② ［美］鲁道夫·阿恩海姆．艺术与视知觉．滕守尧，朱疆源译．北京：中国社会科学出版社，1984．209

报道的体裁、风格比较丰富，新闻插画要以不同的造型手段和方法适应之。如事件通讯的新闻插画要以写实为主，评论性文章的新闻插画可以用夸张一些的手法。总的来说，新闻插画要能通过刻画，让读者阅览后心领神会，进而得到愉悦的艺术享受。[①]

有时候，新闻插画依附于故事，有时候跟故事完全没有关系，是起装饰作用的独立个体，起到活跃版面、调节读者视觉、增加阅读兴趣和加强文字报道感染力的作用。

三、新闻漫画

漫画是一种表现生动、形象，批评尖锐、深刻的新闻报道形式。[②] 新闻漫画多以非严肃的方式呈现，采用夸张、比喻、象征、寓意等手法，较为随性、即兴。漫画注重故事情节、人物塑造、分镜头演绎等，通过人物的演绎把故事讲述出来，有单格和多格两种。新闻漫画也被认为是一种特定的新闻插画表现形式。

运用到新闻报道中的漫画其内容和形式有以下几种：首先，新闻漫画可用作文字新闻的配图，一些生动、特殊的新闻瞬间可能无法用摄影机拍摄下来，但可用新闻漫画的形式进行再现，使报道更加生动活泼，主题更加集中。其次，新闻漫画还是新闻报道的一种独立的体裁，可就实效性很强的新闻事实，运用漫画的艺术手段来传递完整的新闻信息。再次，新闻漫画还可用来发表议论。好的新闻漫画观点鲜明，内容深刻，形象传神，画面寓庄于谐，有抓人眼球的视觉感染力。新闻漫画作为表达新闻舆论观点的特殊方式，虽不能像社论那样面面俱到，但它可以一针见血地指出问题的实质，为读者提供一个可向四面发散的思考点和广阔的思考空间。最后，新闻漫画的描绘对象还可以是人物，把人物创作成人物漫画形象，通过人物相貌、神情、动作以及和周围环境的关系等形象地刻画出新闻人物的特点，诙谐有趣。

在报纸版面上，新闻漫画逐渐被人们认识和肯定。1985 年，《羊城晚报》率先在国内报纸中设立新闻漫画专栏，由漫画家方唐主笔。《广州日报》国际部在 2006 年 1 月创办了每周半个版的“国际漫画”专版，专门刊登国际类题材的时事新闻漫画；2007 年 1 月，在“2006 年全国新闻报刊漫画专版”评选中，“国际漫画”专版荣获银奖。[③] 这一漫画版占半个版，分三组内容：“反恐　防不胜防”、“九头怪兽” 和 “军旅幽默”，每组由多张漫画组成（图 8 – 10）。为了推动报刊新闻漫画的编辑工作，提高新闻漫画专版的质量，提高漫画版面编排的艺

① 仓小宝．报纸新闻美术插图的艺术．军事记者，2007（8）
② 王国顺．应重视新闻漫画的作用．新闻爱好者，2006（8）
③ 张滨．新闻漫画的春天．新闻战线，2007（4）

术水准，繁荣报刊漫画专版的发展，中国新闻漫画研究会主办了全国新闻报刊漫画专版评选活动，该活动每两年举办一次。

超级将军（2006年第45届）　与众不同（2004年43届）　时间宝贵（1993年32届）

图8－10　《广州日报》获奖专版中《军旅幽默》栏目的漫画

新闻漫画的表现手法虽然比较夸张、随性，但是新闻性是其根本性质。其在描述新闻事件时涉及的任何要素和细节都是真实存在的，不得有丝毫的主观杜撰或虚构，在刻画人物时也不能张冠李戴，不能为了突出性格而过分渲染，或把多人的特征糅合到一个人身上。

四、美术装饰

报纸上的美术装饰，主要是指用黑白画、图案、套色等办法绘制出报头、栏题、题图、刊头、栏头、题花、尾花，以及整个版面的装饰等，以此来美化版面。

在设计刊头、栏头、标题时，要以文字为主，图案为辅。文字要醒目鲜明，图案要内容合适、衬托文字。报头、刊头、栏头的设计要体现该报、该刊、该栏的宗旨、性质和特点，也就是要把这组稿件的属性体现出来。报头、刊头、栏头的制作要十分讲究，美术装饰要美观大方，不要过分花哨，大小要适中，图案的黑白对比度要有明快感。如2007年10月31日，在西方万圣节当天，国外许多报纸在报头设计上加入了相关元素，体现了节日的气氛，同时又保持了报纸的一贯风格（图8－11）。[①] 在版面的美术装饰中，还要注意运用花边、花线，用来做花、题、栏的框线，还可用来做文章的分割线。[②]

---

① 中国报刊视觉网. http://www.csnd.cn/index.php.

② 杨兆旺. 报纸版面整体设计的艺术——兼谈版面的美术装饰. 中国新闻研究中心，2004－03－19

图 8－11　2007 年万圣节部分外国报纸的报头

第四节　新闻图片编辑的伦理问题

1996 年 9 月制定的美国《职业新闻记者协会（SPJ）职业伦理规范》，把追求真实、减小伤害、独立行动、可信作为新闻记者的基本职业伦理职责，其实这些要求同样适用于新闻图片编辑。图片编辑作为新闻图片信息传播的重要执行人，不仅要保证新闻图片的真实性，还要注意保护报道对象和维护读者的权利。

一、传递“假”新闻图片

随着信息技术的发展，新技术为图片编辑提供了更便捷的编辑手段，同时也助长了图片编辑违反职业道德的造假现象。

1. 对图片进行不适当的特技处理

数字化条件下，利用 Photoshop 等软件进行处理可以轻易地对图片进行修改，效果非常逼真，非专业人士很难辨别真伪。一些自律性不强的图片编辑便随意对图片进行特技处理，损害新闻图片的真实性。

如 2003 年 7 月，美国加利福尼亚州《北圣地亚哥报》的体育编辑和版面编辑，在使用一张垒球运动员的照片时遇到了难题，因为她穿的球衣后面，赞助商的名字非常显眼，而这个赞助商正好就是《北圣地亚哥报》的竞争对手。两位编辑最后决定将背后的字抹掉（图 8－12）。这件事情令报社上下都非常震惊，大家认为，两位编辑不应该这样做，而应该和对手平等竞争，他们的这种做法损害了新闻的真实性，实在非常愚蠢，而且严重损害了自己报社的名声。①

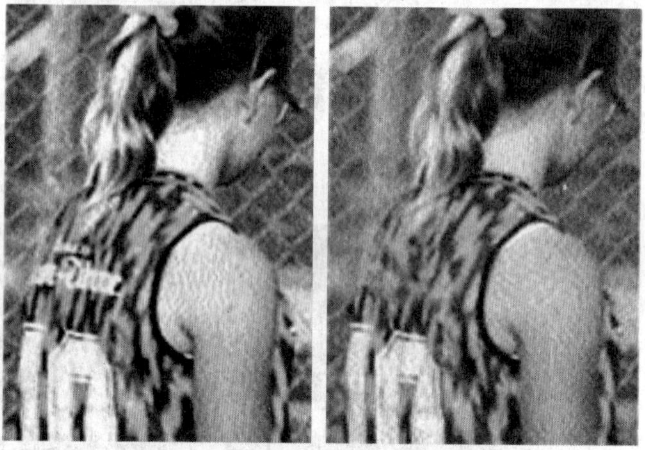

修改前　　修改后

图 8－12　运动员的原始照片和修改后的照片

2. 使用摄影记者造假的图片

图片编辑是新闻图片传播的重要“把关人”，他们不仅要对图片的优劣进行遴选，也要对图片的真假进行甄别。在选择图片时，图片编辑还要注意不要被摄影记者的造假图片蒙骗了，对那些主题、视觉效果、画面构造等各方面比较出色的图片更要注意。

布莱恩·沃斯基是《洛杉矶时报》派驻伊拉克前线的摄影记者，他在 2003 年 3 月 30 日向报社传回一张英军士兵和伊拉克平民的照片，这是一张冲击力很强的照片（图 8－13）。照片骗过了时报的图片编辑，被刊登在报纸头版，同时该图还被发往时报所属的论坛报系的其他报社。《哈特福德报》、《芝加哥论坛报》都采用了这张照片，其中《哈特福德报》还在头版将这张照片放大到六栏。

① 任悦整理．我们还能相信自己的眼睛吗？惹麻烦的照片国外篇．影响电子杂志，2005（1）
http：//www. chinafotopress. com/voice/1st/word/c_ 01. htm

后来，《哈特福德报》的一位雇员无意中发现了这张照片背景中有些人是重复的。照片在电脑上放大到6倍的时候，大家发现这是一张合成的照片，英国士兵用枪指向平民的影像和一个抱孩子从人群中走出的男人的影像被合成在一张照片里（图8－14）。当时还在前线的布莱恩沃斯基承认，为了改进构图他合成了照片。2003年4月1日早上8：30分，时报在其网站上刊登更正，并开除了布莱恩沃斯基。①

图8－13 英军士兵和伊拉克平民的合成照

图8－14 用来合成的两张原照

二、违反伦理刊登新闻图片

图片编辑在编发新闻图片时，不能为了吸引读者的眼球而置被拍摄对象的隐私权、匿名权不顾，也不能忽视读者看完图片后的感受。

① 任悦整理．我们还能相信自己的眼睛吗？惹麻烦的照片国外篇．影响电子杂志，2005（1）http：//www.chinafotopress.com/voice/1st/word/c_01.htm

1. 图片画面过于血腥暴力

如今，一些报社为了吸引读者的注意力，刊登一些过于血腥、痛苦的新闻图片，引起了争议。例如，2006 年 11 月 29 日《新京报》A14 版新闻《女孩面生巨瘤 母女沿街乞讨》，配发了一张生病女孩的正面照，画面十分恐怖。相比之下，“9·11”事件发生后，“美国所有的报社都没有选择这样一张照片（有人从楼上掉下来的照片），因为一方面这张照片让人感到实在是太过残忍，刺激性太强，如果刊登出去将有失伦理道德”①。（注：括号内容为作者所加）

各种不正常死亡、暴力、伤害、畸形的病状等惨状，通过大众传媒向亿万受众展示，而这些受众中可能有他们的亲人，有广大的未成年人。媒体公布这些画面不仅没有考虑被拍摄者的尊严与隐私，没有体现出对生命的关怀，更没有考虑观看者的感受。②

报道全面、客观是传递新闻信息的基本要求，同时要充分考虑传播效果。新闻报道中，尤其是在报道一些社会新闻、灾难性新闻时，图片编辑选用图片时，一是要减少对被拍摄对象的伤害，把画面中出现的所有人都看作是值得尊敬的“人”，而不仅仅是出现在画面上的“物体”；二是要考虑读者的感受，不要使读者看完后产生视觉上、生理上以及心理上的压抑、恐惧和震颤。

2. 侵犯图片中人物的合法权益

2004 年 11 月 21 日，《精品购物指南》在封面刊登了刘翔的大幅图片，并配有中友百货公司的广告（图 8－15）。2005 年 12 月 15 日，北京第一中级人民法院作出终审判决，判定《精品购物指南》侵犯刘翔肖像权的侵权行为成立，须于 30 日内登报道歉，并赔偿刘翔精神损害抚慰金 2 万元人民币。

图 8－15　被判侵犯肖像权的《精品购物指南》版面

---

① 曾璜．与美国图片编辑谈中美新闻摄影．人民摄影报，2003－05－14

② 陈力丹，李跃群．如何处理新闻中的血腥、灾难、痛苦画面——传媒图像伦理规范初探．新闻记者，2007（2）

美国新闻摄影界普遍的观点是：当摄影记者拍下他人的照片时，也拍下了他人匿名的权利。而当图片编辑决定使用他人的照片时，更是直接侵犯了他人匿名的权利。除此之外，把他人的照片刊登在报纸上，他人的肖像权、隐私权也有可能被侵害了。这些都是图片编辑决定使用照片和如何使用时要慎重考虑的。

为了保护被拍摄对象，要对图片中人物体貌特征部分（一般是脸部）打上马赛克。以人物为画面主体的图片，人物的体貌特征比较醒目，打马赛克的面积要大一些；如果打了马赛克还能被辨认出来，就不能再使用这张图片，因为马赛克没有起到保护作用。以环境为主的图片，新闻人物只作为环境中一个新闻要素时，人物的体貌特征没那么醒目，一般情况下给人物打上马赛克便可以使用该张图片。

三、新闻图片编辑的自律

1. 新闻图片编辑行业和媒体的自律

为了约束新闻图片编辑的行为，处理相关的伦理问题，新闻图片编辑行业和媒体内部制定了相应的条文，杜绝新闻图片造假、侵犯他人权利、传播血腥暴力等现象。

2005 年 10 月，第七届全国报纸总编辑新闻摄影研讨会暨华赛高层论坛会议在西安举行。期间，中国新闻摄影学会将《中国新闻摄影工作者自律公约》作为一项重要议题，提请全体与会者讨论，《自律公约》最终获得通过。《自律公约》借鉴了 1997 年香港记者协会制定的《香港摄影记者的新闻从业员专业操守守则》和《华盛顿邮报》等 7 家美国报纸图片处理的“15 条军规”的优点，结合内地新闻摄影界的实际情况，对新闻摄影工作者的从业道德要求提出了若干原则。其中第四条、第五条和第六条对新闻照片的编辑作了具体规定：

四、在新闻照片的后期制作中，除一般性的技术调整（如影调、加减光等）外，不得对新闻照片进行影响事实的电脑修改和暗房加工，坚持照片瞬间新闻影像信息的真实性和新闻传播的准确性、客观性，确保摄影报道的公信力。

五、新闻照片的剪裁，以不破坏基本信息的传递为准绳，确保作者作品的完整性。

六、在新闻照片的文字说明中，不做影响事实的拔高、移花接木和其他违背新闻事实的描述。[①]

---

① 中国新闻摄影工作者自律公约．中国摄影报．2005 - 10 - 18

真实是新闻图片传播的根本原则，最大限度地追求真实可以保持新闻传播的客观公正，满足受众的知情权，但是追求真实不能建立在对报道对象的伤害、对受众阅读感受的忽视上。美国《职业新闻记者协会（SPJ）职业伦理规范》中对“减少伤害”的规定，对新闻图片编辑的工作同样具有借鉴作用：

●对那些可能因为新闻报道而受到负面影响的人们表示同情。当面对孩子和没有经验的新闻来源或新闻主体时，要特别小心。

●要认识到采集和报道信息会引起伤害和不适，报道新闻并不意味着你就可以傲慢自大。

●要认识到，一般人比公共官员和追求权力、影响和希望引起人们注意的其他人，有更多的权利保有关于自己的信息。只有当有十分迫切的公共需要时，侵入任何人的私人领域获取信息才是正当的。

●品位要高。避免迎合任何低级趣味。

除了行业的规范要求外，报社的图片部门、图片传播机构等也出台了各自的规定，对图片编辑的行为进行约束。例如，2007 年 8 月 30 日，新华社中国图片总汇、人民图片网、中国新闻图片网、五洲传播图片库及东方 IC 图片中心等五家国内权威图片网站（图片库）联合商议制定并颁布了《五大图片网站抵制虚假图片联合公告》。

2. 图片编辑个人的自律

联合国国际新闻道德规约之《记者行为原则宣言》中第一条就规定：“尊重真理及尊重公众获得真实的权利，是新闻记者的首要责任。”保证新闻的真实性不仅仅是记者的首要责任，也是编辑的首要责任。读者所看到的图片取决于摄影记者、图片编辑的取舍。作为向社会公众传达新闻事件的执行者，新闻摄影从业者的一举一动都可能影响到媒体的公信力和新闻事件的真实性传达。

例如，1994 年 2 月 14 日，美国《新闻日报》为了抢新闻时效，在赛前用两位选手的照片合成了一张照片，表示两位冰上高手将在赛前相遇的情形。其大标题写着：托尼亚和南茜将在比赛中相遇。旁边有一行更小的字写着：这是《新闻日报》的合成照片。尽管图片说明已经指出这是合成照片，但是很多人还是谴责这种哗众取宠的做法。因为照片非常显眼，读者很可能注意照片而忽略了照片旁边的几行小字，从而引起误解。美国职业新闻工作者协会《伦理规范》中就明确规定：“千万不要歪曲新闻照片或录像的内容。允许运用技术加强影像的清晰度。对剪辑过的影像和照片须加以说明。”图片编辑应当熟练掌握现代化图片编辑技术，充分发挥潜能，为报道新闻服务；但同时必须明确，基于新闻图片的真实性原则，对图片编辑技术的运用必须加以限制。

除了要保证图片的真实性，图片编辑还要尊重图片中人物的基本权利，注意图片的传播效果等。在处理其他有争议的图片时，图片编辑可以按照下面几个步骤来操作：

首先，问自己几个问题：

①关于这一事件我已经知道了什么，我还需要知道什么。

②照片是否如实地反映了摄影师所看到的一切。

③我是否能够保持思路清晰并且作出完全有理由的推定。

④我怎样才能够同时兼顾到他人不同的观点。

其次，考虑一些相关的道德法律的规定：

①记者的工作准则。

②报社的规定。

③专业协会和组织的规定。

再次，要进一步考虑图片刊登带来的道德问题：

①是否有可以替换的照片。

②刊登这张照片的真正价值所在。

③对受众的影响。[①]

如今，图片已成为传递新闻信息、形成报纸版面视觉中心、美化版面、展现报纸特色风格、吸引读者注意力的重要手段，但是图片编辑在遴选图片、编辑图片和使用图片的各个环节都必须遵循新闻传播的客观真实的基本原则，同时还要坚守新闻传播的职业伦理道德，这样才能最大限度地发挥新闻图片的传播效果。

思考与练习

1. 随着“读图时代”的到来，图片在新闻信息传播过程中的角色有什么变化？

2. 在报纸版面中，图片和文字的关系是怎样的？怎样看待现在报纸经常把一张很大的图片放置在头版的做法？

3. 新闻图片遴选的标准有哪些？

4. 新闻图片配图和图片专题的遴选有什么不同？

5. 新闻编辑应否对图片进行剪裁？

6. 现代图片处理软件日益发达、普及，你认为新闻图片可以进行后期的修改吗？如果可以，你可以接受什么程度的修改？

---

① 曾璜，任悦. 图片编辑手册. 北京：中国摄影出版社，2006. 252

7. 你阅读一个有图片的报纸版面的顺序是怎样的？读图顺序与哪些因素有关？

8. 新闻图表中“图”和“表”的关系怎样？

9. 新闻漫画和新闻插画有何区别？

10. 当追求新闻的真实性会对图片中人物造成伤害时，图片编辑该如何选择？

11. 在“眼球经济”中如何防止新闻图片内容过于血腥、色情、暴力？

第九章 报纸版面设计

本章重点

□版面元素构成
□版面的功能和实现途径
□组版构想
□版面布局原则
□版面组合步骤
□数字产品发布

现代报纸以页为单位来安排报纸的内容和形式，每一页即一个版。版的内容整体编排形式构成版的外貌，即版面。版面是报纸纸质产品的最终表现样式。

报纸版面有着较长的发展历史，我国古代的报纸长期是书本式编排，简单地排列新闻。20 世纪初期，中文报纸版面变革为现代报纸的样式。一百多年来，中文报纸的版面不断变化演进。20 世纪 90 年代以来，随着电子排版技术和新型印刷技术的运用，以及市场经济环境下媒介竞争的加剧，中文报纸版面设计不断创新，异彩纷呈。

第一节　版面基本常识

报纸版面（图 9－1）构成的基本常识，包括版面术语、版面元素和版面空间。

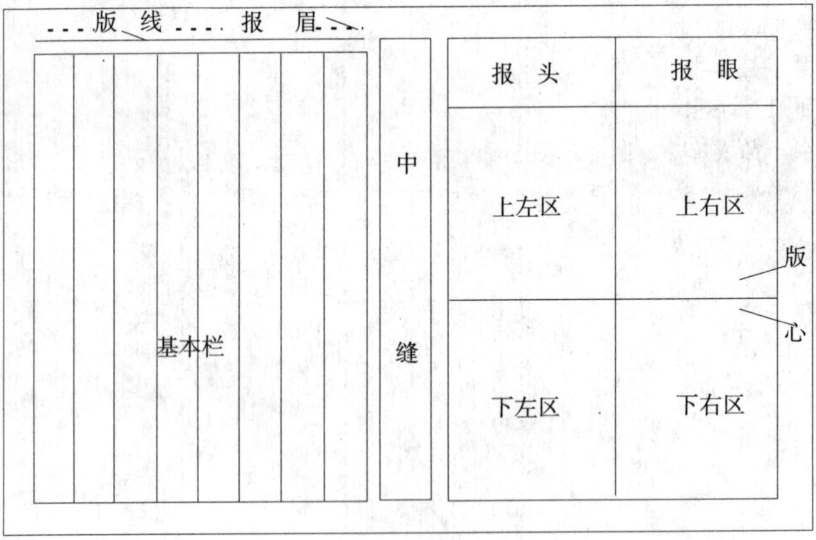

图 9－1　报纸版面示意图

一、版面术语介绍

1. 报型

报型指报纸的外形，包括报纸的平面面积和长宽比例。传统报纸的报型分为两大类：对开报纸和四开报纸。因为报纸印刷用纸通常采用新闻纸，也称白报纸。一张完整的平板形式的新闻纸叫做全开，以全开平板纸裁成多少小张就是多少开。裁成两张，每张 1/2 全开纸大小叫做对开；裁成四张，每张 1/4 全开纸大小叫做四开。如《人民日报》是对开报纸，宽高规格约为 390 mm × 550 mm；《新民晚报》是四开报纸，宽高规格约为 275 mm × 390 mm。近年来，报型在这两大类的基础上有了更多变化。对开报纸趋向窄化，称为“瘦报”。如《纽约时报》2007 年 8 月 6 日改版后，采用了比以前窄 38 毫米的版型（图 9－2）。四开报纸则出现宽幅设计。这些特别的报型也被称为“异型”版面。

"All the News That's Fit to Print"
The New York Times
STATE DEPT. USE OF CONTRACTORS LEAPS IN 4 YEARS
CALIFORNIA FIRES OUT OF CONTROL AS 500,000 FLEE
Bush to Warn Cuba on Plan For Transition
Victims in Wildfires' Fickle Path Say, 'Why Me?'
Some Houses Burn to the Ground as Others Escape
Called the 'Preppy Killer' at 19, He's Accused of Drug Sales at 41
BP Settlements Seen on Safety And Price Cases

图 9－2　“瘦身”后的《纽约时报》

2. 报头

报头即刊登报名的地方，一般位于第一版的上端，可偏左、偏右或通栏居中，中文报头还有横排和竖排的区分。除报名外，报头中的常规内容包括出版单位、刊号、邮发代号、日期、报徽、标识语、当日版数、出版总期数、天气预报等信息。上网的报纸会刊登网址，还有报纸会刊出报料热线号码。报头是头版上最强势的部分，也是展示报纸个性和魅力的关键区域。它的功能包括：①以报徽形成报纸标识。②以标识语诠释报纸理念。③以字体、装饰、布局表达特色。当前报纸多将标识语放在报头中的醒目位置，如“负责报道一切”（《新京报》）、“追求最出色的新闻”（《广州日报》）、“办中国最好的报纸”（《南方都市报》），都鲜明地表达了自己的理念。

3. 报眼

报眼指横排报纸报头排在左上角时，右侧相对应的区域。报眼位置相对比较显著，传统上用来排一些重要而短小的新闻。如果报眼的新闻与下面的版面打通编排，叫做“冲报眼”。也有报纸用报眼来刊登公告或广告。采取横通式报头的报纸不再有报眼的位置，报名两旁空出的区域叫做“报耳”。

4. 版心

版心亦称“版芯”，指一块版面除去四周留白后的中间部分，即真正能容纳文字、图片等的地方，标志着版面的容量，是编辑排版的基准。版心能容纳多少字数，取决于纸张幅面、正文字的大小及分栏数，各报不尽相同。传统对开大报的版心面积通常是350 mm×490 mm。版心周围的线条称为版线，通常只有天线（上边线）和地线（下边线），也有的围整版框线。

5. 报缝

报缝又叫中缝，指处于同一大张同一面的版面之间的空白。有的大报为了版面庄重、美观，将中缝空着不用。也有报纸用中缝来刊登简讯、广告等，以充分利用版面。相临的版面取消中缝，合为一版，称为通版。通版可以安排多篇同类稿件，或采用比原来大的标题和图片，形成明显的强势，常用来报道重大事件，且以四开报居多。

6. 版组、版头、报眉

版组是由若干内容相关的版面组成的相对独立的一个部分，也即俗称的“叠”，如报纸的A叠、B叠、C叠等。版组一般按功能不同划分。版头属于内页标识，通常位于一个版组的第一版，指示该叠内容和特征。报眉指内页每一版版线上方的位置，内容包括该版名称、版序、编辑信息等。

二、版面元素构成

1. 文字

文字是报纸传播的主要符号，包括标题和稿件正文。汉语的每个字符都是形、音、义的统一体，“形”使字符具有不同的外部特征。这种外部特征在字义上没有区别，却是文字符号的伴生符，传达给读者不同的心理感受，也是表达编排思想的重要手段。字符形的变化主要表现为在号、字体和字形三方面。

字号用以区别字符大小。我国报刊以前采用号数制，如一号、二号、三号、四号字等。对开报纸多用小五号字，四开报纸多用六号字。号数越大，字符越小。1958年，文化部出版事业管理局公布《关于活字及字模规格化的决定（草案）》，规定我国活字采用点数制。每点（英文为“point”，又音译为“磅”）为一英寸的1/72，约为0.35 mm。号数制与点数制间有对应关系，六号、小五号、五号分别对应8点、9点和10.5点。版面稿件的重要性往往通过标题字号的不同强势来表现，大标题可做到72点、96点，甚至更大。

字体源于字的形体和笔画的粗细变化。不同的字体蕴涵着不同的气韵和风骨，呈现出不同的感情色彩。中文报纸的常用字体有四类：宋体、黑体、仿宋体和楷体。宋体正直庄重，是新闻正文排版的首选字体；黑体厚实雄浑，多用来排标题；仿宋体纤细秀丽；楷体流动自然，排正文时多用于评论，也可用来排标题。其他如隶书、圆体、综艺体、琥珀体等装饰性强的字体主要用来排各种标题。

字形的变化有方字、长字、扁字。电子排版软件中还提供丰富多样的变体字，如立体、勾边、空心、倾斜、阴字、旋转等。

2. 线条

线条主要分为水线和花边两大类。水线包括正线（细线）、反线（粗线）、双正线（两行细线）、双反线（两行粗线）、正反线（两行线，一粗一细，又叫文武线）、曲线（波纹线）、点线等。花边又叫花线，是有花纹图案的线条。

线条在版面上的作用包括：①强势。给重要的稿件加框、天地线，文内加水线，可使稿件突出，引起读者注意。②区分。在稿件之间加线条，表示二者之间的分界。③结合。将几篇稿件围边、勾线，读者自然会将之视为一个统一体，区别于其他稿件。④不同形状的线条风格不同，如花边生动，水线朴实，曲线较活泼，反线较严肃，正线纤细清丽。可用线条表达不同的感情色彩，如喜讯、趣闻可饰以花边，讣告性的新闻加黑线，使内容特征通过编排表现出来。⑤美化。线条使版面增加变化，有一定的造型美，也有装饰作用。由于直线具有简洁、顺畅、方向感强的优点，现在报纸大量运用直线。

3. 色彩

版面编排离不开色彩，彩色印刷的普及更增强了色彩的重要性。色彩的三要素为色相、明度和纯度。色彩是由于物体上物理性的光反射到人眼视神经上所产生的感觉，色的不同是由光波的长短差别决定的，色相指的就是这些不同波长的色的情况。明度表示色所具有的亮度和暗度，明度最高的是白色，最暗的是黑色。纯度是指色彩的鲜浊程度，也叫彩度。任何一种颜色都可用这三要素加以描述。报纸印刷使用的是四色印刷工艺，电脑生成的PS文件含有青（cyan）、品红（magenta）、黄（yellow）、黑（black）四色信息，所以也被称为CMYK模式。

色彩在版面上的作用包括：①信息作用。图片和文字的色彩均可以直观地传播视觉信息。②传情作用。色彩具有象征性和联想性。如红色给人以热情、喜悦的感受，蓝色给人以宁静的感觉，黄色鲜艳夺目，橙色欢快活泼，绿色充满青春的活力，紫色端庄优雅，白色明亮纯洁，黑色厚重肃穆，灰色质朴平淡。依据色彩的内涵使用色彩，可以向读者传达适当的情绪。③强势作用。在版面局部套色，可以因与其他部分在色彩上的对比而显得十分醒目。④组织作用。人们会倾向于将相近色彩的版面元素归为一类。⑤标识作用。版面编辑利用色彩奠定报纸或版面的基调，可以形成报纸的标识性色调。

4. 图片

版面上的图片种类繁多，在报纸传播中的地位也越来越重要。图片形象直观，既可以传达信息，也可增加强势、美化版面。图片编辑方法在第八章中有详细分析，此处不再赘述。

三、版面空间划分

从印刷角度看，一定大小的纸张所提供的空间只是一种印刷的物质材料，各局部之间不存在差别。从编排角度看，这种空间却是表达编排思想的一种手段。这种表现报纸编排思想的一定大小的纸张所提供的空间，就叫做版面空间。读者读报时，对不同版面空间的注意程度是不同的。在一个版上，版面空间可以用区、栏、大小、形状和距离等来划分。

1. 区

一个版面可划分为若干区，各区在版面中所占位置叫版位，不同的版位具有不同的强势。心理学家发现，读者对报纸版面各区的注意程度是有差异的，如果将整个版面的注意价值设为100%，那么版面各部分注意价值所占的百分比如图9－3所示：

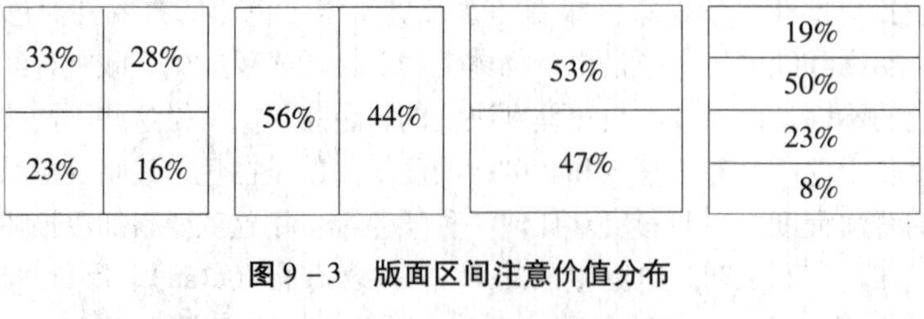

图9－3　版面区间注意价值分布

也就是说，横排报纸的强势排列为：上区优于下区，左区优于右区，上左区优于上右区，下左区优于下右区。版面各个局部这种强势大小所排列的次序，就是区序。但区序是相对而言的，如果是竖排报纸，读者阅读时自右至左，右半版自然强势较大。编辑应积极利用区序规律来为编排思想服务，将重要的新闻稿件放在版面中的强势区域，不太重要的稿件有意识地放在非强势的区域。强势的表达还有很多其他方法，编辑应灵活运用区序规律。

2. 栏

现代报纸版面均采用分栏编排。横排报纸的栏是从上而下垂直划分的，竖排报纸的栏是从右到左水平划分的，每一栏的宽度或高度相等。一个版面按几栏分版是相对固定的，这种宽度或高度相等、相对固定的栏称为基本栏。就对开报纸来说，目前国内外较通行的是将基本栏设为6栏。如《羊城晚报》基本栏为6栏，每栏19个字，共128行，全版可以容纳的字数是6×19×128=14 592字。

版面除了采用基本栏以外，还经常采用变栏。变栏是以基本栏为基础而变化出的栏，包括长栏（宽度整数倍于基本栏，如两栏、三栏）和破栏（宽度非整数倍于基本栏）。破栏可以大于基本栏，如“三破二”（三栏破为两栏）；也可小于基本栏，如“二破三”（两栏破为三栏），但后者相对用得较少。变栏的意义在于强化和美化。变栏比较醒目，在基本栏旁边的长栏会显得突出，可用来突出某篇稿件；适当变栏可增加版面的变化。变栏可以增加内容的表现力，如内容严肃而较长的文章，用长栏则显得庄重，也节省眼力。诗歌的排版可以根据诗行的长短采用变栏，既方便阅读，又节约版面。

3. 版面空间的大小、形状和距离

版面空间大小不同，所显示的强度也不相同。占据的空间越大，给读者视觉上的刺激就越强烈，越易引起读者的注意；反之，则越不易引起读者的注意。给予不同大小的空间，可以体现报纸对稿件的不同评价。其中文字稿件主要看标题所占空间的大小，图片的重要性是靠本身所占空间大小来显示。

版面空间的形状指版面上稿件所呈现的外形，如正方形、矩形、不规则多边形、椭圆形、菱形、心形等。不同的形状会带给读者不同的视觉感受，从而具有不同的强势。

距离也是构成版面空间的重要因素。版面上文稿、标题、图片等由于所处的位置不同，相互之间就出现不同的距离，反映版面各组成部分之间的疏密关系。在安排版面布局结构时，距离是一个重要的表现手段。

第二节　版面的功能和实现途径

在报纸内容和版面形式这对矛盾中，内容是矛盾的主导方面，它对版面形式起支配和制约作用。版面形式必须适合内容的要求并为内容服务。反过来，版面形式对内容又具有能动性，适宜的版面形式能很好地增强内容的表现力，反之，则会影响内容的表达。具体而言，版面具有以下功能，各种功能经由一些特定概念或设计得以实现。

一、体现报纸定位

版面以可观的图形将报纸的个性具体、直观地体现出来，是创造和体现报纸独特风格的重要手段。读者仅仅从版面就可识别是哪家的报纸，同时也可由此感受到其内容的独特。报纸版面其实就是报纸产品的形象设计，体现报纸的市场定位和营销导向。

为使报纸具有鲜明的整体形象，报纸行业开始引入 CI（企业形象策划）理念，通过个性化、差别化和稳定化的视觉形象识别系统设计，构成报纸独特的造型，使读者产生认同感，并从中领会报纸的定位和风格。具体而言，这一功能的实现途径与以下概念紧密相关。

1. 设计与重新设计

“设计”（design）、“重新设计”（redesign）与“组版”（layout）是完全不同的概念。设计不仅仅是形式范畴的操作，还包括对整个报纸内容结构的设计，如设计版组与分页、规定各版的内容分工，然后才是对版式、编排技巧的确定。而组版是在设计完成之后，每天将稿件编排到早已设计好的版式框架中，只是一种微观层面上的业务环节。[①]“重新设计”的含义与我国报纸的“改版”相对应，但同“设计”一样，强调的也是整体内容结构的设计。在西方，重新设计多由专业设计公司或社外专家来操作。在我国，改版多由报社内部的专业人员负责操作。值得一提的是，现在我国也出现了从事报纸设计咨询服务的专业机构，

① 蔡雯．谁在重新设计美国报纸？中国记者，2005（5）

如广州的大纸机构。

学者蔡雯认为，设计和重新设计，“从报纸的生产流程角度看，实际上是将后期的操作环节前置，在新闻采集还没开始时已经完成展示成果载体的设计，也可以理解为，事先为新闻信息的装载做好‘容器’”①。这种变革提高了报纸版式设计的效率，报纸定位借助版式清晰地体现出来。

2. 静态版式

静态版式（static page）是相对于动态版式（dynamic page）而言的，是指相对静止的、通常固定不变的版面划样方式。静态版式具有辨识度高、易读性强、可操作性强等优点，可以帮助报纸形成稳定的形象。目前，国内外很多报社在重新设计好版面后，都采用静态版式来构置版面，制定严密的组版手册，所有的版面编排设计严格按照手册规定进行。

静态版式强调连续性和统一性。连续性指每天的设计风格乃至设计形式都一致，不追求变化；统一性是指同一天的报纸各叠甚至各版设计也都大致相同，尤其是报头、分叠报头、标题字体、图片说明和署名的编排形式、栏目刊头甚至图示制作的风格都保持统一、齐整，使读者一看便知是同一家报纸。

3. 报纸重新设计个案

（1）英国《卫报》

《卫报》（*The Guardian*）是英国的老牌报纸（图 9－4）。2003 年《卫报》开始考虑版式如何适应市场的问题，并将四开版型纳入考虑范围。然而，英国《独立报》在 2003 年 9 月抢先推出四开版型，《卫报》为了保持“最具创新能力”的声誉，决定另辟蹊径。经过分析对比，报社确定将版式改为“柏林式”(Berliner)，它的特点是，如果把报纸对折，得到的是和原来长宽比例完全相同只是尺寸缩小的“小版本”。这种中间版式既会使报纸变得更加灵活方便，又不会沾惹小报版式的负面影响。为了更换印刷设备以生产新尺寸的报纸，《卫报》用了 18 个月的时间。

2005 年 9 月，新版《卫报》面世（图 9－5）。报纸采用通栏报头，报头字靠右排列，深蓝色底衬着白字，整个版面呈现出沉稳的蓝色基调。报头设计在报纸上半版的四分之一处，如果把《卫报》折叠成四分之一，蓝色报头正好呈现在外面，非常醒目。报纸顶端空出的位置设为导读区，一目了然。旧版《卫报》是八分栏，改版后一律分为五栏，直通到底，既适合“柏林式”版型的阅读，又看上去协调、工整、舒适。新版《卫报》大胆打破常规，正文字体采用被称为“卫报埃及体”（Guardian Egyptian）的新型字体。这套字体由两个字体设计

① 万智炯，周燕群．一切为了阅读——聚焦报业形态变革．中国记者，2007（1）

师共同开发，是在19世纪“埃及体”的基础上进行美化加工而成，给人强烈的新鲜感和现代感。图片方面，每期《卫报》头版中间的显眼位置，总有一帧长宽比例大约为16∶9的大幅精美彩图，非常夺人目光。这幅图片不仅是经过精挑细选出来的，对其裁剪也是经过精心考虑的。①

《卫报》改版后，多数评论对其都持积极评价，当然也有一些负面议论。通过改版，《卫报》成功树立了自己的新形象，在新媒体的挤压下展示了平面媒体的可塑性。它既保留了大报的严肃风格，又具有小报的灵活与便捷，给报纸在大报和小报之外带来一个有效的突破点。

The Guardian
The greatest catastrophe
Lord Scarman, humane chairman of Brixton riots inquiry, dies at 93
Heaven

图9－4　改版前的《卫报》

Was this the best match of 2007? Chelsea and Villa share eight goals, three red cards
'I loved his awestruck account of the terracotta army...' Readers' picks of the year
theguardian
Sales surge masks growing gloom over New Year slump
UN push to stop Afghan expulsions in Taliban row
Guardian poll shows 55% of voters feel confident despite economic chills
Support wanes for PM's detention plan
Russia agrees Iran anti-aircraft deal
Inequality law may close Norway firms
Kauto Star wins King George chase

图9－5　改版后的《卫报》

（2）《东莞日报》

《东莞日报》是广东省东莞市的市委机关报。东莞地处富庶的珠三角地区，居民具有较高的消费能力，为报纸提供了潜在的发展市场，广州三大报业集团的报纸皆有东莞地方版。《东莞日报》面临的挑战，在全国地市报中颇具代表性。2006年6月、12月，《东莞日报》两度改版，以“本土就是主流”为口号，意指《东莞日报》是本土资源最为丰富、市民天然认同度最高的媒体；同时强调“党报的心、都市报的身”，在精神内核上和党委、政府保持高度一致，在包装

① 李建飞．从欧洲《卫报》改版看老牌报纸的创新．传媒观察，2006（6）

方式上大量借鉴都市报鲜活多姿的操作方式，彻底打破传统机关报的形象，以亲和的面目贴近读者。[1]

为了表达定位追求，《东莞日报》对版式进行了大幅度的调整。改版前的版面（图9－6）新闻条数虽多，但缺乏特色和亮点，难以给人留下深刻印象。改版后的版面，版型改用“瘦报”形式，使外观显得美观、俊朗。导读的位置和线条装饰突出，强化了头版的导读功能。在字体的使用上，《东莞日报》于国内首家采用兰亭黑标题字体，正文改用博雅宋字体，帮助读者舒展阅读。头版通常选择一张大图，构建突出的视觉中心。整个版面留白增多，张弛有度，给人留下清新自然的视觉印象。新闻稿件的排列强调本地新闻，突出稿件的时效性和贴近性（图9－7）。

東莞日報
DONGGUAN DAILY
IDC互联港湾
13
我市实行年度用地指标集中管理、统筹调配
首期投资逾500万美元项目优先
金石八项重点工程动工
“财智”牵手 推动创新
产品技术水平国内领先
运用先进科技手段保障政务信息安全
预计年内正式开通
现场宰杀加工禽类市区市场明令禁止
表彰优秀青年民警
省交管局拟在全省推广

图9－6　改版前的《东莞日报》

東莞日報
老百姓都说 社会治安真的好啦！
5拳出击卷起“风暴4号”
虎门港
拖车费
火车东站
74:1
国民党赢
深耕本土 奋力前行
东莞十大文化事件
东莞旅游标志事件
国内反腐四大热点
久荣形象下月搬上粤剧舞台
印度洋海啸两周年
生活在继续
3年
2400点
18倍

图9－7　改版后的《东莞日报》

《东莞日报》版式的重新设计，呈现出浓郁的现代感和都市气质，也展示出革新求变的决心。地市级党报面对巨大的生存压力，如何求得生存与发展？《东莞日报》的改版是一次可贵的尝试。

① 陆世强，周智琛．党报的心　都市报的身——东莞日报探索全新地市报办报路径．南方传媒研究（第十辑），2007

二、有效传递信息

版面将各种材料分门别类地呈现给读者，使读者比较容易找到自己需要阅读的材料。报纸的篇幅越多，社会生活节奏越快，版面对读者的这种索引作用就越明显。从狭义上说，这种索引功能通过导读得以实现；从广义上说，版面结构适当，版面元素应用合理，使稿件特点和联系清晰表现出来；眉目清楚，主次分明，可使信息的传递更加有效。具体而言，这两方面的实现途径与以下概念紧密相关。

1. 导读

导读指将报纸内页的主要内容在头版加以排列展示，并注明刊登在哪一个版面，读者按图索骥，可以方便地在厚报中找到相关报道，节省阅读时间。中国报纸导读的历史只有十多年。20 世纪 80 年代末以前，由于长期维持 4 版，报纸头版均没有导读。自 1987 年《广州日报》扩版开始，扩版潮几度席卷全国，报纸越来越厚，导读随之出现，很快成为报纸头版的必备要件。我国导读设计主要包括题文结合型、题图结合型、题图文结合型等形式。至于西方，由于厚报由来已久，导读历史较长，也发展得更为完备，有索引、摘要、一览、引用、目录等多种形式。

当前报业环境的变迁，使得导读越来越重要，也催生出新的导读样式。以《广州日报》的"导读与索引"为例，2006 年 9 月，《广州日报》推出了这一全新的整版导读样式。对开报纸以单张正反面印刷的形式做整版导读，不仅在国内属首创，在国外也是很少见的。总数为 30～40 条的导读，覆盖了整份报纸的主要内容。读者先迅速从这两版了解新闻概貌，再按自己的喜好，对内页内容进行选择性阅读。

"导读与索引"扩展了报纸的头版功能：①宣传广告功能。单张样式可以方便地在报摊悬挂，或在人流密集点免费派发，成为当天《广州日报》的宣传单，不仅扩大了《广州日报》的影响力，还在很大程度上吸引了潜在读者和偶然人群的购买。②网络化展示功能。以新闻版块和信息分类为框架，对整份报纸的重要内容进行网络化展示。③速读功能。由标题和提要构成的速读栏目，帮助读者快速阅读。④互动功能。读者参与型栏目的设置增强了编者与读者的互动。"导读与索引"部分灵感显然来自网络——互联网强化了人们阅读方式中的"浏览"成分，也培养了人们面对大量信息时的选择能力和选择诉求。以往导读只是对开报纸头版上的元素之一，《导读与索引》则成为主导整份报纸的"网络首页"，将新闻纸阅读变成了一种有强烈视觉冲击力的网络化阅读（图 9－8、图 9－9）。2006 年 10 月，《南方都市报》也推出了整版导读"速览"，显示出整版导读在"厚报＋网络"时代的良好前景。

广州日报
导读与索引
李长春慰问
广东遭受水灾
地区干部群众
跳出广州
看"文明"
"祥云"出世
Beijing 2008
文明交通征对策
最牛"金点子"
重奖3000元
灭门女婿
佛山过堂

图9－8 “导读与索引”封一版

广州日报 导读与索引
"你我"成"东莪" 学生哥爱写"错别字"
今日速读
SPEED READING
搞怪布什
大洋评报栏

图9－9 “导读与索引”封二版

2. 模块式

模块式版面指以网格体系为基础，版面由一个个规则的矩形块构成，这些矩形块可以是单独成篇的新闻报道、新闻图片，也可以是一些同主题新闻的组合。它们通过线条切割或兜框，形成独立而有机的整体，呈现在读者面前。与模块式相对应的概念是穿插式版面，指版面上的稿件多数呈四边形以上的多边形，稿件与稿件之间穿插排列、相互咬合。

穿插式版面错落有致、琳琅满目的风格有其时代特征——信息传播速度较慢、版面少、生活节奏舒缓。在今天，模块式版面已经变成报纸版式的主流。每篇文章放在模块之中自成单元，简洁、明确，使读者的视线可以轻松地锁定稿件。而且稿件用围框或空白与其他稿件分开，读者在阅读过程中不会发生串行、误读的现象。通过矩形模块对同类或相关稿件进行组织，可以更清晰地提示稿件间的相互联系。这些特征极大方便了读者的阅读。

3. 易读性

易读性指新闻内容被阅读和理解的速度及准确性。版面编排中许多微观层面的问题，如标题的位置、字体字号的设计、稿件分栏、网纹使用、色彩搭配、线条运用、广告编排等，都会对版面的易读性造成影响。前文所提及的许多概念，也都含有提高易读性的目的。

以报纸正文字体选择为例。传统上中文报纸均以报宋为正文字，近几年一些报纸却纷纷改换字体，北大方正公司设计的博雅宋体就是应用较广的一种。因为博雅宋体有字形扁方、结构宽博、笔画粗细合理的特点，更适合目前的阅读环境。字形扁方，给人一种平稳宁静的感觉，加大了行距，增强了版块的秩序感，使整个版面更加整齐流畅；结构宽博，采用中宫放松的设计原理，在有限空间里加大了字面，增强了字体的视觉诉求力；笔画粗细合理，比报宋适当加粗，缩小了传统宋体横竖比例关系，减少了白色对眼睛的不良刺激，从而使字体醒目易读，降低了读者的视觉疲劳度（图 9－10）。反观报宋，在铅印时代盛行是因为会“吃墨”，笔画粗细显得适中，而现在报纸大多数已改为胶印，与铅印的“吃墨量”有很大的不同，结果是笔画细、黑白对比关系失调。① 选择适当的正文字体，提高版面易读性，既可以更有效地传递信息，又可以体现出一家报纸对读者视力与受众无障碍阅读的关怀。

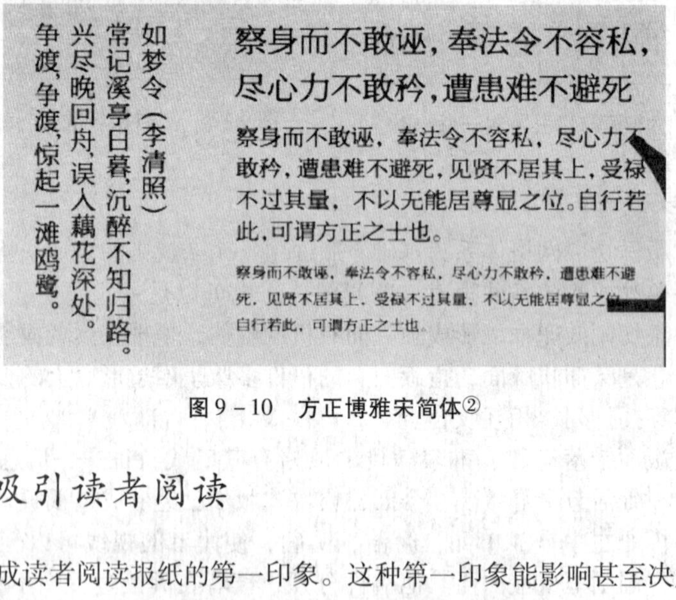

图 9－10　方正博雅宋简体②

三、吸引读者阅读

版面形成读者阅读报纸的第一印象。这种第一印象能影响甚至决定读者对报纸内容的选择态度。因此，版面对于激发读者的购报行为、吸引读者阅读具有重要作用。好的版面能根据文章的不同特点创造优美的形式、特定的气氛，体现报纸的美学诉求，使读者饶有兴味地阅读。这一功能的实现途径与一系列美学概念紧密相关：和谐、比例、秩序、平衡。

---

① 朱志伟．试论报刊正文排印的字艺与字德——以博雅宋的设计和使用为例．国际新闻界，2006（2）

② 方正博雅宋简体．美编之家网站．ttp：//www. aehome. cn/AD/founder/font_ bys. htm

和谐指报纸各个部分的内容和形式必须和谐一致；报纸不同部分之间的形式也必须和谐一致。和谐是通过统一表现出来的。首先应注意不同版组的表现特点是否统一，其次是同一版组内部版面风格的统一，再次是同一版面上局部和整体在风格和构图上的统一。

版面上每一个模块、文稿和图片都具有一定的形状，它们的长和宽均构成一定比例。编辑会自觉不自觉地运用黄金分割率（1.618：1），使文章、模块、图片保持美的比例。有时又会特意打破黄金分割率，以纵长或横阔的方式构置成特殊的比例，达到不一般的视觉效果。

版面的变化应讲求秩序，变而有序才能避免混乱而浑然一体。秩序主要表现在重复上，同一要素反复出现，正如人的脉搏一样，会形成运动的节奏。变化中的适当重复，可以增加版面的节奏感。

视觉的平衡不可称量，而是通过观察得到，它是一种心理上的重量。如果某一部分偏重，会使读者产生不稳定的感觉。平衡不光是运用对等元素，也是视觉重量的均衡。有的版面会有意打破平衡，使版面看上去像是要翻过去一样，以达到另一种突出的视觉效果。

四、发挥舆论导向

版面不是稿件的随意集合，它通过版面语言的应用，在呈现内容的同时，表现出报纸对所反映客观事物的态度和情感。稿件在版面中的不同地位表达、版面元素的不同运用，都显示出对新闻事件的评价。版面所表现出来的褒贬扬抑的态度和喜怒哀乐的情感，是对读者感知和理解内容的一种引导，是报纸发挥舆论导向作用的一个重要方面。这方面功能的实现，主要通过版面设计的微观层次——组版构想和布局原则实现，在下一节中会进行详细分析。

第三节　组版构想与版面布局原则

一、组版构想

编辑在运用版面元素时首先要通读稿件，对于如何设计版面，形成一个组版思路，称为组版构想。具体的组版构想可以从以下三个方面考虑。

1. 正确分析稿件，形成编排思想

编排思想是报道思想通过版面编排的具体表现，报纸以此为依据来评价稿件中反映的客观事实，并在版面上表现出来，影响舆论。编排思想正确是组版的首要要求，它与编排技巧相比占第一位，技巧是为思想服务的。编辑在编排版面时，应有明确的中心思想，即这块版面要体现什么、突出什么。

正确的编辑思想来自政策水平、编辑方针，同时依报纸的读者对象、特定任务、发行地区而定，必须考虑报纸的特点。如1997年1月，新疆阿勒泰地区连续遭受特大暴风雪袭击，雪山上约300名采金工人被大雪围困，情况危急。新疆军区紧急出动直升机前去营救，将受灾群众全部救出雪海。《人民日报》的记者发回了摄影报道。按通常惯例，这样的报道是上不了头条的，但夜班编辑为了突出军队与少数民族的关系，以"雪封阿勒泰　战鹰解危难"为题，将这组摄影报道大胆安排在一版头条，取得了意想不到的效果，还获了重奖（图9－11）。

人民日报
RENMIN RIBAO
依法治国是长治久安的重要保障
雪封阿勒泰　战鹰解危难
江泽民会见沃豪
指出中国一向珍视与瓦努阿图的友好关系
江泽民会见菲律宾客人
李鹏会见奥瑞克公司总裁
李鹏会见日本客人
27万人留学国外
9万人学成回国
邓小平陈云格言出版发行
毛泽东周恩来刘少奇朱德
时代呼唤这样的青年

图9－11　《人民日报》1997年1月22日头版

编排思想的形成在于对稿件作内容分析，主要从以下几方面入手：①稿件的重要性。将之放在版面全局中权衡轻重，确定它在全局中的位置。②稿件的性质。分析稿件是进行正面教育、讨论还是供批判的。③稿件的感情色彩。根据稿件的内容和报纸态度，确定稿件在版面上应有喜怒哀乐何种感情色彩。④稿件间的相互联系。[①]

2. 确定头条和重点

选择哪条新闻作为头条、哪些稿件需要突出处理，是编辑要重点考虑的问

① 邝云妙．当代新闻编辑学．广州：暨南大学出版社，2000．177

题。编辑通过比较各条稿件，权衡轻重，选出适当的头条和重点。

头条也称头题。广义的头条是指报纸一个版上最为重要的一篇（或一组）稿件。狭义的头条仅指要闻版上最为重要的一篇（或一组）稿件。头条通常都放在最重要的版面，并利用其他编排手段和方法加以突出编排。选择什么作头条特别是要闻版的头条，对于发挥报纸的舆论导向作用、创造报纸的特色具有重大意义。头条一般是新闻，但应不拘一格，重要的评论、图片、读者来信等均可作为头条。头条的处理方式有大头条（标题加大、加长，表现形式突出）、小头条（处于最重要版面，而形式弱于实际头条）、双头条（两条新闻的版面地位和处理形式完全一致）等。重点是编者有意向读者强调的新闻，处理得比头条轻，但比起其他稿件来又显得突出。在编排版面时先处理头条和重点，就稳住了版面的重心。版面上的重点不宜多。

3. 把握版面信息量和用稿量

用稿量是指版面采用的稿件的数量。信息量则指版面能提供给读者欲知而未知的内容的多少。一个好的新闻版面，应尽力做到用稿量与信息量成正比，给读者提供更多的信息。[①] 20 世纪 80 年代，我国新闻界提出“条多面广”的说法，条数成为版面是否生动活泼、信息量是否大的重要尺度，头版多要求用稿量在 20 条左右。90 年代扩版潮以来，报纸版面增长迅速，一些问题随之出现：有价值的稿件占位太少，难以吸引读者注意力；稿件太短更不利于发挥报纸深度报道的优势，条数过多也不利于做到版面美观大方。因此，对于如何增加新闻版面的信息量，各报的观念开始更新，改为减少用稿量、加强编排力度。

从内容编排的不同特征来分类，版面可以划分为以下三种类型：①综合型版面。即全版稿件条数比较多，报道对象和内容比较丰富，选取的头条和其他稿件相比，分量相差不大。稿件虽有主次之分，但在强势运用上并不有意突出这种差别，整个版面轻重均匀。②重点型版面。即特别突出版面上的某一局部，运用各种编排手段，使其成为版面上引人注目的重点。③集中型版面。即用整个版面或版面的绝大部分来刊登有关同一主题的稿件，气氛浓烈，较有声势，有助于读者对内容产生较全面的印象。

要平衡地把握好用稿量和信息量，就需要对版面内容作准确的定性分析。日常的新闻报道，多采用综合型版面构建，用稿量要求适中，报道内容丰富，才能达到适当的信息量。而对于重大新闻事件，就需要采用重点型甚至集中型版面来构建，以满足读者的信息需求。如 2007 年 10 月 24 日，我国首颗绕月人造卫星嫦娥一号成功发射，第二天《南方都市报》的头版，就用了整个版面来表达这

① 蔡雯. 现代新闻编辑学. 成都：四川人民出版社，1995. 283

一重大新闻事件（图 9－12）。如果为追求用稿量而增加其他稿件，以致侵占了重大事件的版面空间，反而是对信息量的损害。

二、版面布局原则

版面的布局结构指版面的全局与局部、局部与局部之间联系的表现方式。版面中的各种材料，作为版面中的一个局部，不是孤立的，而是相互联系的。读者对整个版面的知觉，不是取决于版面各个局部的特点，而是取决于版面各个局部之间以及全局与局部之间的关系所呈现出来的特点。因此，安排版面不能只是孤立地考虑各种材料的运用，而必须联系版面的全局来进行设计。

南方都市報

嫦娥发射成功

嫦娥奔月之路解析

中国航天历程揭秘

国际月球竞赛透视

图 9－12 《南方都市报》2007 年 10 月 25 日头版

1. 重点原则

版面是通过不同的强势来表现稿件的重要程度的。版面空间和编排手段不可能一味增强自身的刺激强度，而需放在全局的比较中才能通过对比得到确切的意义。因此版面的布局结构对强势的形成具有重要意义。构建版面强势，传统报纸主要依据区序理论，现代报纸则主要依据视觉冲击中心理论。

视觉冲击中心（Center of Visual Impact，简称 CVI），是指运用多种编排手段，在报纸版面上形成的，能引起读者注意、创造瞬间吸引力的强势区域。CVI 之所以能够产生瞬间吸引力，是与人的注意的生成相一致的。一个冲击力强的版面，首先能引起读者的无意注意。如果他觉得这则新闻或图片是其想知道的信息，便会有意识地阅读浏览，或买下这份报纸，这时无意注意就转化为有意注意了。[①] CVI 的构建包括两方面：①确定 CVI 所在的版面位置。现代报纸通常将 CVI 放置在版面的视觉中心（版面中上部与双眼平齐的位置）上。②运用多种编排手段。通过调动图片、标题、色彩、线条等版面元素，将 CVI 真正构建出来。

① 丁华．版面设计与 CVI. 岭南新闻探索，2003

如美国《新闻与记录》（*News & Record*）2003 年 9 月 12 日的头版上（图9－13），对“9·11”事件两周年的报道，虽然没有放在传统上认为最强势的区域，但是安置在视觉中心的位置，并以大字标题、醒目的图片、独特的模块比例给予表达，构建出一个清晰的视觉冲击中心，也传达出报社对这一新闻的重视。

NEWS & RECORD
Friday, September 12, 2003
Greensboro, North Carolina
50 CENTS
www.news-record.com
Hockey coach on city payroll
REMEMBERING SEPT. 11, 2001: HONORING THOSE WHO ARE GONE
POIGNANT ROLL CALL
Children of victims read names of dead in solemn ceremony where towers stood
Board agrees to audit by city
Wreck claims 3 members of family
ADDITIONAL SEPT. 11 ANNIVERSARY COVERAGE ON PAGES A2, A13, B1
High scores statewide on ABCs spell 'wait' for teacher bonuses
LIFE
Check out what the networks have lined up for this fall's TV schedule. D1
SPORTS
We follow Dudley's DeMario Pressley during the college recruiting processs. C1
INDEX AND FORECAST

图 9－13 《新闻与记录》2003 年 9 月 12 日头版

2. 组合原则

版面中的许多稿件在内容上是紧密联系的，应将其加以补充或组合；在组版形式上，也应通过恰当的布局结构使这种联系展现出来，这就是组合原则。

（1）稿件内容组拼

稿件组拼就是通过配置与组织，使本来单独存在的稿件表现出相互之间的内在联系，成组配套，供在版面上成为一个个反映某一主题的区域。具体有以下方法：

①补充配合。即对原稿作资料或观点的补充，包括配评论、加按语及配资料等。

配评论指配合新闻而非单独发表的评论。编辑为新闻配评论应积极主动，对重大问题不应保持沉默，应让读者及时听到报纸的声音；同时要慎重，从选题到论述都要再三斟酌，对情况不明的事不宜轻率评论。配评论有社论、本报评论员评论、短评、个人署名评论等形式。如 2006 年 5 月 21 日的《人民日报》（图 9－14），以头版头条刊发三峡大坝全线建成的消息，同时还配发了本报评论员的评论《自主创新立丰碑》，指明大坝的成功在于自主创新。

人民日报
RENMIN RIBAO
中巴两国领导人互致贺电
庆祝建交55周年
三峡大坝全线建成
大坝全长2309米，工程质量达到世界一流
圆满结束对罗马尼亚的访问抵达基希讷乌
吴邦国开始对摩尔多瓦进行正式友好访问
与卢普议长举行会谈
"早改早受益，大改大受益"
大理深化文化体制改革释放文化生产力
自主创新立丰碑
——祝贺三峡大坝全线建成
德国总理默克尔

图9－14　《人民日报》2006年5月21日头版局部

按语也称编者按，是依附于新闻报道或文稿的一种画龙点睛式的简短编者评论。它的任务在于针对稿件中的观点或材料，直接表明编者的态度和建议。按语以性质划分，可分为说明性按语、政论性按语、注释性按语等；按在文中的位置划分，可分为文前按语、文中按语和文后按语（也称"编后"）。如2005年12月24日的上海《文汇报》，在《上海：借世博实现新腾飞》的报道中，加入一段"编者的话"，就是一种典型的文前按语（图9－15）。

显示海派文化活力　全面提升城市能级　提高市民整体素质

上海：借世博实现新腾飞

编者的话　对于2010年世博会，我们已经有过许多的论述、描绘和展望。而这一回，当我们再次把它作为"十一五"亮点聚焦时，一切确已变得渐渐清晰。

正如报道所写，演绎好、筹办好、展示好的"三好"目标是一定要达到的。这不仅关系到能否把世博会办得成功、精彩、难忘，更是对上海以科学发展观为统领、提升国际竞争力的一次全面检验。

说到国际竞争，上海世博会[illegible]跨越时空的"城市"主题的确立，实际上恰好为各国文明对话搭建了最佳平台。借助这个平台，不仅可以为世界不同文化背景的城市寻求共同发展的路径，更将使上海在开放多元、丰富多彩的文明交流中，学习构建与时代发展相匹配的城市文明体系。就是说：举办世博会的过程，正是上海融入世界的过程，是提升产业结构、提高市民素质，向世界展示良好形象的过程。

毋庸置疑，我们只有从现在起就为那历史性时刻的到来作好充分准备，才能真正经受未来的考验。

上海"十一五"发展 亮点聚焦

文/本报记者邵岭

1970年世博会，将日本大阪推上了日本重要经贸中心的地位；1992年世博会，使西班牙塞维利亚成为欧洲南部熠熠生辉的明珠——每一届的世博会，都是城市发展的难得机遇，那么，中国2010年上海世博会，又将给浦江两岸带来怎样翻天覆地的变化？

答案正在渐渐清晰。在不久前举行的市委八届八次全会上，与会同志达成共识：2010年世博会，既是上海"十一五"发展的重要载体和重要目标，更是对上海国际竞争力的一次全面检验。

演绎：成败关键

2010年世博会，将是世博会155年的历史上首次以"城市"作为主题。能否将这一主题演绎好，将是世博会成败的关键。

城市，怎样才能让生活更美好？这就是2010年世博会要回答的问题。上海世博会要真正成为成功、精彩、难忘的科技盛会和文化庆典，必须把中华民族的文化源流、上海城市的历史文脉、改革开放的历史巨变以及世界各国的文化精品和科技创新成果汇聚起来，兼容并蓄，为所有参观者展现未来城市的蓝图。

2006年，上海世博会的招商招展工作将全面启动。为了争取更多国家、城市、企业对世博主题的认同和参与，上海将充分发挥社会研究策划机构和社会专家的作用，汇集各方智慧，调动各方资源，通过创新的思维和手段，进一步丰富"城市，让生活更美好"这个主题的内涵，使其同"团结统一、爱好和平、勤劳勇敢、自强不息"的民族精神，同"海纳百川、追求卓越"的城市精神结合起来，充分显示中华民族的深厚文化底蕴，显示上海城市的海派文化活力。

（下转第八版）

图9－15　《文汇报》2005年12月24日头版局部

配资料是指用过去发生的事实和现有的知识等资料，配合相关新闻主题。它可对新闻报道进行注释，说明其意义、价值、原因、性质及今后的趋向等。配资料的形式与内容应当根据整个专题要求来决定，一般包括新闻图片、新闻背景、新闻人物、专业知识、相关报道等。

②分组归类。指对内容相同或相关的分散的稿件进行组合，包括同题集中和集纳专栏。同题集中指将内容相关联的稿件置于一个标题下集中发表，使之形成一个整体，成为版面上一个相对独立的区域。通过稿件的巧妙组合、标题的点睛，使稿件的表现力得到升华。这样也可节约版面，使报道显得精练。在没有适合的单篇作头条时，同题集中形成的有分量的报道可作为头条来支撑版面。集纳专栏指将若干篇有共同性的稿件归在一起，形成版面上相对独立的一个区域。它是临时性质的，依据稿件情况和报道需要临时编辑，可能出现一段时间，也可能只出现一次。集纳专栏在编辑时，需要编辑善于找出共同点，提炼正确的主题。这是一种比较好的精编形式，可避免单发造成的零碎的毛病，在缺少头条时也可用作头条撑起版面。

（2）版面空间组合

心理学家指出，要清晰地感知某一对象，需要善于把这个对象从背景中分出来，形状、颜色类似，距离接近的客体往往容易被结合在一起，成为统一的知觉对象。根据这一原理，不同稿件在距离上的接近，形状、颜色上的类似，可将稿件之间的联系用可视的形象具体展现出来。如果安排不当，则可能割断这种联系，削弱应有的阅读效果。

同题集中和空间组合有同有异，相同之处是都能够提示稿件之间的联系，也必须编排在一起，不同之处是同题集中主要靠标题提示这种联系，把要说的直接告诉读者，空间组合主要是靠空间的相似、接近来提示，稿件各自独立，有自己的标题。因此，空间组合要更隐蔽一些，更适于用来做一些不宜直接表态的主题。

3. 区分原则

有时稿件之间由于空间组合的引导，可能使读者产生错误的联想、得出错误的结论，或产生不愉快的情绪。所以在一些特殊情况下，进行适当区分是非常重要的：①稿件的感情色彩不协调。如喜与怒、哀与乐、庄与谐等，放在一起会让读者产生不愉快的感情。②稿件内容互相产生纠葛。如一篇稿件的标题和另一幅无关图片中有相同的元素，会使人误解这幅图与这篇稿件是同一组的，从而产生不必要的误会。区分的方法：一是进行缓冲，将感情色彩为中性或不太强烈的稿件穿插在其中作为过渡；二是对可能产生误解的稿件进行空间分离，用线条加以分割，或直接分别安排在版面的不同区域或不同版面上。

第四节　版面组合与数字产品发布

一、版面组合步骤

上述组合版面的原则和方法，通过组合制作过程得以实现。其过程一般分为五个步骤：

1. 了解要求，通读稿件

版面设计之前需要先通读所有稿件，以便进行通盘考虑。编辑应充分了解各方面的信息，如编辑部有什么意图、上级领导有什么指示、被报道对象有什么要求、文字编辑有什么交代、记者有什么说明等。有的时候，通讯社或报社还在继续发稿，等稿齐之后再设计，可能时间过于仓促，甚至会延误出版时间，在这种情况下，不能等全部稿件来齐后再动手设计。编辑应争取对即将发来的稿件的情况有所了解（如文稿的基本内容、字数，图片的内容、篇幅尺寸等），对全局心中有数，并给未收到的稿件留出合适的位置。

2. 考虑周详，确定布局

只有对版面的布局结构胸有成竹，画版时才能得心应手。具体包括：采用哪种版式类型；头条、二条稿件如何处理；图片、图框如何安置；重点稿件是否临时需要其他稿件的搭配，同类稿件如何集中；标题的内容和形式是否需要调整；题文的栏宽；等等。

3. 计算篇幅，调剂余缺

传统上进行版式设计时，需要精确地计算每篇稿件的篇幅、图片的大小等。电子排版操作，对这一步骤的要求有所降低，但设计者仍然需要了解有关的计算方法。稿件、标题的篇幅是以行数为单位来计算的：稿件字数 ÷（所占栏数 × 基本栏字数）= 行数。如报纸基本栏为 6 栏，每栏 19 个字，一篇文章长 1 500 字，准备排 4 栏宽（以基本栏排文），那么它的计算方法就是 1 500 ÷（4 × 19），所占行数约为 20 行。

标题篇幅的计算也按多少栏宽、多少行高来计算，一般公式为：（标题字点数÷正文字点数+适当空白）×栏数=行数。如一则横题的主题为63点，引题为18点，按正文字9点（小五号字）来计算，共9行高，加上标题之间上下空白2行，共为11行；如果题占4栏宽，合计就是44行。同样的标题如果做成竖题，一个简单的方法，就是将横题的面积改个方向。

4. 画版样和拼版

版样是稿件安排的具体展示。实行电子排版后，有的报社要求编辑直接在组版屏幕上设计，有的报社则要求仍然画在版样纸上。版样纸是供画版用的纸，幅面一般与报纸版面同大，纸上印有纵向的栏和横向的字行。全版行数、栏数和栏内各行的字数，与报纸完全一样。字行由代表活字的符号（如△□○）组成。用版样纸设计版面，可保证相当高的准确性。

画版样一般采取“三先三后”的方法。一是先安排重要稿件，后安排次要稿件。重要稿件一般篇幅较大，内容举足轻重，位置不能随便移动，所以要先行安排。二是先安排图片、专栏等，再安排其他稿件。因为图片、专栏在版面上是以比较方整的形式出现的，不能被其他稿件穿插，改动也不如文字那样灵活。如果放在最后安排，可能会因没有合适的位置而难以处理。三是先安排版面的四角，后安排版面的中间。四角安排妥当，中间部分就比较容易掌握了。

画版样要求准确使用版样符号，将组版意图清楚地交代出来。版样符号通常以Z和N分别表示横文和竖文；以⊠表示图片；～和□表示加线和围框；Z和N表示文已至末尾。

5. 看大样

大样指按照设计好的版样拼版后打出的样张，供编辑人员进一步审核、修改和校对员校对之用。检验大样是编辑的重要工作。有些错误是在拼版过程中发生的，更要通过看大样来加以校正。看大样要着重检查以下几个方面：①标题与正文是否相符。②内容、文字有无差错和不当之处。③标题的大小、位置、字号、装饰是否适当。④全版标题和各版标题有无矛盾、重复现象。⑤图片与说明是否相符，画面是否完整，位置大小是否适宜。⑥整版的布局是否恰当。⑦转版的标题与文字有无接错。

大样改正后印出的样张为清样。清样原则上不再改动，经有关负责人审阅、签字，即可付印。

二、电子排版

电子排版是采用电子计算机激光照相排版系统编排版面的新兴工艺。传统的报纸排印是铅字印刷，由工人手工拣铅字拼版，劳动强度大，生产效率低，而且还有铅污染。20 世纪 70 年代，我国和西方国家同时开始研制电子排版技术。1979 年，被称为“华光Ⅰ型”的原理性样机试制成功，第一张激光照排的中文报纸样张问世。1987 年，《经济日报》采用华光电子出版系统获得成功，成为世界上第一张用计算机激光屏幕组版、整版输出的中文报纸。1991 年，北京大学推出功能更全、速度更快的“北大方正”排版系统，不但有力地促进了我国新闻出版业的现代化，而且使我国汉字电子出版印刷技术居世界领先水平。20 世纪末，我国报纸已经全部采用电子排版。

目前，国内外常用的电子排版软件有方正飞腾、华光超捷、PageMaker、Adobe Indesign 等。其中方正飞腾排版系统在国内报社的应用最为广泛。2007 年，方正电子推出了新一代报业集成排版软件——方正飞腾创艺 5.0。

飞腾创艺 5.0 的特点在于，它是基于 PDF 的报刊版面生产系统。原有的飞腾软件系统是基于 PS 的工作流程，在给各代印点传版过程中，很容易被人恶意修改文字和图片，造成安全隐患。飞腾创艺 5.0 系统中，为各个代印点提供的将是一个经过加密的高精度 PDF 文件，该文件包含所有图片和文字内容，只有在指定的代印点才能打开，其他第三方无法进行查看和修改，杜绝了传版过程的安全隐患。在飞腾创艺 5.0 中可直接生成可阅读的 PDF 文件，或者直接生成 JPG 版面效果图片，直接传给报社领导，达到及时审阅的目的。另外，飞腾创艺 5.0 的功能比以往的版本有了更多改进，如支持对文字、图片等内容直接进行阴影、羽化、透明等处理，并提供属性吸管、钢笔、剪刀等创新工具，为报纸带来更具亲和力与冲击力的效果，提升报纸的竞争力。

电子排版为编辑设计完成版面提供了强大的工具，也给编辑提出了更高的要求。大型报纸分工明确，文字编辑负责新闻的内容编排，美术编辑负责版式设计，排版员负责用电脑拼版，这就带来了各方的沟通协调问题，编辑们会为“文字编辑说了算，还是美术编辑说了算”的问题而感到困惑。中小型报社编辑身兼数职，则需要编辑下工夫学习电子排版的全面技术。不管身处何种职位，编辑都应积极了解、学习电子排版，在实践中不断摸索、进步。

三、数字产品发布

报纸版面编排完成后，经过签发、印刷、发行等环节，纸质的报纸与读者见面，传统报业的流程到此结束。而当前，由于新媒体技术的介入，在纸质媒体的基础上已经发展出了多种形态的数字产品，报纸编辑流程随之延伸。南方报业传媒集团前任社长范以锦认为，现在的纸质媒体，同一内容以 5 种形态出现，具体包括：①传统报纸。②电子版和网络版，也就是把报纸的内容搬到网络上。③街头打印的报纸，像到银行刷卡取钱一样，刷卡之后就能取到报纸。这种形态在外国有，国内现在还没有这种报纸。④手机报。现在的手机报主要还是复制报上的内容，将来发展到不完全依赖报上的内容，办出自己的特色，将是另外一种情景。⑤电子纸报纸。所用的“纸”是一种电子阅读器。①

报纸产品经由一定的技术转换，以不同的媒介产品形式出现。其中电子版和网络版是一种主要的数字产品形式。从平面报纸产品转换为互联网媒体，原理其实很简单，就是当各个版面的版面文件交到印刷厂付印后，再对这些版面文件按照电子报的技术要求进行加工，这一过程称为“反解”。然后基于反解的输出结果，生成可以通过互联网阅读的电子报网页（图 9－16）。

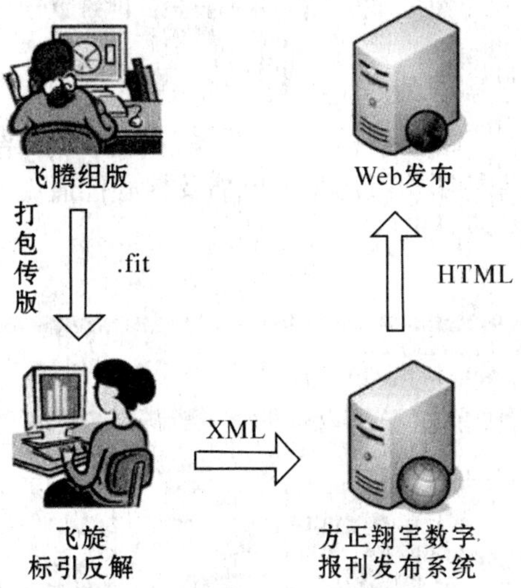

图 9－16 数字报刊系统生产流程

对于怎样办好网上数字报纸，国内外报业均在积极探索中。如 2007 年 1 月纸质的《华尔街日报》改版同时，《华尔街日报》网络版（WSJ. com）也免费开放。网站增加了导航功能，新设了《市场数据中心》栏目，还推出一系列由记者和专家写作的博客，推出实时更新的视频等，这些做法都加强了报网之间的融合（图 9－17）。②

---

① 蔡军剑，张晋升．准记者培训教程——南方周末采编精英演讲录．广州：南方日报出版社，2007. 1～3

② 邓靖．融合：纸媒的数字化转型之道——从《华尔街日报》改版说起．青年记者，2007（7 月下）

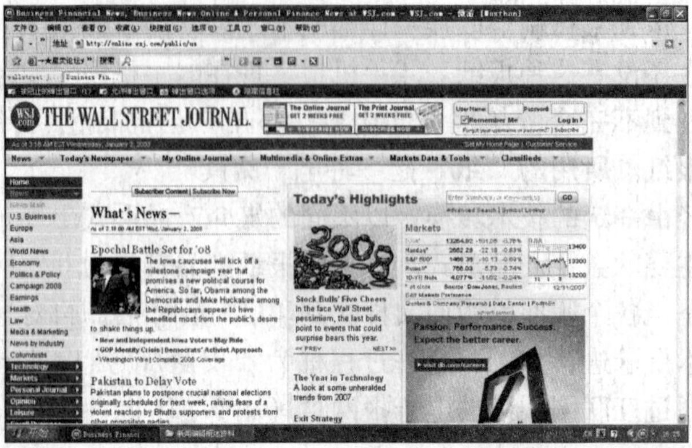

图 9－17　《华尔街日报》网络版

我国报纸也推出了多样的网上报纸。如 2007 年 8 月，《南方都市报》数字报（www. nddaily. com）上线运行，提供三类数字产品：南都完整版、南都精华版和南都随时报，既保持了报纸的整体风格及核心价值观，也在报网互动方面作出了积极尝试（图 9－18）。

图 9－18　《南方都市报》数字报

美国学者 Paul Lester 曾指出，20 世纪六七十年代，电视的普及导致所有的其他媒介都出现了严重的衰退。当时的民意测验显示，35 岁以下的人群中，约 50% 的人更倾向于从电视媒体获取新闻信息。有的报纸彻底垮掉了，另一些报纸却生存了下来。报业集团化、面向专门受众、区域化分版、应用彩色图表——这些为应对电视挑战而采取的种种变革就是它们生存的法宝。① 面对新媒体的挑

① Paul M. Lester. Visual Communication：Images with Messages. Belmont：Wadsworth，2000. 299

战，能够生存下去的报纸，并不一定是那些曾经办得最好的报纸，而一定是最能适应环境变化、作出积极革新的报纸。

传统媒体的受众在不断流失是不争的事实，未来报纸的形态变化尚难准确预料。数字报纸并不一定是报纸发展的唯一趋势，积极适应的姿态却是报纸发展的关键。适应受众新的阅读心理和习惯，对自身问题和缺陷加以洞察与反思，在此基础上不断改革与创新，应是未来所有媒体的生存之道。

《南方周末》版面设计案例

案例1　“最漫长的三天”：从构想到拼版的完整过程

2007年7月29日，河南省陕县发生煤矿透水事故。经过三天的紧张营救，69名矿工生还。《南方周末》准备将这条新闻做成头版重大报道。8月8日（星期三），记者采写的长篇深度报道“最漫长的三天”发回报社。报社交版时间是晚上七点半，编版时间已经很紧迫。负责设计头版的编辑周一萍认为，这个头版既要体现《南方周末》深度的优势和人文关怀的一面，又要弱化时效相对滞后的劣势，但问题在于没有合适的大图片。这时，该版责任编辑告诉她，记者在病房拍下了每个生还矿工的小照。她的第一反应是：叫记者先传过来。收到照片后，周一萍确定了组版构想：将所有生还矿工的照片排到头版上，请他们成为新闻主角。这时已经六点半了。她先将一张矿工头像按设想尺寸裁好，然后请两位助手在旁边的电脑上，按照统一规格把所有照片裁剪出来，并将照片彩度调淡到接近黑白。负责出版流程的编辑在一旁焦急地等待，并担心头版上放这么多小头像会不会印刷效果出不来。这期间周一萍用一张矿工小图拷贝出所有图片的位置，另外，选用已有的通稿图片放在中心，将图片裁到最紧凑的状态，然后将其他内容排好。所有矿工的照片处理好后，把拷贝图片全部替换掉，版面就完成了。整个排版过程只用了15分钟。完成后的版面，以版面语言表达了对生活在社会底层人士的关怀，也体现出了特有的“南方周末”风格（图9－19）。

图9－19　《南方周末》2007年8月9日头版

案例2 “京城潜水学校”：版面次序与叙事效果

2004年7月15日《南方周末》的B16版上，刊登了一组题为“京城潜水学校”的摄影报道。这组报道共包括5张图片，分别为：①教学双方签订特别风险承担书等协议；②学员下水前认真检查潜水设备；③潜伴的相互配合是保证潜水成功的重要条件；④酷暑成为一些北京人参与休闲潜水的动力；⑤学员潜入水中。5张图片完整地叙述了潜水的过程，希望表达出“潜水是一种生命体验”的主题。

见报版面的设计，是将图片在版面上以①—②—③—④—⑤的次序安排，即从签协议开始，到入水结束，以一种顺序的方式讲述故事（图9－20）。编辑周一萍对这个版面进行了重新设计，最大的改变是将图片⑤改放在版面起首，将“潜入水中”的瞬间首先展示在读者面前。整版的图片安排次序调换为⑤—②—③—④—①，成为一种“倒叙”手法。竖置的标题也延伸了图片⑤中人物倒潜入水中的身形，增加了版面的生动气息（图9－21）。前后两个版面因为图片次序的不同而呈现出不同的叙事效果。相比较而言，重新设计后的版面更加醒目，呈现出更强的视觉冲击力。

京城潜水学校

图9－20 “京城潜水学校”见报版面

京城潜水学校

图9－21 “京城潜水学校”重新设计后的版面

（以上图片资料由《南方周末》版式总监周一萍提供。文字资料来自本书作者2008年1月3日对周一萍的访谈。）

思考与练习

1. 报纸版面是怎样构成的?

2. 报纸版面上有哪几种元素?

3. 报纸版面空间可分为哪些层次?

4. 报纸版面有哪些功能?

5. 怎样理解“重新设计”与“组版”的差别?

6. 报纸从哪些方面可以实现版面的易读性?

7. 报纸的组版构想可以从哪几个方面来进行?

8. 怎样理解用稿量和版面信息量的关系?

9. 什么是视觉冲击中心? 怎样在版面上构建视觉冲击中心?

10. 版面上稿件的组合有哪些不同方式?

11. 版面组合需要经过哪些步骤?

12. 当前报纸发展出哪些新的形态?

13. 综合练习：选择2~3家有代表性的报纸，对比、分析各报版面的不同特点。

14. 综合设计：独立选稿、编辑，设计一份面向本地读者的综合性日报（对开）的要闻版。

附　录

《广州日报》采编行为准则

一、保障报道的真实与准确

真实与准确是新闻的生命，也是《广州日报》对报道的最基本的要求。

通过合法和正当的手段获取新闻

遵守宪法、法律、法规和新闻纪律，遵守民族宗教政策，严守党和国家秘密，增强政治意识、大局意识、责任意识，坚持正确的舆论导向。

尊重并平等对待所有我们所采访的人和机构。在一般情况下，采访时都要表明自己是《广州日报》记者的身份（但在说明身份会使记者面临严重人身威胁等特殊情况下例外）。

不得采用违反党纪国法的方法获取新闻。在极其特殊的情况下，如果采取公开采访的方法无法得到对党和政府、公众利益至关重要的信息，记者有权使用隐蔽的方法接触消息源，但必须在报道中加以说明。

尊重同行和其他作者的著作权，严禁抄袭、剽窃他人的劳动成果，不得援引他人的作品而不指明出处。

不得揭人隐私；不得诽谤他人。

不得宣扬色情、犯罪、暴力、愚昧、迷信及其他格调低劣、有害人民群众身心健康的内容。

禁止造假与歪曲

要忠于事实，不得为追求轰动效应而捏造、歪曲事实。不得弄虚作假，禁止在任何情况下故意发布假消息。

不得以偏概全，随意夸大

力求全面地看问题，做到客观、公正，防止主观性、片面性。不哗众取宠、耸人听闻；不以偏概全。

消息来源要说清楚

应当向读者清楚说明消息的来源，对于被采访个人或单位，要写清出处，写全个人姓名或机构名称（但在说明被采访者身份会使其面临严重人身威胁的情况下例外）。

每一个事实来源都必须做到有根有据，避免使用模糊的说法。最好的消息来源是记者的亲眼所见；有名有姓的消息来源次之；最差的是匿名消息来源（如“广大群众说”）。

尽量避免匿名消息来源

使用匿名消息来源有可能会损害新闻的可信度，因此《广州日报》将尽量避免使用匿名消息来源。

如果我们不得不尊重那些不愿透露自己身份的掌握重要新闻信息的消息人士时，也应避免使其成为任何报道的唯一依据。

对于匿名消息来源所提供的信息，往往可以通过那些愿意被指出其姓名的消息人士或者通过各种文件来加以验证。我们应当作出最大的努力去进行这种验证。

我们有义务保护匿名提供消息者。匿名消息来源人的身份将不会被透露给《广州日报》以外的任何人。

我们不允许使用匿名消息来源进行人身攻击。

转载报道必须注明准确的消息来源

《广州日报》转载其他报刊的文章、报道，必须注明准确的消息来源，即在文章前面写明“据××报报道”或在文尾写清楚“转自某报某刊”。

在转载时应考虑提供该报道的新闻机构是否可信。一般情况下，《广州日报》只用可信赖的媒体的消息。

报道要署记者真名

记者在报道中要署真名，以便使读者清楚地知道谁应对内容负责，除非有关报道会威胁到记者的人身安全。由记者处理的通讯员来稿与读者来稿，也应署上记者的真名。

在有多个署名的情况下，第一个姓名一般应当是该文章的执笔记者，或者应当告诉读者谁对内容负责。

特约撰稿人必须遵守《广州日报》的职业道德标准

聘请特约记者、特约通讯员或其他撰稿人，必须取得总编辑批准。专聘记者、特约记者、特约通讯员或其他撰稿人必须遵守与《广州日报》内部采编人员相应的职业道德标准与新闻专业标准。

尽量不用间接引语，使用的直接引语必须是原话

报道中尽量不使用间接引语，要多用直接引语。

直接引语应是某人所说的原话，除对语法和句法错误进行必要的纠正之外，记者不得制造直接引语，不得对采访对象的话语进行添油加醋或肆意歪曲。

应当避免在引语中出现括号或省略号。省略号会令人对可信度产生疑问，不过我们会利用省略号来删除引语中的粗言秽语。

避免使用最高级形容词

避免使用“最大”、“最好”、“最坏”、“最多”等最高级形容词，除非有证据时方可使用。

认真核对事实，避免使用模棱两可的词

采访时要认真核对各种姓名、名称、数字、地点、时间、计量单位等，确保事实准确无误。

要以清楚的词语准确地表达报道的内容。我们的报道是告诉读者真实情况。因此，要尽量避免使用“可能”这样的词来对未经验证或无法验证的说法予以判断。

尽最大努力减少文字错误。

严禁改动新闻图片迷惑读者

在进行新闻摄影时，禁止导演或者人为重现新闻事件。严禁任何试图迷惑读者或不如实说明图像信息的做法。不允许采用电脑合成手法制作新闻图片。

摄影师可以指导肖像摄影、时装摄影或摄影棚工作，但在提供以上几类图像时，必须避免使人产生这样的印象，即图像是在非自然的状态下被捕捉到的。

不得对图像进行增色、消除景物或翻转处理，不得采用数码手段对图像进行改动，除了进行一些微小的调整之外，比如校正颜色、纠正曝光、去除尘点或划痕，这样做是为了确保忠实地再现原图像。

如果需要创作蒙太奇照片，必须清楚地加以说明。

及时纠正错误并致歉

发生任何错误，都要坦然承认，并及时加以纠正，不得遮遮掩掩或者在以后的报道中进行辩解。一旦确认需要进行纠正或澄清，应当尽快作出纠正、澄清，并向读者及相关人士真诚致歉。

二、维护报道的公平性

公平是《广州日报》报道严守的核心价值之一。

禁止对任何人的歧视

维护宪法规定的公民权利，努力确保在报道中没有因种族、性别、宗教、民族、阶层、身份或任何生理特征而产生的对任何人的歧视，努力确保我们的报道不会激起一部分人对另一部分人的轻蔑、仇恨或敌对情绪。

尊重个人隐私，避免伤害报道对象

要时时警惕我们的报道可能会侵犯个人隐私，伤害到采访对象。

尊重犯罪嫌疑人或罪犯的合法权利。对于司法部门审理的案件不得在法庭判决之前作定性、定罪和案情的报道；公开审理案件的报道，应符合司法程序。

在报道青少年犯罪嫌疑人或性犯罪受害人时，要非常谨慎。

对于被采访对象的病理特征注意回避。

当使用正处于悲伤中的人们的照片时，要特别小心。

坚决摒弃偏见

新闻报道不得掺杂记者个人的偏见。记者要听取新闻事件中涉及的相关对立方的各自观点，如采访不到，要在稿件中注明。

在报道存在争议的事件时，记者不应当简单地人云亦云或貌似公正地不偏不倚，而是要从各种看法中找出合乎事理且明确的观点。

评论和报道要分开，评论要兼容并蓄

评论和报道要分开，评论要兼容并蓄，要包容不同甚至对立的观点，努力使《广州日报》在组织社会各界讨论公共话题与社会热点问题时，成为交流沟通思想、凝聚社会共识的媒介。

必须为被批评对象提供辩护的机会

尊重被采访者的声明和正当要求。采写批评稿件，一定要采访被批评对象，并为他们提供辩护的机会。

调查性报道要求特别注意公平性

调查性报道要求特别注意公平性，应避免简单化的描述。

参与调查性报道的记者要牢记，如果能够提供内容丰富、细节翔实的叙述，报道可信度就会更大。

不得利用舆论工具发泄私愤

不得以个人或小团体的利益决定新闻的取舍，更不得利用自己掌握的舆论工具发泄私愤，作不公正的报道。

在任何情况下，《广州日报》都不发表谩骂和人身攻击性的报道或评论。

三、严禁“有偿新闻”

“有偿新闻”是对读者极大的不尊重，对报纸的公信力具有极大的杀伤力，《广州日报》严加禁止任何形式的“有偿新闻”。

新闻活动与经营活动严格分开，新闻报道不得收取任何费用

新闻报道不得收取任何费用，《广州日报》坚持将新闻活动与经营活动分开，坚持将新闻报道与广告经营严格区分。

记者编辑不得利用工作之便或以新闻报道为条件从事广告业务和其他经营活动。

不得以任何名义向被采访对象索要钱物或牟取其他私利

不得以任何名义向被采访单位或个人索要钱物；不得向被采访地区或单位提

出工作以外的个人生活方面的任何要求；不得参加被采访单位或个人安排的在营业性歌厅、舞厅、夜总会等娱乐场所的娱乐活动；不得向被采访单位提出为个人或亲友提供便利条件。

《广州日报》负责支付本报人员的出差费用与采访费用，编辑记者不得到被采访单位报销应由个人或报社支付的票据；不得利用工作之便在外兼职取酬。

不得充当新闻“穴头”

不得擅自联系其他新闻单位的编辑记者组团进行采访活动，也不得私自参加“三包（包吃、包住、包差旅费）”的采访活动，更不得充当新闻“穴头”，组织有偿新闻的采访报道。

不得借采访公务从事私人性活动

编辑记者不得借采访之便从事私人经商活动；不得与其消息来源建立业务或财务关系；不得利用《广州日报》所获得的非公开资料作出个人投资决定；也不得以记者的名义从事为私人社会关系打官司、申诉等活动。

报社招收员工实行回避制

参照《国家行政机关工作人员回避暂行规定》的精神，报社招收员工亲属实行严格回避制度。

四、维护群众利益

维护好人民群众的利益是党报新闻工作者的根本宗旨与崇高使命。

既要当好群众的“耳目”，又要当好群众的“喉舌”

《广州日报》首先要当好人民群众的“耳目”，努力使党和政府的方针、政策及时、准确、广泛地同群众见面，为人民群众全方位提供参与政治、经济、文化等社会生活以及了解世界所需要的新闻和信息；同时又要当好人民群众的“喉舌”，及时、准确反映人民群众的利益、愿望、呼声和正当要求。

对群众来信来访不得推诿搪塞

要高度重视群众来信来电，热情接待群众来访，妥善处理群众有关建议、批评、申诉和检举，不得态度冷漠、推诿搪塞。

努力为群众排忧解难

要从一点一滴做起，努力为群众排忧解难。要开展多种多样为群众服务的活动，精心采编直接为市民服务的有关版面。

加强和改进舆论监督

舆论监督本质上是人民群众通过新闻媒体对社会公共事务进行监督，是维护人民群众根本利益的重要途径。

《广州日报》要以有利于反映群众意见和呼声、有利于群众实际问题的解决、有利于社会稳定、有利于党和政府改进工作为出发点，加强和改进舆论监督。

必须保持同人民群众的密切联系，经常倾听群众呼声，体察群众情绪。要善于把握党的意志与人民群众心声的结合点，站在维护社会和谐进步的立场上，组织好舆论监督类报道。

舆论监督要客观、真实、公正，多方核实情况，听取不同意见，增强舆论监督的公信力。

要注重社会效果，跟踪报道，有始有终，推动问题的解决，增强舆论监督的影响力。

严禁以舆论监督为名要挟他人或企业

舆论监督要出于公心，不得掺杂个人或报社的私利，严禁以“公开曝光”、“编发内参”等方式要挟他人或企业。坚决反对借舆论监督之名，向企业索要广告、赞助的恶劣行径。

《广州日报》必须自觉接受社会监督

《广州日报》自身及其编辑记者在对社会进行监督的同时，必须自觉接受社会各界的监督。

本准则从公布之日起实施，对违背以上规定的《广州日报》采编人员，请社会各界予以举报、批评。

投诉电话：(020) 81883088 转 3301

（资料来源：《广州日报》2007 年 2 月 5 日 A5 版）

《南方日报》第六次改版方案

要闻版块编辑大纲（节选）

总　纲

一、《南方日报》要闻版块是整张报纸的精华所在，是报纸正确引导舆论的主阵地，也是体现报纸核心竞争力的主阵地，因此，必须加强采编、营销的策划、联动，举全社之力办好。

二、“高度决定影响力”是办报的旗帜和灵魂，做“大时政”、“大经济”、“大民生”和“大文化”新闻，靠报道的深度、思想的高度特立于市场，争高端主流读者，夺高端主流市场。

三、原创、权威、公信，是本报矢志追求的新闻品质。作为省委机关报，具有独特的政治优势，拥有独特的政府资源，必须借其力、尽其利，为我所用，更好地诠释“高度决定影响力”这一著名办报理念。拟开设《南方独家》和《权威发布》栏目。(略)

四、创设《深度》版和《网视》版，是本次改版两大亮点，意义十分重大。通过完善相关采编、运营和考评机制，做深、做强主流新闻，正确引导舆论，促进本报办报质量跃上新的高度。(略)

五、广东新闻版块是体现地方特色的重要版块，拥有“最全面、最翔实、最深刻”的广东新闻，《南方日报》才能卓立同类；因此，做大、做强、做深广东新闻，是本报进一步发展的必然选择。本次改版扩大广东新闻版面，为经营好区域新闻提供必要条件，打造好区域新闻版块，扩大区域新闻的影响力，理所当然应成为本次改版的另一大亮点。为此，须采取必要措施保证区域新闻版正常刊出。(略)

分　纲

头版

功能定位

头版是报纸的“窗口”、“眼睛”，反映整张报纸的面貌，抓好头版，就是抓住了报纸改革的龙头。《南方日报》的头版定位为要闻封面版，一须突出处理要闻，二须强化导读功能，集纳本报精华，集纳省内外、国内外要闻，一页尽揽天下风云。

选稿用稿

立足广东、辐射全国、放眼世界，以全球化的开阔视野、以正确引导舆论和“三贴近”的准则选稿、用稿。

新闻价值、新闻关注度是稿件取舍的重要标尺。关注重大的时政、经济、文化新闻；关注重大的国计民生新闻；关注重大的突发性新闻；关注重大的社会新闻；关注重大的国际新闻；关注辐射力强的区域重大新闻。

不拘一格选头条，选好头条、主照，是每天的“第一要务”。党和政府要着力解决、涉及千家万户的国计民生新闻，理所当然应成为头版头条的主角。主照要突出新闻性，突出视觉冲击力。

高度重视中央和省主要领导的重大政务新闻，严格按程序、规定选稿、用稿、发稿，从政治大局的高度安排版面，安排相关文稿、图片。

编排思路

从单一的“安排什么稿件”向全面的“关注什么新闻”转变，通盘考虑版面安排，哪些新闻需直接用文图稿？哪些新闻需作导读，以何种方式导读？哪些新闻须突出处理，以何种手段突出处理？特殊稿件、敏感稿件的版面如何处理，位置放哪儿？强化什么，淡化什么？等等。心中有数，才能运帷有方。

版面编排，体现舆论导向。牢牢把握正确导向，一要“知情”，二须“立意高远”。“知情”，就是要熟悉情况，事件的台前幕后、新闻的来龙去脉，了然于胸，要下十足工夫监测新闻、分析新闻、解读新闻；“立意高远”，就是要不断增强政治意识、大局意识和责任意识，不甘平庸，勇于创新，作出“高度”，作出“影响力”。

充分发挥封面版的整合、集散功能，注重信息整合，注重编辑手段、版面语言的运用；标题须千锤百炼，直击新闻内核，突出新闻亮点，力求准确、鲜明、生动、精练、醒目；树立“大局观”，精心整合资源、合理分流稿件，带动提高报纸整体质量。

整体编排忌面面俱到、平均用力，宜突出重点、营造卖点，使版面“立”起来。

处理好常态与动态的关系，遇特别重大政治新闻、特别重大新闻事件，须超常规处理，给足版面，甚至一条新闻或一个新闻专题就占一个版。

导读推介

强化导读功能，是封面版的题中应有之义，要探索、开拓多种形态的导读方式。一条精彩的导读就是一篇“精品要闻”，新闻要点一目了然，如本报曾在头版头条位置刊登的导读型文章——邓小平的《一个国家 两种制度》。“精品要闻”式的导读同时具有推介、解读的功能，须精心经营、提炼。

封面版的推介功能应强化，本报的重大活动策划、重大策划报道，本报的深度报道、独家报道、重点报道，应在头版推介，以彰显本报的影响力；一些关注度很高但又难以在要闻位置安排的人物新闻或新闻事件，也应精心选择，推上头版推介。为此，头版固定导读位置可相对划分功能区：报头下横栏导读仍为要闻导读，宜精，宜突出、醒目；左报眼位置为推介式导读，图文并茂、抓人眼球，拟设《南方独家》、《今日重点》、《深度报道》、《焦点人物》、《焦点事件》等栏目。

《政务》版

《南方日报》是省委机关报，对政务报道有着天然的资源优势，许多读者尤其是公务员等高端读者就是冲着政务报道来购买阅读《南方日报》的。根据第六次改版的方案，四版设为《政务》版，可视为广东新闻版块的前置版面，以刊登全省重要的政务新闻或者对广东影响较大的全国性政务报道为主，也要消化省级领导的政务活动报道，以及上级部门政务性的“规定动作”报道。

政务版的质量很大程度上取决于本报记者采写文风的改进，编辑有责任与相关部门和记者共同努力，杜绝官样文章，善于在会议中、政务活动中挖掘重要信息、鲜活新闻，展现《南方日报》作为高端报纸的远大目光、独特视角、深入思考。编辑要充分调动编辑手段，多运用图、表、简历、背景知识介绍等元素，避免政务报道的刻板化、枯燥化。

栏目设置

头条 全省性的政务活动或会议，如人大立法、重大项目立项开工、重大政策出台、深远影响民生的经济类会议或活动透出来的重大信息。

政策解读 对本省最新政策、措施的详尽解读，尽量从民生、通俗易懂的角度剖析该项政策的背景、影响、走势。全国性的政策对广东影响较大的，也纳入此版的选稿范围。

政要活动 刊登省领导工作活动和会议消息，庄重、简明、严谨。

看广东 可刊载省内外媒体涉及广东整体或某个侧面形象、文化的报道，也可组织“包装广东”的相关报道。

人事变动 省委组织部、省人大等发布的干部提拔任免公示、新闻消息。可在适当时机选择引人注目的政坛人物作人物专访，展现广东政坛新生态。

权威公告 人大、政府的重要公告信息（如重大招标、招商、工程开工）。

《区域新闻》版

强化区域新闻报道在《南方日报》A叠的分量，借此传递、记录、报道广东各地尤其是广州、深圳、佛山、东莞等珠三角城市新时期经济发展和社会发展“双转型”的进程。区域新闻版要体现强烈的采编策划意识，经常推出有分量、有影响的新闻策划报道，避免成为“垃圾版”、“黑板报”。

第一个版：珠三角

集中报道珠三角重要的时政、经济、民生、文化新闻，侧重经济总量大的中心城市的策划报道。一般情况下，珠三角版用简版，珠三角各新闻版、观察版用详版；简版和详版要针对不同读者面，有针对性地撰写稿件，突出各自特点。关注面广的重要新闻策划，全篇稿件可放珠三角版，适当避免重复。

编辑要点

除了具有全省示范意义、创新价值的报道推荐到要闻版、重点版、政务版或广东新闻版外，各地重要的党务、政务活动（如党代会、两会）及其出台的重要决策，以及各市围绕自身实际情况，在新时期经济发展、社会转型方面推出的新思路、新动作等“大民生”的新闻，以及关乎当下时期与百姓生活密切相关的领域（如物价、社保、教育等）的“小民生”新闻，是区域版对新闻的两条重要选择标准。

对于“大民生”新闻，重点关注各地方政府推动经济发展的新方向，寻求社会公正、百姓福祉的举措与战略（如广州的金融中心区谋划、惠民举措66条等），以及政府在推进政治文明建设、打造服务型政府等方面进行的创新试验（如深圳事业单位改革等）。

对于“小民生”新闻，重点关注当前与市民百姓生活密切相关的诸如房价、教育、交通、环境等较具共性的题材，以具体的新闻事件切入报道，以达“小水珠见大世界”的报道效果。

除此之外，基于《南方日报》探索党报走市场的目标，区域新闻版也要对有关各市配合开拓市场的报道给予高度的重视，在保证新闻品质的同时，积极支持各市举办的诸如活动论坛等开拓市场的报道。

栏目设置

珠三角纵横　珠三角区内跨城市的策划报道，如能源、环保、交通、物价等的问题调查对比，某一现象的跨城市调查。需要珠三角新闻中心加强策划，提供优质稿件。

图说九城　每天将珠三角各地的图片进行甄别，选择信息饱满、细节生动的图片来表现九市的活力、生活图像，记录城市和乡村的每一个生活细节。

热点连线　就跨市的热点民生话题如猪肉涨价、楼价上涨等问题进行联动采访解读；就焦点事件进行联动深度解读。

一线民情　以小型舆论监督为主，反映入户难、读书难、看病难等民生性较强的舆论监督报道。

珠江风采　人物专栏。以对社会有突出贡献的企业家或各界人士为报道对象。(略)

《深度》版

编辑思路

《南方日报》深度版要立足于正面深度，做大民生新闻，做内行的党政观察家、出色的改革观察家、广东省情专家，掌握第一解释权和第一叙述权。

要做“安全的深度”，包括法律上的严谨和安全，记者的采访务必深入细致，能录音的就录音，能拍照的就拍照，做到文章的每一句话都要有出处、有证据。保存必要的第一手资料，形成的文本必须严谨准确。编辑必须保持对法律问题的敏感，把握不准的问题要向上请示，对于特别敏感、关系重大的稿件，如有必要须请律师事务部进行“法律消毒”。

此外，也包括新闻纪律上的安全。

栏目设置

根据报道形式，可在《深度》(报眉或报头标识) 这一主品牌下设置《南方调查》、《南方对话》、《南方特稿》等子品牌，打起响亮的“南方”旗号。

选题标准

一、深刻性。从表层拓展向深层，从事件拓展向认知，从事件本身拓展向事件之间的联系、事件与人的联系。

二、过程性。对新闻事件过程中的曲折性、复杂性要有所反映，上承以往报道的事实或观点，下继新闻事实的最新发展趋势。

三、解释性和分析性。权威人士提供经典分析，启发受众智慧，带动受众思考 。

四、整合性。对新闻观念的整合，对新闻文体的整合，对媒介的整合，对新闻角色定位的整合 (整合新闻的策划、采访、写作、编辑力量)。

操作流程

编辑应有发现和提出选题的主动权，机动记者部要每周召开一次集中的选题和评报会，建立选题协商制度，每个选题都经过充分协商。编辑和记者都有发现选题的责任。编辑必须参与选题协商会，并随时跟踪选题，一直到出报。

建立备用选题制度。《深度》版要有一定的出版周期，以保持影响力，但很多选题经常会遇到禁令或者其他情况，为应对，每个见报周期至少应有两个题目，一个为主题目，一个为备用题目。机动记者部应保证稿件的供给。

《深度》版优先原则。《深度》版是报社提升新闻质量的重要举措，在与其他部门、版面的协调上，应有制度保障，在出现几个部门操作相同选题时，视具体情况深度新闻优先；在版面紧的情况下，成熟的深度稿件优先发。

选题必须上报主管社委直至总编辑。主管社委或总编、社长的同意视为报社的采编授权。

一、一旦确定选题，记者要马上进入选题实施阶段，负责编辑首先要在选题思路、背景材料、采访资源甚至是范文提供上给予支持。

二、采访过程中，前方记者和后方编辑要随时沟通，针对新发生的情况作出应对和选择，编辑要具备推动记者在文本和现场之间飞奔的能力。

三、进入写作和编辑阶段，编辑和记者要充分交流想法，就文章细节作出选择。文章不排除多次修改甚至推倒重来的可能，做深度编辑和记者要有充分的心理准备。

四、一般的选题须在见报前两天交稿（紧急情况除外），以有足够时间修改润色和设计版面。多方合作，作出精品。

五、文章见报后，编辑有义务跟踪和整理各方反馈信息，以作改进。（下略）

《南方日报》要闻编辑中心
2007年10月13日

（资料来源：南方报业传媒集团内部资料。本书因篇幅所限，仅节选其中部分内容。）

《新快报》报道策划案例

洋快餐用工调查报道的台前幕后

2007年3月28日至4月13日，《新快报》推出了“麦当劳、肯德基用工调查”系列报道，整组报道持续半个月，引起了包括新华社、《人民日报》、中央电视台以及美国CNN、《华尔街日报》在内的国内、国际知名媒体的高度关注，它们纷纷追踪报道了“麦当劳、肯德基薪金门”事件。

一家省级媒体的策划报道，何以成为全球舆论的热门话题？作为《新快报》编辑部的一员，笔者参与了推出报道的幕后全程，感受最深的就是：该组报道从记者卧底采访，到编辑选择时机推出，直至充分利用各级劳动部门以及其他媒体的关注为自己“造势”，《新快报》成功地实现了报道效应的最大化。

掌握第一手的新闻素材

2006年12月底，广东省首次发布非全日制小时最低工资标准。在媒体报道这一消息后不久，有读者向《新快报》反映：广州某高尔夫球会球童的小时工资，远远低于劳动部门规定的7.5元/小时的标准。这本来是一个很普通的投诉，但《新快报》采访部却想到了此前也有兼职大学生投诉麦当劳、肯德基等全球知名的快餐店。于是，《新快报》采访部派出了1名记者和4名实习生，先后打入了广州的多家麦当劳、肯德基、必胜客，以做兼职工为名进行长达一两个月的卧底采访，其目的就在于通过记者的亲身体验，掌握充分、可靠的第一手资料。

笔者认为，新闻媒体作为社会公器，其所做的舆论监督自身首先必须是经得起社会公众监督的。卧底调查的好处也就在于记者能保留被曝光对象违法、违规的相关文字、声音及影像证据，一来做到报道无懈可击，二来也让普通读者看到他们本来无法接触的事实真相。这样，报道的轰动效应也就产生了。

选择最合适的报道时机

记者卧底采访掌握了全面可靠的第一手素材后，什么时候推出报道能够引起最大反响，这就成了编辑需要一再斟酌的事情。譬如烹制山珍海味的原材料都备齐了，但是厨师能否让客人享受最新鲜热辣的美味，还得看上菜的时机：菜上早了客人还没有胃口，上晚了客人已经饿过头。《新快报》的洋快餐用工调查就选择了最恰当的报道推出时机。

其实，在卧底采访结束后，记者于2007年2月初已基本成稿，一来因为题材本身极具爆炸性，另一方面也因为麦当劳、肯德基的公关能力非常强，很可能令稿件胎死腹中，记者曾经希望在2007年春节前尽早发稿。但是为了报道的严谨、客观，编辑部要求记者必须采访劳动执法部门和有关法律专家，并且全部成稿、反复打磨后才能见报。

2007年3月，全国两会召开，温家宝总理首次在政府工作报告中专门提及“最低工资标准”，特别提到要“合理调整和严格执行最低工资制度，落实小时最低工资标准，加强企业工资分配调控和指导”。如果在温总理作政府工作报告的次日推出报道，可以说是一个不错的时机。但是，《新快报》编辑部深入分析后认为，全国两会期间，所有媒体和社会大众都在关注宏大的国计民生。这个时候推出洋快餐用工调查报道，必然会淹没在住房、股市等各种热点之中。而两会结束后，通常有一个新闻的“淡季”，此时推出洋快餐用工调查报道必定“奇货可居”。

后来该组报道引起的巨大反响证明，在如今“信息爆炸”的年代，传媒充分研究受众的需要和心理是非常重要的。

借势而为进一步扩大影响

笔者还认为，在信息传播渠道高度发达的今天，作为传统媒体的报纸更应该懂得借势而为。事实上，《新快报》洋快餐用工调查系列报道的主体——曝光麦当劳、肯德基违反劳动法行为的部分，在2007年3月28日一天就已用四个版的篇幅刊登完。但是，随着各级劳动部门以及工会的主动介入，加上各大门户网站、通讯社和电视台纷纷转载并追踪报道，这组报道的传播越来越广，《新快报》马上反过来追踪和跟进了劳动部门的行动以及网站、通讯社和电视台的相关报道，此举又进一步扩大了《新快报》在读者心目中的影响。

当然，报纸追求报道最大效应不能只顾吸引眼球，在推出报道的前一晚，编辑部反复斟酌后才确定系列报道的总标题就使用平平实实的“麦当劳、肯德基用工调查”。在内文中，编辑也尽量抹去带有投诉者或记者个人情绪、感情色彩以及结论性的表述，其中包括改掉了实习生指责麦当劳是“血汗工厂”之类的文章标题。这样处理既是为了强调报道的客观、严谨，同时也是为了避免给报社带来不必要的新闻侵权官司。

林兆均

（资料来源：本文由羊城晚报报业集团《新快报》编辑中心主任林兆均提供。）

中华人民共和国专业标准校对符号及其用法

本标准规定的符号及用法，适用于出版印刷业中文（包括少数民族文字）各类样的校对工作。

（一）字符的改动

编号	符号形态	符号作用	符号在文中和页边用法示例	说　明
1		改　正	增高出版物质量。　提	
2		删　除	提高出版物物质质量。	
3		增　补	要搞好校工作。　对	增补的字符较多，圈起来有困难时，可用线在页边画清增补的范围。
4	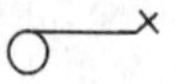	换损污字	坏字和模糊的字要调换。	
5	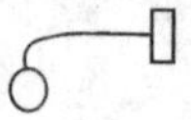	改　正 上下角	16 = 42　2 H2SO4　4 尼古拉.费欣　· 0.25 + 0.25 = 0.5　. 举例:2 × 3 = 6　: X:Y=1 : 2　:	

（二）字符方向位置的移动

编号	符号形态	符号作用	符号在文中和页边用法示例	说　明
6		转　正	字符颠倒要转正。	
7	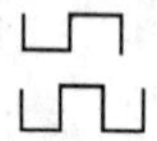	对　调	认真经验总结。 认真经结总验。	
8	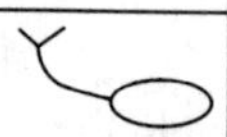	转　移	校对工作，提高出 版物质量要重视。	
9		接　排	要重视校对工作， 提高出版物质量。	
10		另起段	完成了任务。明年……	

（续上表）

编号	符号形态	符号作用	符号在文中和页边用法示例	说 明
11	⊔ ⊓ ↑ ↓	上下移	序号 名称 数量 01 ××× 2	字符上移到缺口左右水平线处。 字符下移到箭头所指的短线处。
12	⊢ ⊣	左右移	要重视校对工作， 提高出版物质量。 3 4 5 6 5 欢呼 歌 唱	字符左移到箭头所指的短线处。 字符左移到缺口上下垂直线处。 符号画得太小时，要在页边重标。
13	═ ‖	排 齐	校对工作非常重要。 必须提高印刷质 量，缩短印刷周期。	
14		排阶梯形	RH_2	
15	⊥	正 图	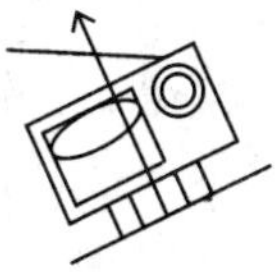	符号横线表示水平位置，竖线表示垂直位置，箭头表示上方。

（三）字符间空距的改动

编号	符号形态	符号作用	符号在文中和页边用法示例	说 明
16	∨ ＞	加大空距	一、校对程序 校对胶印读物、影印书刊的注意事项：	表示适当加大空距
17	∧ ＜	减小空距	二、校对程 序 校对胶印读物、影印书刊的注意事项：	表示适当减小空距。 横式文字画在字头和行头之间。
18	＃	空1字距 空1/2字距 空1/3字距 空1/4字距	第一章 校对职责和方法 ＃	
19	Y	分 开	Goodmorning!	用于外文

（四）其　他

编号	符号形态	符号作用	符号在文中和页边用法示例	说　明
20	△	保　留	认真搞好校对工作。	除在原删除的字符下画△外，并在原删除符号上画两竖线。
21	○＝	代　替	机器由许多另件组成，有的另件是铸出来的，有的另件是锻出来的，有的另件是……。 ○＝零	同页内，要改正许多相同的字符，用此代号，要在页边注明。
22	。。。	说　明	第一章 改三黑 校对的职责	说明或指令性文字不要圈起来，在其字下面圈，表示不作为改正的文字。

报纸排版常用字体一览表

编号	字体名	简体字样	繁体字样
1	报宋	书法艺术	書法藝術
2	书宋	书法艺术	書法藝術
3	仿宋	书法艺术	書法藝術
4	小标宋	书法艺术	書法藝術
5	大标宋	书法艺术	書法藝術
6	细黑一	书法艺术	書法藝術
7	中等线	书法艺术	書法藝術
8	黑体	书法艺术	書法藝術
9	大黑	书法艺术	書法藝術
10	超粗黑	书法艺术	書法藝術
11	细圆	书法艺术	書法藝術
12	准圆	书法艺术	書法藝術
13	粗圆	书法艺术	書法藝術
14	琥珀	书法艺术	書法藝術
15	彩云	书法艺术	書法藝術
16	楷体	书法艺术	書法藝術
17	隶书	书法艺术	書法藝術
18	魏碑	书法艺术	書法藝術
19	行楷	书法艺术	書法藝術

编号	字体名	简体字样	繁体字样
20	舒体	书法艺术	書法藝術
21	康体	书法艺术	書法藝術
22	综艺	书法艺术	書法藝術
23	姚体	书法艺术	書法藝術
24	水柱	书法艺术	書法藝術
25	瘦金书	书法艺术	書法藝術
26	细倩	书法艺术	書法藝術
27	古隶	书法艺术	書法藝術
28	粗倩	书法艺术	書法藝術
29	细珊瑚	书法艺术	書法藝術
30	平和体	书法艺术	書法藝術
31	少儿	书法艺术	書法藝術
32	剪纸	书法艺术	書法藝術
33	胖娃	书法艺术	書法藝術
34	华隶	书法艺术	書法藝術
35	粗活意	书法艺术	書法藝術
36	启体	书法艺术	書法藝術
37	卡通	书法艺术	書法藝術
38	流行体	书法艺术	書法藝術

报纸排版常用字号一览表

印前作业与输出印刷六号 8 磅

印前作业与输出印刷小五 9 磅

印前作业与输出印刷五号 10.5 磅

印前作业与输出印刷小四 12 磅

印前作业与输出印刷四号 14 磅

印前作业与输出印刷三号 16 磅

印前作业与输出印刷小二 18 磅

印前作业与输出印刷二号 22 磅

印前作业与输出印刷小一 24 磅

印前作业与输出印刷一号 26 磅

印前作业小初 36 磅

印前作业初号 42 磅

印前作业 54 磅

印前作业 63 磅

印前72磅

印前84磅

印前96磅

参考文献

1. 蔡军剑，张晋升．准记者培训教程——南方周末采编精英演讲录．广州：南方日报出版社，2007

2. 南方报业传媒集团新闻研究所．南方传媒研究（第十辑）．广州：南方日报出版社，2007

3. 蔡雯．新闻编辑学．北京：中国人民大学出版社，2006

4. 韩松，黄燕．当代报刊编辑艺术．上海：复旦大学出版社，2006

5. 陈雪奇．现代媒体编辑．成都：四川大学出版社，2006

6. 若文．新闻编辑能力训练教程．上海：复旦大学出版社，2006

7. 吴飞，顾杨丽，王淑华．新闻编辑．长沙：中南大学出版社，2006

8. 肖伟．报刊电子编辑教程．广州：暨南大学出版社，2006

9. 刘行芳．实用新闻编辑学教程．重庆：西南师范大学出版社，2006

10. 郭光华．同题新闻大比拼．长沙：湖南大学出版社，2006

11. 曾璜，任悦．图片编辑手册．北京：中国摄影出版社，2006

12. 蔡新丰，邬心云，郑迅．体育新闻摄影教程．广州：广东人民出版社，2006

13. 范以锦．南方报业战略．广州：南方日报出版社，2005

14. 李大同．冰点故事．桂林：广西师范大学出版社，2005

15. 刘建明．当代新闻学原理．北京：清华大学出版社，2005

16. 彭朝丞，王秀芬．标题的制作艺术．北京：新华出版社，2005

17. ［美］美国纽约摄影学院．美国纽约摄影学院摄影教材．中国摄影出版社译．北京：中国摄影出版社，2005

18. 谢雨玫．图片编辑与版面设计．北京：中国摄影出版社，2005

19. 赵振宇．新闻传播策划导论．武汉：华中科技大学出版社，2005

20. 陈振平．报纸设计新概念．福州：福建人民出版社，2004

21. 吴飞．新闻编辑学教程．北京：高等教育出版社，2004

22. 蔡雯．新闻报道策划与新闻资源开发．北京：中国人民大学出版社，2004

23. 杨兴锋．高度决定影响力．广州：南方日报出版社，2004

24. 辜晓进. 走进美国大学. 广州：南方日报出版社，2004

25. 方汉奇等.《大公报》百年史（1902－06－17—2002－06－17）. 北京：中国人民大学出版社，2004

26. ［美］Edwin Diamond. 天下第一报纽约时报. 林添贵译. 台北：台北智库股份有限公司，2004

27. ［美］肯尼思·科布勒. 美国新闻摄影教程. 西安：陕西师范大学出版社，2004

28. 资庆元. 中国新闻标题研究. 昆明：云南大学出版社，2003

29. 许正林. 新闻编辑. 上海：上海大学出版社，2002

30. 王咏赋. 报纸版面学. 北京：人民日报出版社，2002

31. 蒋晓丽. 现代新闻编辑学. 北京：高等教育出版社，2002

32. 赵鼎生. 西方报纸编辑学. 北京：中国人民大学出版社，2002

33. 郑兴东，陈仁风，蔡雯. 报纸编辑学教程. 北京：中国人民大学出版社，2001

34. 蔡雯. 新闻传播的策划与组织. 北京：新华出版社，2001

35. 李孟昱. 当代中国报纸版面精粹. 广州：南方日报出版社，2000

36. 邝云妙. 当代新闻编辑学. 广州：暨南大学出版社，2000

37. 张选国. 应该怎样写作——对78篇新闻稿的评析. 北京：新华出版社，1998

38. 吴飞. 新闻编辑学. 杭州：杭州大学出版社，1995

39. 甘惜分. 新闻学大辞典. 郑州：河南人民出版社，1993

40. 郑兴东. 好新闻后面——编辑耕耘录. 北京：新华出版社，1993

41. 郑兴东，陈仁风. 不要这样写——对百篇新闻写法的商榷. 北京：中国人民大学出版社，1990

42. ［美］达里尔·莫恩. 美国报纸组版和设计. 陆炳麟，江和平编译. 上海：上海外语教育出版社，1989

43. 中国人民大学新闻系《新闻标题选评》编写组. 新闻标题选评. 北京：中国人民大学出版社，1986

44. 彭朝丞. 标题的艺术. 北京：人民日报出版社，1985

45. ［美］鲁道夫·阿恩海姆. 艺术与视知觉. 滕守尧，朱疆源译. 北京：中国社会科学出版社，1984

后　记

这本书是集体合作的成果。三位作者中，肖伟来自暨南大学新闻与传播学院，罗映纯来自华南师范大学文学院编辑出版学系，邬心云来自广州体育学院体育新闻与传播系。我们三人均长期在广州求学、任教，受当代报业尤其是广州报业的滋养甚多。通过此书，我们希望能将自己对新闻编辑工作的一点认知和领悟加以梳理，与读者共享，也算是我们对所受滋养的小小回报。写作具体分工如下：第一、二、九章由肖伟撰写；第五、六、七章由罗映纯撰写；第三、四、八章由邬心云撰写。附录由三人共同整理。最后由肖伟对全书做了审定工作。

本书写作过程中，得到多位新闻业界人士的热情帮助：《南方周末》的版式总监周一萍女士、《新快报》的编辑中心主任林兆均、南方报业传媒集团的几位采编人员……他们不仅无条件地提供给我们重要的文本和版面资料，还在繁忙的工作之中抽出时间接受我们的访谈，讲述了许多鲜活精彩的编辑案例，令本书为之增色。在此对他们的无私帮助表示衷心的感谢。

书稿的写作是在忙碌的教学工作之余完成的，三家学院的院系领导和同事都给予了充分理解和大力支持。暨南大学新闻与传播学院常务副院长、博士生导师董天策教授特地拨冗为本书作序。暨南大学出版社翁红宇编辑为书稿付出了大量心血，因为她的不断督促，这本书稿才能及时面世。在此对他们致以深深的谢意。

网络时代的新闻编辑实践日新月异，新闻编辑学研究发展迅速。大量相关教材、专著和论文为本书奠定了坚实的基础；中外媒体的新闻编辑实践给本书提供了丰富的养料。对使本书获益的各位专家学者、媒体编辑，我们致以诚挚的感谢。

因为我们学力有限，加之付梓仓促，本书一定还有很多不足之处，真诚希望得到专家学者和广大读者的批评指正。

肖　伟　罗映纯　邬心云

2008 年 2 月于广州